Jogos finais

FUNDAÇÃO EDITORA DA UNESP

Presidente do Conselho Curador
Marcos Macari

Diretor-Presidente
José Castilho Marques Neto

Editor-Executivo
Jézio Hernani Bomfim Gutierre

Conselho Editorial Acadêmico
Antonio Celso Ferreira
Cláudio Antonio Rabello Coelho
José Roberto Ernandes
Luiz Gonzaga Marchezan
Maria do Rosário Longo Mortatti
Maria Encarnação Beltrão Sposito
Mario Fernando Bolognesi
Paulo César Corrêa Borges
Roberto André Kraenkel
Sérgio Vicente Motta

Editores-Assistentes
Anderson Nobara
Denise Katchuian Dognini
Dida Bessana

John Gray

Jogos finais
Questões do pensamento político moderno tardio

Tradução
Magda Lopes

editora
unesp

© John Gray 1997
Publicado pela primeira vez em 1997 por Polity Press em associação com Blackwell Publishers Ltd.

Título original em inglês *Endgames Questions in late modern political thought*

© 2006 da tradução brasileira:

Fundação Editora da UNESP (FEU)
Praça da Sé, 108
01001-900 – São Paulo – SP
Tel.: (0xx11) 3242-7171
Fax: (0xx11) 3242-7172
www.editoraunesp.com.br
feu@editora.unesp.br

CIP – Brasil. Catalogação na fonte
Sindicato Nacional dos Editores de Livros, RJ

G82j

Gray, John, 1948-
    Jogos finais: questões do pensamento político moderno tardio/ John Gray; tradução Magda Lopes. – São Paulo: Editora UNESP, 2008.
    Tradução de: Endgames: Questions in Late Modern Political Thought

    Inclui bibliografia e índice
    ISBN 978-85-7139-838-2

    1. Ciência política - História - Século XX. 2. Direita e esquerda (Ciência política). 3. Iluminismo. 4. Pós-modernismo - Aspectos políticos. 5. Pós-comunismo. I. Título.

08-2775.   CDD: 320.5
                                                                      CDU: 32

Editora afiliada:

Asociación de Editoriales Universitarias de América Latina y el Caribe

Associação Brasileira de Editoras Universitárias

Sumário

Prefácio   7
Agradecimentos   15

1 A estranha morte da Inglaterra tory   17
2 Depois da democracia social   31
3 O liberalismo antipolítico de Rawls   89
4 Ironias da pós-modernidade liberal   95
5 O socialismo com uma face professoral   103
6 Teoria verde inacabada?   115
7 O que a comunidade não é?   125
8 Berlin, Oakeshott e o Iluminismo   137
9 O jogo final dos tories   157
10 Começos   239

Índice remissivo   285
Referências   301

Prefácio
Depois das quedas

Este livro, originalmente publicado em 1987, lança luzes sobre as contradições e os conflitos da Nova Direita, suas idéias e valores, práticas e programas, procurando mostrar que essa forma de sentir, pensar e agir – a ideologia neoliberal em sua forma mais ousada – não é um raio em céu azul. Ela aparece aqui como um dos atos de uma complexa tragédia, o projeto racionalista que tenta uniformizar a inarredável diversidade humana. Para John Gray, a Nova Direita parece encarnar um desses malfadados movimentos de auto-engano: constrói-se mentalmente um *telos*, destino fixo e certo para onde caminharia a humanidade e, a seguir, busca-se o modo de "acertar" os rumos, disciplinando-os. E o caminho, além de não ter retorno, tem percalços dolorosos. Da visão da providência, anunciada pelo profeta, nasce a figura do Moisés-condutor, do messias e – por que não? – do inquisidor. A tragédia tem sucessivos atos, em que esses personagens aparecem com diferentes trajes.

É uma avaliação dura, crítica, em alguns passos até mesmo demolidora. Significativamente, é assinada por alguém que durante muito tempo esteve alinhado com essa ideologia que agora ataca. Um aliado de Margareth Thatcher e de sua cruzada privatizante, "antiestatista". Contudo, não se trata de um panfleto, escrito por militante ou propagandista. Gray é um erudito pesquisador, um especialista em filosofia política liberal. Talvez isso seja suficiente para indicar ao leitor um pouco do muito que ganhará lendo este conjunto de ensaios, por vezes alarmistas e quase sempre alarmantes. Uma das formas de ver as inflexões na trajetória de John Gray é passar os olhos pela terceira edição de um de seus mais conhecidos livros – *Hayek on Liberty*. A primeira versão, de 1984, era uma sóbria e sistemática apresentação do pensamento hayekiano, uma espécie de "Hayek segundo a ordem das razões". Cuidadoso no rigor argumentativo, evidenciava, contudo, no tom e nas frases mais valorativas, um admirador quase incondicional do economista austríaco, pai do neoliberalismo. A terceira edição, de 1998, traz um pós-escrito que altera radicalmente esse viés, denunciando que algo de muito grave parece ter ocorrido, nesse intervalo de catorze anos.

O pós-escrito de 1998 aponta para esses fatores de reversão – que, em grande medida, explicam, também, o mistério da conversão de Gray, da New Right para o New Labour. Naquele pequeno ensaio, Gray continuava admitindo que Hayek percebera, como ninguém, as falhas do planejamento central e do socialismo. Mas, ao mesmo tempo, apontava que o austríaco fracassara completamente na compreensão de outro fenômeno: os mercados desregulados podem enfraquecer a coesão social imprescindível às culturas e sociedades liberais, a tal ponto que as coloca em um caminho de destruição. De certo modo, Gray retoma um argumento nada novo – que, modernamente, fora sublinhado por Schumpeter em seu *Capitalismo, socialismo e democracia*. Os valores, as idéias e as práticas requeridos, promovidos e premiados pelo sucesso capitalista – utilitário, racional, competitivo – corróem valores e práticas subjacentes e indispensáveis para a coesão social da sociedade burguesa. Assim, com o passar do tempo, o desenvolvimento do capitalismo implica a destruição de seus fundamentos sociológicos e ideológicos. No século XIX, Marx dissera que o sistema gera seus próprios coveiros. No meio do século XX, o ensaio de Schumpeter parece concordar com o vaticínio, mudando ligeiramente o perfil do agente funerário.

Ora, se assim é, diz Gray, Hayek poderia ser o pensamento relevante enquanto as economias planificadas fossem fortes e suas doutrinas encontrassem eco. Contestava a figura assumida pelo mal naquele contexto. Findo esse tempo, e dada sua incapacidade de entender o quadro seguinte, passaria a ser não apenas redundante, mas até mesmo indutor de incompreensão e anacronismo. A "arrogância fatal" que Hayek via na ilusão socialista daria seu lugar a outro tipo de pensamento totalizante, a ilusão do fundamentalismo de mercado. Gray recorda que Hayek, de fato, não conseguira compreender a emergência nem a vitória do capitalismo, fenômeno que caracterizava como uma espécie de evolução natural, sem vínculo com coerção política, poder de Estado, ação deliberada e projeto. Para contrastar essa visão, Gray apóia a reconstrução histórica de Karl Polanyi, em que a ação estatal é decisiva para o desenvolvimento da economia de mercado e, também, para o disciplinamento que limita seu poder, bem como os efeitos deletérios de seu "moinho satânico". O liberalismo que John Gray vê como adequado ao "novo cenário", não é mais o de Hayek, mas o de Stuart Mill, de Keynes, de Hobhouse, isto é, do liberalismo que, por um modo ou outro, soubera aproximar-se e incorporar componentes do pensamento reformista de vários matizes: socialista, trabalhista, social-democrata. Em outras palavras, um liberalismo que ainda vê os mercados livres como instrumentos decisivos para criar riqueza, mas como absolutamente insuficientes, quando não perversos, para manter a coesão social.

É esse o contraste visível entre o *Hayek on Liberty* de 1984 e o pós-escrito da edição de 1998. Repetindo a pergunta: o que, precisamente, ocorreu no meio desses catorze anos, para produzir tal reversão? Uma pista, talvez, seja olhar para três outros livros de Gray, publicados nesse intervalo. Um deles se chama *Liberalisms – Essays in Political Philosophy* (1989). Repare-se no plural – porque ele não é irrelevante. O outro é *Post-Liberalism – Studies in Political Thought* (1993). O terceiro é *Beyond the New Right – Markets, Government and the Common Environment*. Eles mostram, com clareza, o momento de inflexão. E esse ponto de virada está próximo de 1989, curiosamente, mas, quem sabe, por alguns bons motivos. Nesse momento, como lembramos, no leste do mundo e do pensamento, muros caíam e monólitos se desagregavam. Parecia desmanchar-se o sistema denunciado por Hayek como a própria encarnação do mal. E, como nos ensinara Michelet, se o Diabo morre, Deus perde o sentido.

Mas essa data – momento da inflexão de Gray – pode ser lembrada também por outro evento, menos espalhafatoso e midiático, é certo, mas relevante e revelador. Em 1989, o economista John Williamson cunhava o termo *Consenso de Washington*, que alguns já chamavam de "pensamento único", isto é, um conjunto de crenças, disposições e preceitos que eram tão fortes, entre intelectuais e formuladores de políticas, que pareciam constituir uma forma de dimensão tácita, definidora do admissível como política econômica. O artigo de Williamson não era um manifesto fundador, muito menos uma certidão de nascimento. Afinal, quando sua tábua de dez mandamentos foi verbalizada aos homens da planície, eles de fato já haviam sido fartamente aplicados no mundo: várias centenas de programas de ajuste estrutural com esse teor haviam sido impostos aos países teimosos, indisciplinados e endividados do Terceiro Mundo. Assim, à maneira do mocho de Minerva hegeliano, a coruja de Williamson alçava seu vôo ao anoitecer: chegava tarde para dizer o que o mundo devia ser, porque a realidade já havia caminhado nesse sentido e a expressão intelectual apenas a descrevia, *a posteriori*. Faz todo sentido o comentário solene de Hegel, em sua *Filosofia do direito*: "Quando a filosofia chega com a sua luz crepuscular a um mundo já a anoitecer, é quando uma manifestação de vida está prestes a findar. Não vem a filosofia para rejuvenescê-la, mas apenas reconhecê-la". Vitoriosa, conquistante, inquebrantável, soberba, a ideologia da Nova Direita parecia reinar sobre o mundo como, no Gênesis, o espírito de Deus reinara sobre as águas. Mas a frase de Hegel soa mais trágica: "quando uma manifestação de vida está prestes a findar...". O decênio de 1990 não seria o desdobramento feliz dessa razão imperial e imperiosa: seria o de suas manifestações perversas e agônicas. Não apenas os planos de ajuste fariam água por entre crises financeiras sucessivas. Também seus efeitos deletérios sobre a coesão das sociedades iriam produzir reações cada vez mais disruptivas, preparando o terreno não apenas para "ondas rosas" social-democratas, ou ondas verdes neonacionalistas, mas, também, para fenômenos de balcanização e canibalismo político, conflitos étnicos e surgimento de organizações "terroristas" de novo tipo, atores anti-sistêmicos desterritorializados. Em 2001, Benjamin Barber escreveria uma nova introdução ao seu *Jihad vs. McWorld* (1995), indicando o quanto fenômenos como a Al Qaeda deviam a tal transformação à expansão de um McWorld igualmente bárbaro. Como se não bastante, com um passo menos audível mas inexorável, marchava outro vetor de degradação global, com a cotidiana e cumulativa destruição das condições de sobrevivência da humanidade, rumo a um planeta cada vez mais aquecido e seco, poluído, erodido, inóspito.

Como se vê, há boas razões para identificar, naquela exata virada de decênio, o ponto de inflexão de John Gray: de entusiasta da Nova Direita e admirador de Hayek para colaborador do New Labour e adepto das idéias de Keynes, Polanyi, Stuart Mill.

Percebe o leitor, onde quer que esteja, que há neste livro reflexão pertinente sobre o mundo que temos pela frente. Para o leitor aqui situado, no Brasil, talvez haja algo mais. Se temos a permissão da impertinência, talvez valha a pena ouvir de novo o conselho de Marx aos alemães: quando olharem para aquilo que o capitalismo faz na Inglaterra, pensem em si próprios – "é tua a história contada". Sabemos que tal sentença já foi simploriamente interpretada e produziu deformações de método e de percepção. De modo algum, porém, perdeu efeito. Lembro apenas um dos temas tratados por Gray para suscitar discussão entre nós: a transformação do espaço público operada por Margareth Thatcher. Ao que consta, alguns de nossos reformadores tupiniquins ficaram entusiasmados pelo modo como a dama de ferro conseguira destruir o formato "burocrático-weberiano" do Estado inglês, algemado pela lógica dos procedimentos e das regras de operação, levando-o ao "modelo gerencial", supostamente orientado pela aferição de resultados e indicadores de eficiência. Tentaram produzir algo semelhante no Brasil, desmontando o "varguismo". Foram tão desastrados nos procedimentos quanto nos resultados, imitando a passagem de um chimpanzé em um salão de porcelanas. Mas, fora essa avaliação, um efeito é apontado por Gray e nos deve interessar: as reformas thatcherianas criaram um monstruoso Quango State, um Estado de "quase-não-governamentais-organizações", impenetrável, ineficiente, distorcido, perigoso, antidemocrático e... instável. Isso teria resultado na privatização, terceirização e "onguização" dos serviços públicos e da ação estatal, isto é, privatização, terceirização e "onguização" dos canais por meio dos quais são formuladas, executadas e avaliadas as políticas públicas. Lá como cá, a tática empregada para vender essa "reforma" teve um traçado conhecido: satanizava-se o Estado e a "política" e santificava-se o mercado, as ONGs, a "sociedade civil". Até mesmo o chamado "quarto poder" se sentiu autorizado a desmoralizar os outros três poderes (aqueles que a cidadania política constitui) e evocar a si a representação da opinião pública, reduzida, assim, à opinião que se publica na mídia dominada por dez famílias. Profecia que se autorealiza, a satanização do Estado e da política acaba por criar uma espécie de Estado-não-Estado cada vez menos aberto ao controle público, uma rede de processos decisórios cada vez mais vulneráveis à captura pela oligarquia remoçada. Gray está falando da Inglaterra *la* Thatcher. Mas semelhanças não são coincidências.

Gray expõe, com notável rigor, os limites da New Right. As vertentes ideológicas que a compõem – do ultraliberalismo austríaco à Public Choice ianque, passando pelo monetarismo a Chicago – são incapazes de dar sentido ao mundo atual e a seus desafios. Os grupos sociais que ela atrai para suas coalizões políticas são incapazes de manejar esse mundo dentro de um projeto civilizatório consistente e durável. Com base nessas demonstrações fica o leitor (e eleitor) mais habilitado para tentar descobrir se essa virtualidade existe nos sucessores da New Right, tal como o New Labour e seus similares em outros países. As políticas conservadoras do New Labour, bem como seu alinhamento canino com a política imperial de George W. Bush, desmancharam a confiança daqueles que o viam como real alternativa à New Right. E os recentes sucessos eleitorais dos velhos conservadores (não apenas na Inglaterra) indicaram um real poder de recuperação. Mas essa é outra história – história aberta e a qual transcende à contemplação quietista, como não podia deixar de ser. "Cai o rei de espadas, cai o rei de ouros, cai o rei de paus, cai... não fica nada." Difícil dizer se "Deus está conosco até o pescoço", como nos garantia a canção, mas, depois de tantos *endgames*, talvez o tabuleiro tenha sido repovoado, para uma nova partida.

Reginaldo C. Moraes, Unicamp,
maio de 2008

Agradecimentos

"A estranha morte da Inglaterra tory" foi publicado em *Dissent*, no outono de 1995, p.447-52; "Depois da democracia social" foi publicado por *Demos*, Londres, em 1996; "O liberalismo antipolítico de Rawls", na *New York Times Book Review*, em 16 de maio de 1993, p.35; "Ironias da pós-modernidade liberal", no *Times Literary Supplement*, de 3 de novembro de 1995, p.4-5; "O socialismo com uma face professoral", na *New Left Review*, 210, em março/abril de 1995, p.147-52; "Teoria verde inacabada?", na *London Review of Books*, em 20 de abril de 1995, p.9-10; "O que a comunidade não é?", em *Renewal: A Journal of Labour Politics*, no verão de 1996; "Berlin, Oakeshott e o Iluminismo", em *Common Knowledge*, na primavera de 1996, p.109-20; "O jogo final dos tories", no *Guardian*; "Começos" foi escrito para este volume e até agora não foi publicado.

1
A estranha morte da Inglaterra tory

A autodestruição do conservadorismo britânico pela ideologia e pelas políticas da Nova Direita é mais bem interpretada como uma exemplificação de um tema neoliberal fundamental – a importância de conseqüências não-intencionais na vida social, econômica e política. As políticas radicais de livre mercado implementadas na Grã-Bretanha desde 1979 tiveram como um de seus principais efeitos um deslindamento das coalizões dos interesses econômicos e das hierarquias sociais, dos quais dependia o conservadorismo pré-Thatcher. Ao pôr fim ao acordo pós-guerra que todos os principais partidos endossaram por uma geração, o thatcherismo demoliu a base social e econômica na qual se apoiava o conservadorismo na Grã-Bretanha, e criou várias das condições necessárias para um período prolongado de hegemonia do Trabalho. O efeito de médio prazo da política conservadora neoliberal na Grã-Bretanha foi destruir o *ethos* em instituições como o Serviço Civil e o Serviço Nacional de Saúde, remodelando-os em linhas contratualistas e gerenciais. Além de dissipar grande parte do patrimônio das instituições civilizadas da Grã-

Bretanha, o projeto neoliberal de remodelar a vida social segundo um modelo primitivo de mercado apressou a deslegitimação de instituições estabelecidas como a monarquia e a Igreja. Além disso, despojando o governo local democrático na Grã-Bretanha da maioria de seus poderes e criando as estranhas instituições do Quango State – o aparato dos comitês indicados pelo governo central para supervisionar a operação dos serviços públicos recém-marquetizados, que é agora maior na capacidade de trabalho e nos recursos que distribui do que o governo local democrático na Grã-Bretanha –, os conservadores marginalizaram suas próprias organizações partidárias locais e assim contribuíram para o declínio abrupto e rápido do próprio Partido Conservador. Na verdade, o desempenho catastrófico dos conservadores nas eleições do Conselho Local de maio de 1995, em que sofreram sua pior derrota eleitoral desde o início do século, sugere que o projeto neoliberal de revolução institucional permanente na Grã-Bretanha pode muito bem colocar seu veículo político, o Partido Conservador, entre seus desastres. É difícil ver como, em qualquer futuro próximo, os conservadores podem se recuperar das conseqüências não planejadas de um projeto neoliberal que extirpou a legitimidade de muitas instituições britânicas e fraturou e deslocou sua máquina partidária. Mesmo que, nos destinos normais da vida política na Grã-Bretanha, o Partido Conservador fosse de algum modo capaz de se renovar, seria de uma forma que atualmente não pode ser prevista. Como na Inglaterra tory – aquela rica rede de interesses conectados, deferências sociais e instituições herdadas que a diplomacia tory protegeu e reproduziu com sucesso por mais de um século por sua adaptação habilidosa às instituições democráticas na Grã-Bretanha – ele está agora tão bom quanto acabado.

    O efeito autodestruidor da política neoliberal na Grã-Bretanha tem sido ainda mais cruelmente irônico do que revela esta breve narrativa. O principal *insight* de Thatcher foi perceber que havia em 1979 na Grã-Bretanha um eleitorado econômico para o ataque a sindicatos, o corte do orçamento, políticas de taxas baixas – um eleitorado cuja própria existência era negada pelos aristocratas "Wets" tories, mas que ela tornou politicamente visível e eleitoralmente decisivo dos anos 1980 em diante. A ironia é que foi esse grupo que – além dos vários eleitorados dos pobres que ficou na moda juntar sob a categoria norte-americana de *underclass* – perdeu mais na década de 1990. Pois, em um desenvolvimento que pendeu para uma inevitabilidade, os mercados de trabalho desregulados criados pelo thatcherismo nos anos 1980 destruíram na década de 1990 a segurança no emprego do grupo social ascendentemente móbil – o homem e a mulher de Essex – que continha, do ponto de vista eleitoral, os beneficiários mais importantes do thatcherismo. A desregulação das instituições financeiras que, no fim dos anos 1980, inundou a economia com dinheiro fácil e fez que os valores do ativo flutuassem a alturas insustentáveis, ao mesmo tempo gerou novos instrumentos financeiros – pensões pessoais e hipotecas de doação – que significaram perda ou ruína para milhões de famílias. (Um índice da magnitude dos efeitos colaterais da desregulação financeira na Grã-Bretanha é o fato de que, durante os cinco primeiros anos da década de 1990, trezentos mil lares foram reavidos – um despejo em escala sem paralelo na Grã-Bretanha desde o cerco das montanhas da Escócia na década de 1740.) O próprio eleitorado econômico que mais ganhou com o início do thatcherismo foi o mais prejudicado por seus efeitos a longo prazo. Ao mesmo tempo, o Quango State, construído na esteira do ataque thatcherista ao governo local democrático e da política de Major de marquetizar os serviços públicos e as instituições intermediárias, facilitou o crescimento de uma nova classe de nomenclaturistas tories, administrando vastos recursos sem nenhuma forma de responsabilidade democrática efetiva. Em sua última fase, em uma de suas rematadas ironias, o projeto neoliberal na Grã-Bretanha, que começou como uma resposta às instituições corporativistas falidas, deu lugar a novas instituições econômicas, que podem ser chamadas de instituições do *corporativismo de mercado*. Essas instituições não são apenas democraticamente responsáveis; elas não podem ser por muito tempo politicamente legitimadas mediante instituições democráticas. O Estado Corporativo neoliberal, na Grã-Bretanha como em qualquer outro país democrático, é por sua própria natureza politicamente instável.

Por essas e por muitas outras razões, o neoliberalismo na Grã-Bretanha tem-se mostrado um projeto autolimitado. Mas, ao contrário daqueles da Esquerda – de longe a maioria – que o viram como um ponto de luz na tela da história, ele transformou irreversivelmente o panorama social e institucional da Grã-Bretanha, e, portanto, os termos da negociação política. Se claramente falhou como o projeto gramsciano de garantia da legitimidade das instituições de mercado liberadas na Grã-Bretanha, que foi sem dúvida originalmente concebido para ser – se falhou tão completamente, na verdade, a ponto de destruir o futuro previsível das perspectivas eleitorais do Partido Conservador –, não obstante, o conservadorismo neoliberal conseguiu uma realização, não intencional e sem dúvida ainda não compreendida por seus autores, para seu crédito: a destruição da Inglaterra tory. Na perspectiva mais longa da história, o papel como um agente brutal e inconsciente da modernização – incluindo a modernização, e assim o retorno à elegibilidade, do Partido Trabalhista –, pode provar ser a única justificativa histórica do thatcherismo. No entanto, o custo dessa modernização não foi apenas a quase destruição de grande parte da herança institucional da Grã-Bretanha, mas também a obliteração do conservadorismo liberal do pós-guerra – incorporado em figuras como Butler, Boyle, Macleod e Macmillan –, em que as tradições paternalistas e comunitaristas tories foram adaptadas às condições da sociedade industrial moderna tardia.

Qualquer entendimento da história do projeto neoliberal na Grã-Bretanha deve começar com o fato de que a dissolução do acordo pós-guerra estava em andamento bem antes de Thatcher subir ao poder em 1979.[1] Ao contrário das instituições corporativistas na Alemanha e na Áustria, que atuavam como marca-passos para a criação de riqueza e garantias da paz social, o corporativismo nas décadas de 1960 e 1970 produziu estagnação econômica, conflito industrial e social, e uma crise fiscal do Estado que desencadeou a intervenção do Fundo Monetário Internacional (FMI). A principal estrutura política neoliberal do conservadorismo fiscal e sua conseqüência, o recuo da administração macroeconômica, tendo o pleno emprego como seu objetivo, já estavam portanto em vigor na Grã-Bretanha quando Margaret Thatcher assumiu o poder. O projeto neoliberal – o projeto de conter as atividades do Estado, estendendo o escopo das instituições do mercado aos limites da possibilidade política e garantindo aos mercados liberados uma legitimidade incontestável na cultura pública – foi formulado e adotado pelos conservadores durante os anos entre a sucessão de Thatcher à liderança do partido em 1975 e a vitória dos conservadores em 1979 – os mesmos anos em que o conservadorismo fiscal foi imposto pelo FMI ao governo trabalhista de Callaghan (1974-79). Vale lembrar que o governo conservador anterior de Edward Heath (1970-74) havia chegado ao poder com algo semelhante a uma agenda neoliberal que não veio a dar em nada. O governo Heath foi eleito baseado em um programa de reverter a tendência do pós-guerra para um governo excessivamente expandido na Grã-Bretanha, mas abandonou o programa muito antes de sofrer a derrota eleitoral em fevereiro de 1974, como resultado de sua confrontação com os mineiros. No entanto, foi a derrota do governo Heath

---

1 Considerei em mais detalhes a caducidade do acordo Britânico pós-guerra durante o governo trabalhista de Callaghan em minha monografia *The Undoing of Conservatism* (1994), reimpresso como o Capítulo 7 do meu livro *Enlightenment's Wake: Politics and Culture at the Close of the Modern Age* (1995). Examinei as contradições da ideologia neoliberal na Introdução do meu livro *Beyond the new Right: Markets, Government and the Common Environment* (1993).

pelos mineiros a maior responsável pelos estágios iniciais da política thatcherista.

A primeira fase do projeto neoliberal, como foi concebido e implementado no início dos anos 1980, não foi um ataque ao Estado do Bem-estar Social, nem à marquetização das principais instituições sociais, mas o abandono do pleno emprego como um objetivo da política pública e o desenvolvimento de uma estrutura estável das finanças públicas – ambas políticas que tiveram o efeito de diminuir o poder do trabalho organizado na Grã-Bretanha, e ambas expressando a orientação anticorporativista do início do thatcherismo. A política thatcherista do início da década de 1980 era, em considerável medida, reativa na busca de romper as relações triangulares de conluio entre empregadores, sindicatos e governo que sustentaram a falência do corporativismo britânico dos anos 1970. O fato de isso logo se tornar proativo na tentativa de dar uma nova forma à sociedade e à cultura pública britânicas segundo as incipientes abstrações do liberalismo econômico, deve-se ao primeiro e mais decisivo ato de privatização de Thatcher – a privatização da formulação de políticas por meio da qual ela foi removida do controle do Serviço Civil e se recusou a tomar parte nos *think-tanks* da ala direitista.

O pensamento da Nova Direita que estes *think-tanks* – acima de tudo o Instituto de Assuntos Econômicos – haviam incutido, durante uma longa jornada ao longo das décadas de 1950 e 1960, na selvageria política às margens da cultura pública britânica, não foi monolítico nem tampouco particularmente coerente. Continha várias tendências intelectuais, entre as quais se destacava a economia de Chicago, a teoria da Escolha Pública de Virginia e elementos da economia austríaca derivados do trabalho de Hayek. Não obstante, é verdade com relação a todos os *think-tanks* – até o Centre for Policy Studies, fundado por Keith Joseph e Margaret Thatcher em 1975 como uma fundação explicitamente conservadora – que sua inspiração não era algum tipo de conservadorismo, como havia sido tradicionalmente entendido na Grã-

Bretanha e em outros países europeus, mas o liberalismo clássico. As características mais distintivas da ideologia da Nova Direita na Grã-Bretanha nas décadas de 1970 e 1980 – seu uso de uma concepção abstrata e racionalista do *Homo economicus*, sua busca doutrinária de uma teoria geral do governo mínimo, sua concepção individualista e legalista dos relacionamentos contratuais como a base da ordem econômica e social e sua preocupação utópica com os dispositivos constitucionais – são todas sintomáticas de suas raízes no século XIX, ou mesmo no liberalismo clássico do século XVIII, e da influência sobre ele dos seguidores do século XX do liberalismo clássico. Nenhum pensador conservador britânico ou europeu, ao lado de instituições destinadas a prevenir a captura do governo por interesses do produtor e uma constituição que protegia os direitos individuais, conseguiu estruturar uma filosofia política adequada; mas esse caldo ralo de economismo e legalismo era tudo o que o pensamento político da Nova Direita tinha a oferecer. Em contraste, o historicismo e o relativismo cultural do pensamento conservador britânico e europeu, as críticas à sociedade comercial apresentadas não só por Disraeli, mas por Adam Smith e Adam Ferguson, por Carlyle e Ruskin, são dignas de nota por sua ausência completa no pensamento político da Nova Direita. A crítica aguda do Iluminismo desenvolvida por muitos pensadores conservadores, até mesmo Burke, também está ausente.[2] As influên-

---

2 Exceção pode ser feita ao pensamento de Michael Oakeshott, em que é indiretamente realizada uma crítica ao Iluminismo. No entanto, embora o pensamento de Oakeshott fosse um objeto de reverência nos institutos de pesquisa da Nova Direita, particularmente o Centre of Policy Studies, jamais foi influente na política – quer dizer, da maneira como foi o de Hayek – e, sem dúvida inteligentemente, ele se manteve afastado da política cotidiana. De maneira análoga, *Salisbury Review*, de Roger Scruton, adotou uma conduta de resistência jacobina ou quixotesca ao espírito da época, que às vezes abrangia uma oposição a aspectos do liberalismo econômico; e sua influência sobre políticos conservadores profissionais foi correspondentemente negligenciável.

cias penetrantes do pensamento da Nova Direita na Grã-Bretanha nos anos 1970 e 1980 – em contraste com os Estados Unidos, onde, exceto em algumas variedades de influências do pensamento doutrinariamente libertário, populista e até fundamentalista jamais estiveram totalmente ausentes – eram aquelas do racionalismo liberal clássico, como aquele examinado em nossa época por pensadores como Popper e Hayek.[3]

O pensamento da Nova Direita na Grã-Bretanha era, portanto, distanciado ou desligado da tradição maior da filosofia conservadora européia, da qual o pensamento conservador britânico sempre fez parte. Seu distanciamento de sua própria tradição intelectual e política foi aumentado por uma influência adicional – aquela da Direita norte-americana. Convém lembrar que a Nova Direita britânica conseguiu sua hegemonia efêmera no discurso público durante a Guerra Fria, teve sua expressão política no mais inequivocamente (e inquestionavelmente) primeiro-ministro pró-norte-americano do período pós-guerra, e coincidiu com a combinação na América de Reagan de uma política externa fortemente anticomunista com uma política doméstica intensamente orientada para o mercado. Esse contexto histórico tornou tudo mais fácil para o pensamento direitista norte-americano – o pensamento de neoconservadores e libertários de vários tipos – para exercer uma influência sobre o conservadorismo britânico que era decididamente anômalo em termos de sua herança intelectual européia e da cultura pública fundamental britânica. A fraqueza, ou virtual ausência, nos Estados Unidos de qualquer coisa comparável com o conservadorismo europeu, a quase ubiqüidade na cultura intelectual norte-americana de temas individualistas, universalistas e iluministas – o fato, em outras palavras, de que nos Estados Unidos o pensamento con-

---

3 Não pretendo sugerir que o pensamento de Popper e Hayec fosse em todos os pontos convergentes, mas apenas que nenhum deles pertencia a uma tradição reconhecível do pensamento *conservador* britânico ou europeu.

servador é apenas uma variação inerentemente norte-americana de temas liberais clássicos de governo, individualismo e progresso econômico limitados – tornou a semelhança da Nova Direita britânica com a Direita norte-americana uma questão de afinidade eletiva e não simplesmente de acidente histórico.

A semelhança entre o pensamento liberal clássico da Nova Direita britânica – cuja hegemonia na década de 1980 estava na história mais longa e mais abrangente do extremamente incongruente pensamento conservador britânico – com a tradição inerentemente norte-americana do individualismo e do universalismo foi reforçada pela oposição da maioria da Direita neoliberal na Grã-Bretanha ao federalismo europeu.[4] Para muitos da Nova Direita da Grã-Bretanha, e certamente para Thatcher, as afinidades culturais da Grã-Bretanha são maiores com os Estados Unidos do que com as nações da Europa. Thatcher pode ter tido diferenças com Reagan sobre a economia vudu dos cortes de impostos autofinanciados e a reivindicação panglissiana de que a Iniciativa da Defesa Estratégica poderia exorcizar o espectro da guerra nuclear; mas não há dúvida de que ela abrigava a fantasia churchilliana de uma civilização anglo-saxônica transatlântica. Seus vínculos reforçados pela hegemonia conservadora nos dois países, Grã-Bretanha e Estados Unidos, não apenas renovariam o "relacionamento especial", mas também seguiriam caminhos paralelos de desenvolvimento econômico e (de modo presumível) social, com a Grã-Bretanha imitando o capitalismo de mercado individualista norte-americano. Nisso, Thatcher não só interpretou mal a situação estratégica da Grã-Bretanha, que era a de um poder europeu, mas julgou mal a cultura pública britânica, que difere da dos Estados Unidos em todos os aspectos mais fundamentalmente importantes. Na Grã-Bretanha, o

---

4 Nem todos os liberais clássicos britânicos foram, ou são, contra o federalismo europeu. Sir Samuel Brittan, destacado comentarista econômico, talvez seja o mais notável entre várias exceções.

capitalismo de mercado nunca desfrutou de legitimidade política injustificada, sendo desafiado por uma cultura socialista poderosa e antes de Thatcher só aceita pelos tories com profundas reservas; a religião é frágil e a sociedade substancialmente pós-cristã; e a fé do Iluminismo na melhora do mundo está ausente, ou qualificada – como são qualificadas todas as reivindicações ideológicas – por um ceticismo duradouro. Mais decisivamente, talvez, para o destino do projeto neoliberal, a Grã-Bretanha permanece uma sociedade bem menos individualista do que os Estados Unidos, com atitudes voltadas para a mobilidade geográfica e ocupacional – por exemplo, sendo uniformemente bem mais negativa; e o relacionamento do povo britânico com o Estado britânico permanece um relacionamento mais de cautelosa confiança do que de suspeita ou inimizade. Foi a ignorância, ou talvez a recusa, em aceitar essas profundas divergências entre a cultura e a vida política britânica e norte-americana que tornaram as intervenções no discurso público britânico de ideólogos e jornalistas como Charles Murray e Michael Novak previsivelmente marginais. Se o projeto de Thatcher era da americanização da Grã-Bretanha, as características duradouras da cultura britânica – que atestam suas afinidades maiores e mais profundas com as culturas da Europa continental – o condenaram antecipadamente ao fracasso.

A reconstrução do Partido Conservador à imagem da Direita Republicana, que progrediu por toda a década de 1980 com a marginalização sistemática dos tories (como Chris Patten) que viram seu futuro na convergência com os partidos democratas-cristãos europeus, corta as amarras dos conservadores na cultura britânica e européia, e na história do seu próprio partido. Ao mesmo tempo, a longa marcha pelas instituições britânicas iniciada por Thatcher e continuada pelo governo de John Major esvaziou-os de grande parte de seu *ethos* e legitimidade, enquanto a força pulverizadora da desregulação do mercado de trabalho, que foi aplicada aos sindicatos na década de 1980, foi aplicada à classe média profissional nos anos 1990. O resultado foi um colapso cataclísmico do apoio dos tories na Escócia e no País de Gales, com os conservadores dali aparecendo como o terceiro ou quarto partido. Na área central tory da Inglaterra, a revolução permanente da mercantilização patrocinada pela política conservadora neoliberal confundiu as expectativas e aumentou a insegurança econômica entre os principais patrocinadores dos conservadores, produzindo um colapso de apoio em uma escala similar.[5] Em maio de 1995, os tories não controlavam um único Conselho Municipal Metropolitano e apenas um Conselho de condado. Os tories estão pagando o preço de ligar seus destinos a uma filosofia econômica que reconhece apenas o interesse humano na renda aumentada e na escolha do consumidor, e falham em perceber o maior interesse do povo em limitar o risco econômico pessoal aos quais ele está sujeito. Esquecendo o truísmo da filosofia conservadora, de que a maioria dos seres humanos são criaturas que têm aversão ao risco, os tories condenaram-se a replicar os destinos dos liberais econômicos de inspiração ocidental dos países comunistas do pós-guerra, afastados do gabinete pelos partidos democráticos que captaram essa verdade elementar.

Em termos políticos, a situação estratégica dos conservadores é que o máximo que podem esperar no futuro previsível é transformar a catástrofe iminente em mera derrota. Qualquer dos resultados significa a destituição da nomenclatura tory, que equipa as instituições do Quango State; e seus membros, com os

---

5 Parte importante dessa nova insegurança entre a classe média na Grã-Bretanha sem dúvida deriva da globalização da economia e de novas tecnologias, em vez de qualquer impacto da política interna. Isso não significa que as políticas liberais dos últimos dezessete anos não tenham piorado a insegurança dos principais defensores dos tories – e certamente não vai impedir os tories de serem apoiados para a consideração eleitoral por nada fazerem para tornar a nova insegurança no emprego mais humanamente tolerável.

membros tories do parlamento, usarão todos os meios à sua disposição para limitar o período na oposição, que eles agora não podem evitar. Na *intelligentsia* conservadora britânica não é comum encontrar um período de oposição recebido como descanso do poder e uma ocasião para um pensamento reflexivo. Entretanto, é difícil saber o que apóia a confiança dos pensadores conservadores na Grã-Bretanha de que o tempo livre na oposição vai lhes permitir desenvolverem os recursos intelectuais para lidar com as profundas mudanças na sociedade britânica que as políticas conservadoras criaram ou reforçaram. Pois hoje é totalmente obscuro o que o conservadorismo britânico pode – se é que ele pode algo – realística ou coerentemente se determinar a conservar. A extração da legitimidade das instituições tradicionais pelas mudanças econômicas e culturais, que o neoliberalismo acelerou, torna uma orientação política restauracionista ou renovadora um beco sem saída desesperançoso – como o flerte ridículo do governo de Major com uma brilhantemente exibida retórica "de volta ao básico" dos valores familiares. A Inglaterra pacífica da década de 1950 evocada pela retórica nostálgica de Major, uma vez que tenha qualquer semelhança com a realidade história, era um produto do acordo pós-guerra conduzido pelos trabalhistas que os conservadores destruíram. Mesmo que fosse desejável recriá-lo – o que é mais do que duvidoso –, ele é agora irrecuperável. Uma posição de fundamentalismo cultural no estilo norte-americano tem atrativos para muitos pensadores conservadores britânicos, não obstante ela lhes permitir evitar confrontar a contradição fundamental em seu pensamento e em sua política – a contradição entre endossar a revolução permanente do mercado global e a preservação de formas estáveis de família e de vida comunitarista. Se, como já foi claramente o caso, o efeito das instituições do mercado global liberadas por derrubar as comunidades estabelecidas em toda parte para destruir a estabilidade das famílias, impondo sobre seus membros o imperativo de mobilidade constante, e dissolver as práticas e as instituições tradicionais em um fluxo de novidade, os conservadores neoliberais serão compelidos a atribuir essas mudanças a outros fatores que não as forças de mercado incontroladas. A explicação é então buscada em doutrinas antinomianas ou relativistas supostamente propagadas em escolas e universidades, no legado do libertarismo dos anos 1960, nas tendências da mídia ou em conjecturas similarmente absurdas. Os fracassos sociais – e portanto econômicos – do fundamentalismo de mercado são remediados, ou pelo menos obscurecidos, recorrendo-se às fantasias atávicas do fundamentalismo cultural. Somente invocando uma elite conspiratória de intelectuais liberais a *intelligentsia* conservadora pode explicar a si mesma porque – após dezessete anos de hegemonia neoliberal – as pessoas comuns que ela alega representar na Grã-Bretanha mostram todo o sinal de consignar ao esquecimento eleitoral o partido cujas políticas elas continuam a apoiar.

O colapso político da Nova Direita na Grã-Bretanha tem muitas causas, inclusive aquelas que são extremamente contingentes, como a adoção do *poll tax* (que foi uma das ocasiões do golpe que derrubou Thatcher) e a ignorância e a insolência que conduziram ideólogos neoliberais efêmeros a proclamar na década de 1980 que "O Partido Trabalhista nunca vai governar de novo". Ainda é cedo demais para tentar uma avaliação histórica equilibrada e abrangente dos conflitos de interesse e personalidade, dos erros na política e nas interações complexas de ideologia fechada, e da insensatez humana com o poder político que conduziram ao fim da experiência neoliberal na Grã-Bretanha. Não é cedo demais para extrair duas lições de seu lamentável fracasso. A primeira é que as pretensões da Nova Direita de uma hegemonia no discurso político eram sempre espúrias. O projeto neoliberal exerceu uma hegemonia *política* transitória na Grã-Bretanha, que ele deveu a uma confluência impossível de ser repetida de circunstâncias afortunadas – a falência do corporativismo trabalhista, a desintegração das instituições soviéticas, o declínio da democracia social européia e a tendência à globalização econômica que enfraqueceu o trabalho organizado. Não deu nenhuma contribuição importante ao pensamento político conservador. Na verdade, suas políticas só aceleraram a obsolescência do pensamento conservador iluminando seu desamparo diante das forças econômicas dominantes da época.

A segunda lição é que não permanece, na Grã-Bretanha pelo menos, nenhum espaço histórico para o pensamento conservador coerente. A possibilidade histórica de um conservadorismo intelectual sério tem sido anulada pelas políticas da última década e meia. Certamente, se a história é algum guia, o Partido Conservador de alguma maneira vai se renovar, nos destinos normais da vida política, em um sistema bipartidário; mas a Inglaterra tory, que existiu para ser preservada, já não é nada além de uma memória histórica. O pensamento conservador, nessa nova circunstância histórica, pode ser uma mistura de tecnoutopia moderna – como a proposição, recentemente muito avançada, de que as comunidades virtuais da internet podem substituir as comunidades locais que os livres mercados desolaram – e fundamentalismo oportunista. Não é uma forma de pensamento do qual se pode razoavelmente esperar esclarecimento ou orientação. As necessidades humanas duradouras que a filosofia conservadora um dia reconheceu não são atualmente abordadas pelos conservadores, em parte porque satisfazê-las envolve mudanças radicais e, para os conservadores de hoje, indesejadas nas instituições econômicas atuais. Satisfazer tais necessidades humanas – de formas profundas e fortes da vida em comum, com trabalho e um meio ambiente rico – demanda reincorporar os processos de mercado que a política neoliberal emancipou de qualquer tipo de controle ou responsabilidade política nas culturas e comunidades que elas existem para servir. E este é um projeto, pouco revolucionário em suas implicações, que nenhuma forma de pensamento conservador hoje está disposto a contemplar.

2
Depois da democracia social

Onde estamos agora

Os democratas sociais não perceberam que o thatcherismo era um projeto modernizador com conseqüências profundas e irreversíveis para a vida política na Grã-Bretanha. A pergunta agora não pode ser: Como os remanescentes da democracia social podem ser salvos das ruínas do thatcherismo? Em vez disso, deve ser: Qual é o sucessor do thatcherismo?

Como tories fracos, os democratas sociais não perceberam o radicalismo do projeto de Thatcher em acabar com as antigas deferências e hierarquias de classe. Muitos deles ainda o encaram como um ponto na tela da história, a ser seguido por um retorno à "política normal" da era pré-Thatcher. Essa é uma ilusão incapacitante, em especial para a Esquerda. O projeto de Thatcher certamente foi esgotado, e a energia política que o estimulou na década de 1980 evaporou, deixando apenas as fórmulas lúgubres e sem significado da ideologia da Nova Direita. Não obstante, o thatcherismo mudou permanentemente os termos da negociação política na Grã-Bretanha de maneiras tais que descartam qualquer retorno ao conservadorismo tradicional da Direita – o One Nation Toryism, digamos – ou à democracia social – uma espécie de croslandismo ou de owenismo, talvez – da Esquerda. Possivelmente apenas poucos observadores, incluindo alguns marxistas perceptivos, perceberam a natureza paradoxal do thatcherismo como um projeto que fracassou em toda a sua agenda positiva, mas que – em conjunção com tendências na economia mundial que nenhum governo dirige ou controla – transformou a sociedade e a cultura pública britânicas de modo que tornasse os projetos políticos anteriores, com o próprio thatcherismo, anacrônicos e redundantes.

Em muitos aspectos, o thatcherismo era um projeto autodestruidor. Seus formuladores não perceberam que a liberação dos mercados que diminuiu drasticamente o poder do trabalho organizado na Grã-Bretanha teria, com o tempo, a conseqüência não-intencional de destruir a segurança econômica entre os grupos sociais que eram os beneficiários iniciais do thatcherismo. Desse modo, trabalharam para dissolver a coalizão eleitoral de interesses que lhes permitiu chegarem ao poder. As pessoas ambiciosas da classe trabalhadora que perceberam nas políticas thatcheristas a possibilidade de mobilidade social ascendente para a classe média, caso fossem bem-sucedidas ao fazer a transição, descobriram que a vida da classe média inglesa foi transformada a ponto de se tornar irreconhecível. Elas não emergiram nas montanhas ensolaradas da segurança burguesa, mas em um desolado planalto de uma classe média empobrecida. A dolorosa ironia do homem e da mulher de Essex lutando para subir a escalada econômica apenas para encontrar as figuras andrajosas dos profissionais de classe média cambaleando nessa escalada é uma narrativa da nossa época que ainda não foi adequadamente escrita. O thatcherismo não pôde agir como instrumento de mobilidade social para seus defensores iniciais porque destruiu a estrutura de classe em cujos termos eles teriam estruturado suas aspirações. A capacidade do thatcherismo para alterar profunda, imprevisível e irreversivelmente o panorama social britânico é apenas uma ilustração em particular dramática do poder dos mercados liberados para deslindar formas tradicionais da vida social.

Por todas essas razões, aqueles da Nova Direita que enxergam a salvação política – para eles próprios, ainda que não para a Grã-Bretanha – revivendo suas verdades perdidas estão simplesmente se iludindo. Em nossas circunstâncias, um retorno ao Ur-thatcherism é impedido tanto pelo impacto que as políticas dos governos de Thatcher e Major sofreram na coalizão inicial dos defensores quanto pelas mudanças na cultura pública da Grã-Bretanha – como mudanças em sua cultura de classe –, pelas quais o próprio thatcherismo foi em parte responsável. Mas constatar que precisamos ir além do thatcherismo é também constatar que não há caminho de volta para a democracia social.

É um paradoxo da vida política britânica que, em um momento da história em que a democracia social está em toda parte se retirando, hoje sejamos quase todos democratas sociais. Em todos os partidos, a maioria de nós convergiu para um campo intermediário sensível e pragmático que, em aspectos fundamentais, já se arrasta atrás dos acontecimentos. A democracia social era um projeto político cuja estabilidade e até identidade dependiam do ambiente geoestratégico da Guerra Fria. Definia seu conteúdo socialista em oposição ao comunismo soviético e, às vezes, também ao individualismo americano. O colapso soviético foi removido desse ambiente e desnudou a democracia social da identidade que lhe foi conferida por um mundo bipolar. As novas realidades que significam ruína para o projeto democrático social são os bilhões de trabalhadores diligentes e hábeis soltos no mercado global pelo colapso comunista e o desaparecimento de quaisquer barreiras efetivas à mobilidade global do capital. Nessa circunstância histórica modificada, o programa econômico fundamental da democracia social é inexeqüível e a própria democracia social é um projeto falido.

É verdade que o novo consenso democrático social na Grã-Bretanha representa um avanço real no debate estéril e atávico entre a Velha Esquerda e a Nova Direita. Mas é também uma perspectiva de olhar para trás que vai se provar um mau guia para se entender o presente e se preparar para o futuro. Neste capítulo, pretendo esclarecer e explorar o consenso democrático social emergente no discurso público britânico. Meu propósito ao fazê-lo não é endossá-lo; ao contrário, é questioná-lo. Entre as conseqüências irreversíveis do projeto thatcherista e seu fracasso na Grã-Bretanha, uma das mais negligenciadas é a impossibilidade de qualquer retorno às políticas e instituições da democracia social. Meu argumento é, em parte, histórico. Uma vez que estava incorporado em um movimento trabalhista que a mudança tecnológica e econômica, com mais de uma década e meia de política neoliberal, destruiu, a democracia social é agora um projeto político sem um agente histórico. A base de classe dos partidos democráticos sociais, não somente na Grã-Bretanha, mas em toda a Europa, tem sido corroída pela mudança econômica, ao mesmo tempo que os poderes dos governos nacionais, que eram os impulsos da política democrática social, têm sido consistentemente reduzidos. Embora esta seja uma dura verdade que os políticos profissionais inevitavelmente acham difícil reconhecer, a nova liberdade global do capital financeiro encerra os governos nacionais de modo que limite severamente, ou descarte totalmente, as políticas democráticas sociais tradicionais do pleno emprego. Há uma perversa ironia histórica no fato da formação de um consenso democrático social no exato momento em que tanto sua base de classe quanto seu veículo político foram marginalizados.

O risco do consenso emergente é a insensibilização em uma sabedoria convencional de um conjunto de suposições tão anacrônicas quanto o próprio thatcherismo. O fracasso das reformas neoliberais do Estado de Bem-Estar Social para diminuir a pobreza ou controlar os gastos – ambos tendo crescido inexoravelmente – encoraja, como uma reação decente e natural, mas mal orientada e irrealística, a crença de que o velho Estado de Bem-estar Social britânico pode ser reinventado com outro aspecto, e evitadas as difíceis escolhas da reforma real da Previdência. A tolerância neoliberal ao desemprego de longo prazo evoca a ilusão de que as políticas de pleno emprego do pós-guerra podem ser revividas e tornadas eficientes. A crueza e o fracasso das políticas neoliberais para reduzir o tamanho do governo – que surgem em parte porque o impacto do desemprego de longo prazo nos gastos públicos foi subestimado – obscurecem a percepção da insustentabilidade de um Estado grande e próspero em um período em que não se pode confiar nem naqueles que pagam impostos, nem nos emprestadores para financiar os déficits públicos. O absurdo e a desumanidade das políticas neoliberais para cortar o tamanho do governo produziram uma complacência democrática social sobre seu crescimento que não é menos dispendiosa e perigosa.

O teste fundamental para aferir se já formulamos uma perspectiva política genuinamente pós-tacherista é nossa capacidade para perceber que, mesmo quando destruídas as condições de sua própria viabilidade política, o thatcherismo ao mesmo tempo destruiu outros projetos políticos – especialmente o One Nation Toryism e a democracia social – que foram um dia seus rivais. O fim do thatcherismo – que ocorreu, não repentinamente, de um golpe, quando a própria Thatcher foi derrotada em 1990, mas lentamente e com um lamento, durante o longo interregno dos anos de Major – marcou não somente o colapso político do neoliberalismo na Grã-Bretanha, mas também o encerramento de uma era em sua cultura pública.

Mas até agora a forma da vida política e da cultura pública na Grã-Bretanha na esteira do projeto Thatcher permanece obscura. No entanto, já podem ser discernidas várias tendências. Os pontos fixados do consenso democrático social que é agora aceito pela maioria em todos os partidos são os custos sociais inaceitáveis e os riscos morais do individualismo de mercado irrestrito da década de 1980; o colapso no mundo todo das instituições de planejamento central, o veículo econômico do socialismo clássico e a ascensão universal – em uma grande diversidade de formas – das instituições de mercado; e a aceitação de que não há possibilidade de retorno às instituições corporativistas e às políticas cujos fracassos na Grã-Bretanha – em particular sua tendência para atuar como mecanismos para um conflito distributivo em vez de ser um meio de criação de riqueza – eram a justificativa política original e a base histórica das políticas thatcheristas. Nesse consenso democrático social entre os partidos, um movimento de modernizadores tories busca atualmente aplicar uma variante de Direita da filosofia do mercado social para as tarefas de legitimação do livre mercado em termos políticos e estendendo mais os mecanismos de mercado no setor público. Entre os modernizadores trabalhistas, uma tendência principal procura modernizar a própria democracia social, distinguindo entre as políticas e as instituições em que ela estava incorporada no acordo britânico pós-guerra e os valores fundamentais de igualdade e comunidade que permanecem constitutivos dela como uma moralidade política.

Fora do consenso democrático social, um grupo de radicais de Direita em torno de John Redwood, que já não são reconhecivelmente tories britânicos e tomam como exemplo fundamentalistas culturais neoconservadores americanos, visa a renovar de outra forma o pensamento da Nova Direita. Essa segunda onda de pensamento da Nova Direita rejeita a soberania individual da ideologia neoliberal em favor de um retorno aos "valores tradicionais", e procura apoiar as instituições do livre mercado liberado com formas restauradas da vida familiar tradicional. É importante que, embora nos anos 1980 a Nova Direita tivesse trabalhado com a estrutura da época, a forma revista do pensamento da Nova Direita, ainda que pretendendo transcender o fundamentalismo primitivo do mercado da ideologia neoliberal, trabalhe contra a cultura da Grã-Bretanha nos anos 1990 – uma cultura que é, em parte, conseqüência não-intencional da celebração neoliberal do individualismo irrestrito. Essa Nova Direita se estabelece contra as forças dominantes da época em sua negação da demanda persistente por autonomia individual, sua reação renovadora à decadência das formas sociais herdadas, e seu fracasso em entender que é principalmente o dinamismo subversivo das forças de mercado que as está inexoravelmente dissolvendo. No Partido Trabalhista uma encolhida série de socialistas clássicos coloca-se fora do consenso democrático social, desafiando o revisionismo radical dos modernizadores e rejeitando a democracia social como um refinamento instável do capitalismo, em vez de uma genuína alternativa a ele. *Socialism for a Sceptical Age*, do falecido Ralph Miliband, pode ser considerado uma declaração da perspectiva teórica pela qual muitos membros dessa tendência são informados.

As tendências modernizadoras nos dois principais partidos precisam correr muito depressa para evitar ficar para trás diante dos acontecimentos. O objetivo deste capítulo é esboçar um padrão de idéias cujo principal mérito é o seu menor afastamento das presentes circunstâncias do que a maioria das idéias que informam o discurso político. Em seu aspecto teórico, avança para uma perspectiva liberal comunitarista como alguém que evita os principais erros do neoliberalismo e enriquece a filosofia liberal padrão com os *insights* distintivos do pensamento comunitarista. Sua alegação é que essa perspectiva pode ajudar o pensamento no dilema fundamental da época, que é como as mudanças revolucionárias na tecnologia e na economia podem ser reconciliadas com as necessidades humanas permanentes de segurança e de formas da vida em comum. Como surge no contexto de uma cultura liberal, o dilema pode ser expresso como o de equilibrar os interesses na escolha e na autonomia, considerados – com freqüência erroneamente – promovidos pelos livres mercados, em oposição aos benefícios, responsabilidades e deveres da comunidade. Em seus termos mais amplos, a visão liberal comunitarista rejeita tanto a concepção econômica do indivíduo como um consumidor soberano quanto a visão legalista do indivíduo como, acima de tudo, um portador de direitos. A influência do pensamento americano recente transformou uma combinação dessas concepções na visão dominante do ser humano no liberalismo, embora não fosse aquele de J. S. Mill ou de Alexis de Tocqueville, mais do que é agora aquele de Berlin ou Raz.

O liberalismo comunitarista difere dos liberalismos padronizados, individuais, pois concebe escolher os indivíduos como criações de formas da vida em comum. Rejeita a visão libertária de que a escolha individual deve ser sempre superior a todo outro interesse e necessidade humanos – uma visão incorporada na concepção libertária equivocada das liberdades do mercado como implicações, ou derivações, da estrutura básica dos direitos humanos. Difere dos comunitarismos conservadores e neotradicionalistas,[1] pois reconhece a força e a urgência da necessidade de autonomia individual – a exigência que as pessoas estão expressando e representando, que é o próprio trabalho em todas as instituições e práticas das sociedades liberais contemporâneas para fazer suas próprias escolhas e para ser, pelo menos parcialmente, autores das suas próprias vidas. Reconhece o pluralismo dessas culturas em virtude do qual poucos de nós são definidos por serem membros de uma única comunidade, totalmente abrangente, e aceita que não há volta para nenhum modo de vida mais simples e "orgânico". Difere da moralidade política da democra-

---

1 Para declarações políticas de comunitarismo conservador, ver *The Conservative Community* (1992), de Robin Harris, e *Civic Conservatism* (1993), de David Willets. Para uma versão da Esquerda do comunitarismo conservador, ver *English Ethical Socialism* (1988), de Norman Dennis e A. H. Halsey. Os elementos de um comunitarismo liberal são, acredito eu, encontrados nos escritos de Isaiah Berlin e Joseph Raz. Ver meu livro, *Berlin* (1995); e *The Morality of Freedom* (1986), de Joseph Raz.

cia social, rejeitando as áreas igualitárias da política e os contextos da vida econômica e social.

A principal reivindicação do liberalismo comunitarista é que o ser humano individual florescente pressupõe formas fortes e profundas da vida em comum. Os elementos da perspectiva liberal comunitarista no qual vou me concentrar aqui são os especialmente salientes no nosso contexto presente, em que o projeto neoliberal quase se destruiu, mas ainda não tem um sucessor claro. Por isso, vou considerar e rejeitar a afirmação neoliberal de que os mercados necessariamente aumentam a escolha e a autonomia, e em vez disso sustentar que o valor liberal da autonomia só pode ser protegido no contexto de uma cultura pública cujo mercado é apenas uma parte subordinada. Sendo assim, o conflito entre autonomia e comunidade é superficial. Na última seção vou considerar áreas da vida social e da política pública em que este conflito é real e difícil. A aplicação fundamental da visão liberal comunitarista da política pública é que as liberdades do mercado têm apenas um valor instrumental, como meio para um bem-estar individual, e só têm tal valor quando não enfraquecem formas de vida em comum sem as quais o bem-estar individual fica empobrecido ou impossível.

Para antecipar o esboço que vou fazer desta perspectiva, o liberalismo comunitarista afirma, em primeiro lugar, que *a autonomia individual pressupõe uma cultura pública forte, em que a escolha e a responsabilidade andam juntas, e só é realizável como um bem comum*; em segundo lugar, que *o mercado não dá uma contribuição inerente à autonomia, e a competição do mercado deve ser limitada em contextos – como a difusão e o desenvolvimento urbano – em que o seu impacto na autonomia individual pode ser mais incapacitante do que aprimorador*; e, em terceiro lugar, que *a eqüidade demanda a distribuição de bens e responsabilidades de acordo com seus significados sociais comuns em determinados contextos, excluindo assim as forças de mercado dos domínios – a provisão pública de atenção à saúde e educação, por exemplo – onde elas violam esses entendimentos comuns.*

Estas três reivindicações expressam a moralidade política comunitarista distintiva, em que nem os princípios libertários nem os igualitários são fundamentais, mas antes a renovação e criação de formas sociais válidas. O *insight* fundamental da filosofia comunitarista, como eu a entendo, é que as concepções de autonomia e eqüidade não são incorporações de princípios universais – princípios de justiça ou de direitos, digamos assim – mas, em vez disso, de entendimentos locais, fundamentados em formas específicas da vida em comum. As concepções de autonomia e eqüidade são conceitos locais, tanto no sentido de que expressam a vida ética de determinadas culturas quanto porque seu conteúdo varia muito, dependendo do domínio da atividade social em que elas surgem em qualquer cultura específica. Em contraste com a democracia social e com o liberalismo baseado nos direitos, a moralidade política comunitarista, que defendo aqui, interpreta nossas concepções de autonomia e eqüidade não como aplicações de princípios universais, mas como entendimentos compartilhados originados de formas de vida comuns. Nessa moralidade, a igualdade é exigida como uma salvaguarda contra a exclusão, e não, em termos democráticos sociais, como uma exigência de qualquer teoria da justiça. A justiça com a qual o pensamento comunitarista está preocupado não é universal; é a justiça local que equipara os benefícios aos pactos sociais, pois estes se originam de culturas particulares e de domínios específicos de atividade que elas contêm. A autonomia que um liberalismo comunitarista está interessado em proteger e promover não é concebida, como no liberalismo baseado nos direitos, como uma reivindicação de justiça com autoridade universal. Em vez disso, é um elemento no bem-estar individual, visto que este passou a ser entendido e experimentado em culturas individualistas como a nossa própria; é uma virtude local. Em contraste com o neoliberalismo, a visão liberal comunitarista que apresento aqui procura enriquecer a autonomia e não apenas defender a liberdade negativa. Em contraste com a democracia social, que estendeu para os direitos da Previdência Social as reivindicações supostamente incondicionais dos direitos liberais negativos, a visão comunitarista afirma a dependência da autonomia individual de uma rede forte de obrigações recíprocas.

Uma implicação fundamental da perspectiva liberal comunitarista é que as instituições de mercado não são independentes, mas chegam incorporadas nas matrizes de culturas particulares e em suas histórias. As instituições de mercado só serão politicamente legítimas à medida que respeitarem e refletirem as normas e tradições, incluindo o sentido de eqüidade, das culturas cujas necessidades elas existem para servir. Legitimar o mercado requer que ele seja controlado ou removido em instituições e áreas da vida social em que os entendimentos comuns demandam que os bens sejam distribuídos de acordo com normas éticas que o mercado, inevitavelmente, negligencia. A aceitação pública de uma economia de mercado dinâmica requer que o éthos do mercado seja excluído de importantes contextos em que as instituições e práticas não ligadas ao mercado são protegidas como uma questão de política pública.

Há proposições para cuja verdade geral pode ser criado um argumento razoável; mas aqui elas são apresentadas não como elementos em alguma impossível *philosophia perennis* política, mas como antídotos tópicos para os principais perigos e erros da opinião e da política recentes. Elas não se destinam à aplicação no âmbito universal, mas no âmbito local, nas culturas liberais européias, particularmente na da Grã-Bretanha atual.

A posição básica da qual este capítulo extrai seus argumentos é a do *pluralismo*[2] – não o pluralismo banal dos grupos de interesse celebrados na teoria democrática americana uma geração atrás, mas um pluralismo que percebe e aceita os conflitos entre bens fundamentais, a diversidade dentro e entre culturas e tra-

---

2 Defini e defendi o pluralismo em *Enlightenment's Wake*, particularmente nos Capítulos 10-12.

dições, e que enxerga isto como – em qualquer caso para nós – uma condição permanente para se conviver e desfrutar, e não um prelúdio para algum novo tipo de harmonia. A tarefa dominante com que nos confrontamos hoje é a de preservar e estender as formas da vida em comum, que as instituições de mercado, extremamente individualistas, ameaçam destruir ou corroer. Uma tarefa relacionada é a de desenvolver instituições comuns em que os profissionais de diferentes tradições culturais podem coexistir. Nos dois casos, vamos enfrentar conflitos e valores, bens e escolhas não combináveis entre os males que são inevitáveis.

Esses conflitos de valores obrigam revisões de algumas posições padronizadas, liberais, democráticas sociais e comunitaristas – revisões para as quais o consenso britânico emergente, que tem receio de admitir conflito radical entre valores fundamentais, está mal preparado. Qualquer espécie de comunitarismo "de volta ao básico", que busca um retorno aos "valores tradicionais" ou uma restauração de formas definhadas ou quase mortas da vida familiar ou comunal, deve ser rejeitada como uma forma de nostalgia, cujo destino na vida política provavelmente não será menos ridículo do que o da campanha "de volta ao básico" dos tories. Qualquer forma de democracia social que busque igualdade coletiva e negue ou evite a realidade dos conflitos entre as igualdades – como aquela entre a igualdade de oportunidade e mobilidade social atingíveis, e a igualdade educacional inatingível que proíbe a seleção meritocrática em escolas do Estado – na prática vai manter uma simbiose doentia de uma cultura de classe extinta com um antielitismo da Esquerda branda. Qualquer visão liberal que eleve o interesse na autonomia individual acima de todos os outros riscos, tratando como inerentemente repressivos comunidades e modos de vida em que isso não é tão valorizado, como os de alguns grupos de imigrantes, e assim impondo uma sociedade monoculturalmente liberal em vez de construir instituições comuns pluralistas que são na verdade culturalmente diversas.

A tarefa da época é a de reconciliar a necessidade humana de segurança com a revolução permanente do mercado. Nas nossas circunstâncias, tal tarefa carrega consigo duas outras: proteger as instituições comuns cujo éthos não é o do mercado, da quase hegemonia dos valores do mercado na vida social; e equilibrar a necessidade de vida em comum com a realidade de profunda diversidade cultural. O caráter plural da nossa vida cultural e ética significa que não podemos recuperar – se algum dia possuímos – uma cultura comum unificada por uma visão de mundo ou concepção única do bem. Nem podemos – ou devemos – procurar restabelecer nenhuma concepção de identidade nacional que expresse um período monocultural anterior da nossa história. Não podemos recapturar uma cultura comum "compacta" fundamentada em um consenso profundo sobre a moralidade e a história; mas devemos, se quisermos evitar a balcanização americana, fortalecer e desenvolver uma cultura comum mais superficial, embora durável e resiliente, de entendimentos compartilhados de eqüidade e tolerância. Não podemos, nem devemos, esperar reviver uma forma "tradicional" de vida familiar que praticamente não existe mais, e que de todo modo é apenas um entre vários tipos de famílias que a nossa sociedade atualmente contém; mas não podemos razoavelmente adotar o ideal liberal moderno em que o governo é silencioso, ou neutro, sobre as principais questões da vida familiar. Um Estado pluralista pode ter poucos compromissos éticos básicos; mas um compromisso com a família – em toda a sua diversidade legítima – deve ser um deles. O governo deve ter, e pôr em ação, uma visão da cultura "sem profundidade" de obrigações e responsabilidades que a vida familiar em todas as suas formas pressupõe, mesmo que ele atue para estimular a diversidade nos tipos de família que uma sociedade pluralista devidamente abriga. Só se fizer isso, um Estado pluralista poderá ser um Estado em que diferentes formas de vida em comum coexistam pacificamente em instituições comuns compartilhadas e tenham uma chance digna de se renovar ao longo das gerações.

A reconciliação da diversidade com a comunalidade na nossa cultura vai requerer a criação de instituições e também o reparo de instituições, juntamente com a criatividade e a imaginação no desenvolvimento de políticas públicas. A tarefa do teórico é se envolver no pensamento preparatório que – com muita sorte – pode ajudar no trabalho daqueles cujos objetivos políticos têm muito em comum com suas preocupações. Não se trata de desenvolver política. Ao mesmo tempo, a perspectiva histórica e teórica aqui delineada tem algumas implicações amplas para a política. Destas, pode valer a pena indicar três. Em primeiro lugar, a afirmação de que a eqüidade é local e contextual, e tem a ver com a distribuição de bens segundo seus significados sociais comuns, tem posição de destaque na política de saúde, em que será invocada a condenar a comercialização do Serviço Nacional de Saúde, e na educação, em que apóia o argumento de que formas de seleção meritocrática podem e devem ser reintroduzidas nas escolas do Estado. Essas políticas, que restringem ou excluem o mercado nos contextos particulares de instituições e bens específicos, são também comandadas pelo *insight* fundamental de que, ao contrário da reivindicação do neoliberalismo, os mercados não dão nenhuma contribuição inerente à autonomia individual. Em segundo lugar, o *insight* de que as instituições de mercado inevitável e desejavelmente refletem e expressam culturas particulares e suas histórias, o que é fundamental na perspectiva liberal comunitarista, vai contra as propostas democráticas sociais comuns para o transplante total para a vida econômica britânica de práticas que foram bem-sucedidas em outros contextos culturais e políticos, como os da Alemanha e do Japão, e contra o projeto federalista para instituições européias. Em terceiro lugar, a reivindicação histórica de que o compromisso democrático social tradicional com o pleno emprego não pode ser agora implementado obriga à consideração urgente de políticas em que os interesses humanos que o pleno emprego protegia podem ser promovidos por outros meios. Em cada uma das três áreas de políticas, o objetivo é proteger de novas maneiras os interesses humanos anteriormente servidos pela democracia social, e fazê-lo sem permitir que a tarefa de mediar conflitos entre estes interesses seja distorcida pelo compromisso democrático social clássico com a igualdade geral como um "end state" em si desejável.

A esfera da vida em que esses conflitos inevitáveis são negociados e, sempre provisoriamente, resolvidos, é a da *política*. A ilusão legalista da filosofia liberal americana padrão, segundo a qual os conflitos entre interesses humanos rivais e entre concepções divergentes do bem e de suas formas associadas da vida em comum podem ser arbitrados por um apelo a uma teoria de justiça ou direitos, encontra expressão nas demandas democráticas sociais contemporâneas para uma revolução constitucional na Grã-Bretanha.[3] Na visão liberal comunitarista que apresento, a reforma constitucional é desejável e até mesmo indispensável, já que protege as liberdades fundamentais incorporando a Convenção Européia na lei britânica, torna justificável o Quango State e devolve o poder à Escócia e ao País de Gales. No entanto, essas importantes medidas de reforma constitucional podem ser conseguidas por meio das instituições existentes do governo parlamentar em uma constituição frouxa, como aspectos das necessidades britânicas do novo acordo *político*. É claro que o governo nacional não é o único domínio, e nem sempre o mais importante, da vida política; é imperativo que a iniciativa política seja devolvida a níveis inferiores de governo e a instituições não-governamentais. Mas isso é feito, ou deveria ser, como uma

---

3 Declarações instigantes sobre este ponto de vista são "Can We Achieve a New Constitutional Settlement?", de Antony Lester, em *Reinventing Collective Action* (1995), de Colin Crouch & David Marquand (Eds.); *The Defining Moment: Prospects for a New Britain under Labour* (1995), de Anthony Barnett; e "Come the Revolution", de Tony Wright & David Marquand, em *Guardian*, 23 de outubro de 1995.

dispersão do poder político e um aprimoramento da responsabilidade política, e não como uma tentativa de remover questões da política pública da vida política e transferi-las para a jurisdição dos tribunais, com conseqüências previsivelmente danosas, na cultura americana do legalismo.

A medida mais importante para facilitar esse novo acordo político não é a reforma constitucional, mas a reforma eleitoral. Na visão pluralista e comunitarista aqui defendida, uma das principais debilidades do pensamento democrático social é a ilusão constitucionalista de que a construção de instituições legais pode remover a necessidade de negociação política recorrente de um equilíbrio entre interesses humanos concorrentes e da busca política de um *modus vivendi* entre diferentes comunidades. Depois de todas as reformas constitucionais necessárias, a verdadeira tarefa é a tarefa política de explorar o caminho ardiloso da vida em comum no labirinto dos interesses e ideais irremediavelmente conflitantes.

O que era a democracia social

A democracia social era uma estrutura complexa de idéias, políticas, instituições e objetivos que conseguiram incorporação em acordos sociais e políticos reconhecíveis em vários países da Europa ocidental desde o período pós-guerra até o fim da década de 1980. Suas raízes intelectuais estavam nas revisões do marxismo e do socialismo clássicos do fim do século XIX – e início do XX –, entre as quais a mais importante era a rejeição –, tendo como base a praticabilidade e sua incompatibilidade com as instituições democráticas – da nacionalização e o planejamento central da economia. O presente período é distinguido não pela dissolução do projeto socialista clássico, que foi reconhecido dentro da democracia social um século atrás, mas pela crise e pela decomposição contínua da democracia social, que era o projeto sucessor do socialismo clássico. Em particular, na última década e meia, o caráter democrático social das instituições européias – em que muitos democratas sociais britânicos investiram a maior parte de suas esperanças políticas – tem sido comprometido a ponto de quase desaparecer, pois a União Européia passou cada vez mais a adotar a ideologia neoliberal; e as políticas democráticas distintivamente sociais sofreram reveses irreversíveis em vários países europeus, como França e Suécia. O que era então a democracia social? E como e por que ela acabou?

Entre os objetivos e políticas fundamentais estavam a busca de uma maior igualdade de renda e riqueza mediante o imposto de redistribuição e as políticas previdenciárias, a promoção do pleno emprego pelo crescimento econômico como um objetivo explícito da política macroeconômica, um Estado do Bem-Estar Social "para a vida toda", defendido como a incorporação social dos direitos do cidadão, e apoio para a cooperação com um forte movimento trabalhista como o principal protetor dos direitos e interesses dos cidadãos como trabalhadores. No período pós-guerra, até o início dos anos 1970, quando sua derrota se estabeleceu, a democracia social conseguia se apropriar do pensamento keynesiano para prevê-lo com um programa econômico coerente e viável, cuja falta durante o período entre-guerras a condenou à paralisia diante da Grande Depressão, e à derrota completa quando confrontada pelo fascismo e pelo nacional-socialismo. Na Grã-Bretanha, a derrota da democracia social partiu, talvez em grande parte, de dentro, quando o conluio triangular de empregados, sindicatos e governos que tipifica o corporativismo em toda parte gerou não a cooperação industrial e a criação de riqueza – como aconteceu na Alemanha e na Áustria depois da guerra –, mas conflito e declínio; porém as restrições do mercado mundial suplementaram os fracassos internos e deram um fim ao período corporativista do acordo pós-guerra britânico, quando o FMI foi chamado. Essas restrições externas impedem não apenas qualquer retorno ao corporativismo na Grã-

Bretanha, mas também qualquer reversão para a política econômica clássica da democracia social.

Nossas condições presentes – previsíveis – são tais que o programa econômico democrático social – mais fundamentalmente a promoção do pleno emprego estimulando o investimento mediante uma política de financiamento do déficit – deixou de ser sustentável. A expansão abortada de Mitterrand, no início dos anos 1980, e o abrangente colapso do modelo sueco, no início dos anos 1990, sugerem que o poder da moeda internacional e dos mercados de ações é agora suficiente para interditar qualquer política expansionista que possa ser iniciada por qualquer Estado-nação soberano. Em termos da teoria econômica isso não é nenhuma novidade. Foi reconhecido tanto por Kalecki quanto por Keynes que a mobilidade internacional do capital financeiro destrói a política do pleno emprego. Mas as implicações políticas do poder dos mercados mundiais para restringir as políticas nacionais são provavelmente mais urgentes agora do que jamais foram na época de Keynes ou Kalecki. Não é exagero dizer que a liberdade de capital global, que é um aspecto característico das nossas circunstâncias atuais, efetivamente corrói as bases econômicas da democracia social.

A moralidade política básica da democracia social teve origem e conteúdo ecléticos, e diferia em sua ênfase de país para país e de época para época; mais particularmente, as relações com os sindicatos trabalhistas eram muito diferentes na Alemanha (em parte como uma conseqüência da limpeza institucional após o período nazista) daquelas na Grã-Bretanha. Mas é justo caracterizar o ideal que impulsiona a democracia social como uma forma de comunidade igualitária que abrange a sociedade, da qual a comunidade do local de trabalho foi concebida para ser o germe. Sem essa moralidade política igualitária que a impulsiona, a democracia social não é nada. Mesmo que em muitos países os partidos democráticos sociais no governo estivessem satisfeitos em implementar políticas que apenas contivessem ou moderassem as desigualdades econômicas provocadas pelo capitalismo de mercado, seu ideal dominante continuou sendo o de comprimir as desigualdades de renda e de riqueza dentro dos limites mais estritos, com o objetivo de se aproximar de uma comunidade de iguais.

Eles não fizeram muito progresso rumo a este objetivo igualitário, não mais do que foram bem-sucedidos em erradicar a pobreza – embora nessas áreas seja discutível que tais questões tivessem sido até piores na ausência de políticas democráticas sociais. Em outras áreas – os programas habitacionais oficiais que abalaram as comunidades da classe trabalhadora, e as políticas habitacionais que proibiram a seleção meritocrática – é discutível se as políticas democráticas sociais atuaram contra os valores a que eles pretendiam servir. Em relação à pobreza, pode ser dito que as instituições previdenciárias democráticas sociais, como mais tarde as políticas neoliberais, tiveram o efeito de institucionalizar, mais do que de remover, suas causas. Em relação a seu ideal de igualdade, as políticas democráticas sociais mostraram-se em sua maioria inúteis ou contraproducentes. É este ideal democrático social essencial que as nossas condições presentes e previsíveis tornam inalcançável. Não só as políticas históricas, mas também a moralidade constitutiva da democracia social tornou-se utópica pelas forças dominantes da época.

Uma fraqueza fundamental da democracia social, assim como do neoliberalismo, é sua indisposição para admitir a realidade dos conflitos entre os bens e valores básicos, à medida que eles limitam as opções da política pública. O fato de a promoção de uma sociedade mais móvel, menos estratificada e, portanto, mais igual poder entrar em conflito com políticas igualitárias nas escolas do Estado é uma proposição incômoda que poucos democratas sociais estão dispostos a acolher. Ela implica – o que é evidentemente verdade, mas também desconfortável – que a igualdade não é uniforme, mas complexa; pior, que uma igualdade, uma demanda de justiça, podem competir uma com a outra.

Em geral, os democratas sociais estão tão pouco dispostos a confrontar os dilemas políticos originados de igualdades concorrentes quanto os neoliberais a enfrentar aqueles que se originam de liberdades concorrentes. À medida que a Grã-Bretanha se torna relativamente mais pobre, o luxo de afastar nosso olhar destes conflitos dolorosos pode se tornar cada vez mais difícil.

A posição da Grã-Bretanha como um país mal equipado e não-especializado em um mercado mundial desesperadamente competitivo tornaria os projetos políticos de um passado menos restritivo inúteis e inaplicáveis, mesmo que o thatcherismo ainda não os tivesse desativado. É esta realidade, aliada ao fato de os eleitores politicamente decisivos da classe média inglesa terem por fim entendido que nas políticas presentes e passadas ela foi direcionada para não-tão-distinta pobreza, que – tanto quanto as restrições dos títulos globais e dos mercados financeiros – exclui uma reversão por parte de qualquer governo futuro às políticas que subscreveram o acordo pós-guerra. Se o financiamento do déficit keynesiano é proibido pelos mercados de ações, qualquer tentativa de reforçar o acordo de Beveridge será anulado pela resistência do eleitor a um aumento dos impostos. Os gastos públicos mais elevados em instituições específicas do Estado do Bem-Estar Social – como o SNS – são na minha opinião extremamente desejáveis; mas só serão politicamente sustentáveis se as reformas em outras áreas permitirem que eles sejam incorridos sem uma carga de impostos substancialmente mais elevada. Estes são dilemas em que as políticas democráticas sociais de uma década ou uma geração atrás não conseguem nos ajudar.

Por essas razões, a provável virada na política pública na Grã-Bretanha sob um governo trabalhista *não* é em direção a nada que se assemelhe ao One Nation Toryism de uma geração atrás *nem* em direção à mistura de políticas identificadas com os democratas sociais britânicos dos anos 1980. Estas são posições obsoletas, não mais disponíveis para o trabalhismo do que o neoliberalismo primitivo é agora para os conservadores. A provável virada do trabalhismo é para uma tentada fusão da cultura econômica individualista do capitalismo liberal com preocupações comunitaristas sobre eqüidade e comunidade. Mas poderá se tornar estável tal combinação de instituições de mercado individualistas com uma moralidade social comunitarista? Tal fusão foi vislumbrada no "Novo Liberalismo" de J. A. Hobson e L. T. Hobhouse no início do século XX. O objetivo do Novo Liberalismo era aproveitar o dinamismo da criação de riqueza do capitalismo liberal, enquanto usava os poderes do Estado soberano para constrangê-lo e reduzir seu impacto na coesão social. Foi esta visão do Novo Liberalismo, desenvolvida no período entre-guerras nas Liberal Summer Schools, que fundamentou o acordo Beveridge/Keynes que emergiu da Segunda Guerra Mundial e durou uma geração, até meados da década de 1970. No fim do século, a mobilidade global do capital e seu poder para constranger a liberdade de ação dos Estados soberanos na política econômica são muito maiores. As políticas macroeconômicas keynesianas e o Estado do Bem-Estar Social beveridgeano são pilares de um *status quo ante* que foi irrecuperavelmente destruído. Pode algo parecido com a visão do Novo Liberalismo ser reincorporado no contexto *fin-de-siècle* da globalização que avança rapidamente?

Direita, Esquerda e globalização

Um dos pontos de partida de minha investigação é uma contradição interna na política neoliberal na última década e meia, cujas conseqüências na prática serão herdadas por qualquer futuro governo britânico, trabalhista ou tory.

A *contradição neoliberal* é a que surge do apoio a mercados desregulados, por um lado, e confia nas tradições culturais herdadas, na fidelidade e nas formas hierárquicas da ordem social, por outro. Embora não previsível de nenhuma maneira detalhada, o impacto dos mercados desregulados – no trabalho, por exemplo – é alterar a recompensa relativa de diferentes grupos sociais e, por isso, desapontar as expectativas estabelecidas; este é um exemplo das maneiras em que o livre mercado subverte as hierarquias e deferências de classe herdadas. (É claro que a inovação tecnológica e as decisões de planejamento em uma economia de comando terão efeitos similares; a questão é que nas atuais circunstâncias as instituições de mercado desreguladas tornam as mudanças nas gratificações relativas um processo rápido e contínuo que cria uma cultura de deferência, do tipo incorporado no sistema de classe britânico, por exemplo, disfuncional e – a longo prazo – insustentável.) A marquetização de instituições e profissões intermediárias que até então confiaram mais no éthos e na confiança do que no contrato para regular suas atividades tem tido um impacto análogo. Embora surja endogenamente nos Estados-nações uma tensão entre a liberação dos mercados e a preservação ou renovação de uma ordem social contida pela tradição, ela é mais severa em seus efeitos quando a política pública atua para abrir as economias domésticas para os mercados globais.

A contradição neoliberal é maior em um contexto da globalização contínua, em parte porque se expressa em uma concepção incoerente do Estado. William Rees-Mogg estabelece a visão da Nova Direita com uma franqueza renovada quando observa: "O Estado-nação do século XX, pegando e freqüentemente desperdiçando a metade do dinheiro dos cidadãos, é uma forma social agonizante".[4] Ele não pára para perguntar o que vai substituir esta forma social agonizante como um foco de fidelidade dos cidadãos. Nisto ele é típico do pensamento neoliberal.[5]

---

4 *The Times*, 20 de julho de 1995.
5 Em artigo posterior, Rees-Morg endossa uma espécie de anarquia do ciberespaço como uma alternativa para qualquer tipo de governo nacional.

Na concepção neoliberal, o Estado-nação soberano existe para expressar e apoiar a cultura nacional; ao mesmo tempo, não aceita a responsabilidade pela renovação das tradições culturais, para a proteção dos cidadãos do risco econômico (exceto talvez a provisão de uma renda de subsistência), ou para a sobrevivência de comunidades e formas de sustento distintas. (O interesse em preservar formas de agricultura em pequena escala e economicamente ineficientes na Suíça, que foi um dos motivos de a Suíça permanecer fora da União Européia, pode não encontrar expressão na política neoliberal. Se o livre mercado global assim determinar, esses sustentos deverão acabar – junto com as comunidades que apóiam.) O Estado neoliberal é minimalista e não intervencionista na política econômica, confinando-se de preferência na custódia de um regime de regras que definem e promovem a competição no mercado; mas ao mesmo tempo atua – mediante políticas sociais que penalizam famílias com apenas um dos pais, ou controles de imigração rígidos – para estimular e renovar as instituições tradicionais e formas de cultura em que as próprias instituições de mercado podem no passado ter dependido do seu funcionamento efetivo e da sua legitimidade popular.

O que a ideologia da Nova Direita negligencia são as muitas maneiras pelas quais a promoção das liberdades do mercado tem necessitado, na Grã-Bretanha e em outros locais, da centralização do poder e da iniciativa em instituições estatais fortes e freqüentemente autoritárias. A quase destruição do governo local na Grã-Bretanha, a desnudação de muitas instituições intermediárias de grande parte da sua autonomia e do éthos distintivo pela criação de quase-mercados internos, juntamente com a construção do Quango State, não são acidentes na história do projeto

---

Ver *The Times*, 31 de agosto de 1995. É difícil ver como esta distopia selvagem pode ser descrita como qualquer tipo de visão conservadora; mas é típica de um certo tipo de pensamento atual da ala direitista.

neoliberal. São componentes integrantes dele. Afinal, o neoliberalismo era a expressão política de que o mercado é a forma primordial de liberdade humana. Liberdade política, liberdade de expressão nas instituições autônomas – estas eram liberdades suspeitas comparadas com as liberdades de troca, e foi totalmente legítimo restringi-las quando o mercado pôde ser estendido. Foi por meio dessa lógica primitiva que surgiu o paradoxo familiar do libertarismo do mercado, em que ele gerava uma espécie de individualismo autoritário apoiando-se na base política de um Estado centralista. A observação de Macaulay, de que o patíbulo e o enforcado encontram-se atrás do Estado utilitário de James Mill, parece premonitória do Estado Mínimo Neoliberal, em que a prisão privatizada e os contadores da agência Next Steps desempenham funções similares.

Em suas aplicações às instituições intermediárias, a política neoliberal de Thatcher para a época atual foi uma política de neonacionalização. Instituições autônomas de todos os tipos têm estado sujeitas à direção centralizada pela imposição sobre elas de um regime de quase-mercados. Este regime esquálido de corporativismo de mercado é o resultado irônico de um projeto cujo impulso original veio de uma reação contra o corporativismo fracassado dos anos 1970. Pode ser que os historiadores do futuro fiquem impressionados pela velocidade com que o bolshevismo de mercado do início dos anos 1980 gerou a nomenclatura gerencial tory do início dos anos 1990. Não menos irônica é a maneira como uma defesa tory da soberania nacional foi subjugada por uma política de abertura da economia aos fortes rigores da globalização. Houve uma oposição à integração mais profunda na União Européia porque se acreditava – falsamente, segundo as evidências atuais – que a UE pudesse ser protecionista, e por isso inibisse a globalização na Grã-Bretanha. Nesta visão neoliberal, a soberania nacional devia ser defendida das usurpações das instituições européias, para que ela pudesse ser mais abrangentemente abandonada mediante uma rendição total às forças do mercado global. Essas posições lamentáveis ilustram a contradição neoliberal básica – entre seu compromisso com a globalização econômica e sua afirmação de soberania nacional.

A *contradição democrática social* se espelha na neoliberal: a globalização econômica remove, ou enfraquece, as alavancas políticas por meio das quais os governos democráticos procuram atingir objetivos de solidariedade social e redistribuição igualitária. O pleno emprego não pode ser promovido por políticas de financiamento agressivo do déficit, pois isso será agora interditado pelos mercados de ação globais (como descobriram os democratas sociais suecos). O uso do sistema de impostos para promover objetivos de redistribuição de renda e riqueza é bastante restringido pela mobilidade internacional sem precedentes de capital e de pessoas. A globalização enfraquece ou destrói o poder de barganha do trabalho organizado. O financiamento público do Estado do Bem-Estar Social é restringido pela dependência dos mercados de capital globais, que limitam a uma extensão limitada o poder dos governos nacionais sobre as taxas de juros e as taxas de câmbio. As magnitudes destes efeitos da globalização sobre as economias e os governos nacionais permanecem controversas; o que é menos controverso é a convicção de que eles vão se tornar cada vez mais importantes no futuro.

Há uma contradição insolúvel na democracia social contemporânea: entre o compromisso com a globalização econômica e os objetivos da comunidade igualitária. É um exagero dizer, como muitos fazem, que os Estados soberanos não têm nenhum poder sobre a vida econômica nacional; juntamente com a globalização contínua, limitam ou removem muitas das alavancas políticas sobre as quais os governos democráticos sociais se apoiaram até agora. Mais particularmente, eles tornam os objetivos distributivos da democracia social inatingíveis, pelo menos pelos meios democráticos sociais tradicionais. Além disso, o impacto da desregulação neoliberal e (embora este seja ainda provavelmente pequeno) da globalização sobre o mercado de trabalho torna a concepção da comunidade baseada no local de trabalho, que era tradicionalmente defendida pelos democratas sociais, menos sustentável na prática e menos centralmente relevante às necessidades humanas do que jamais fora.

A globalização destrói tanto o projeto da Esquerda de comunidade igualitária quanto o projeto da Direita de reprodução das instituições oficiais em um contexto social das desigualdades econômicas geradas pelo mercado. Isto é assim, não importa o meio pelo qual a globalização seja concebida ou medida – pela magnitude dos fluxos de comércio, capital ou migração, ou como uma extensão maciça de processos de marquetização da vida social que há muito tem estado em evidência nas culturas econômicas nacionais. Pode ser que satisfazer as necessidades humanas para formas de vida em comum permanentes requeira fundamentalmente a imposição de limites políticos a alguns aspectos da globalização, que o livre comércio global, cujo consenso atual rejeitará de imediato como, ao mesmo tempo, impraticáveis e perigosamente mesquinhos. Seja como for, é inegável que a globalização apresenta desafios fundamentais, abrangendo novas possibilidades de servidão humana e de emancipação, para as quais o pensamento político contemporâneo, em todos os pontos do espectro, está atualmente muito mal preparado.

A diversidade das instituições de mercado

Agora que a rivalidade entre a economia de mercado e o planejamento central foi estabelecida decisivamente no terreno da história, há uma percepção comum de que a competição sistêmica nesse momento prossegue entre diferentes formas de instituições de mercado. É o capitalismo contra o capitalismo. Não há um tipo único e ideal de instituição de mercado para o qual todas as economias de mercado estão se desenvolvendo, mas uma diversidade de instituições de mercado, cada uma com suas realizações e perigos distintos, engajadas em uma competição global pelos mercados. Ao que parece, tal percepção é bem fundamentada. Ela rejeita totalmente a visão de que há qualquer modelo de instituições de mercado – aquele do capitalismo de mercado individualista americano, por exemplo – para o qual todo o mundo está se movendo inexoravelmente. Incorpora o insight vital de que afinal não existe essa história de livre mercado, mas várias instituições culturais, dispositivos e instrumentos legais pelos quais a vida econômica é mediada. Este é na verdade o cerne dos insights teóricos preservados pela tradição do "mercado social", que eu mesmo no passado defendi.[6] A principal proposição da teoria do mercado social – que "o mercado" não é uma instituição independente, a expressão da liberdade e da racionalidade humanas irrestritas no reino econômico, mas em vez disso a abstração de uma enorme miscelânea de práticas e instituições que têm raízes profundas na vida social – permanece válida e importante.

Esta é uma perspectiva útil, pois ela nos liberta da idéia de que há algum modelo das instituições de mercado do qual a nossa variedade, ou qualquer outra, irá ou deverá se aproximar. A perspectiva do mercado social é, dessa maneira, uma perspectiva que expande a nossa consciência da série de possibilidades para as instituições de mercado e suas culturas econômicas associadas. Ela se torna enganosa quando é organizada para apoiar políticas e reformas que visam a fazer empréstimos ecléticos de outras instituições de mercado, com vistas a melhorar o desempenho daquelas que herdamos. Na verdade, a perspectiva do mercado social impõe-se como um limite teórico para esse ecletismo, pois insiste corretamente na incorporação das instituições de mercado nas tradições culturais sobre as quais a política pública tem

---

[6] Ver minha monografia, *The Post-communist Societies in Transition: A Social Market Perspective* (1993), reimpressa como o Capítulo 6 do meu livro *Enlightenment's Wake*.

pouco poder. Paradoxalmente, os democratas sociais que negligenciam o limite imposto à política estão de acordo com os neoliberais em sua negligência das matrizes culturais da vida econômica. Eles compartilham com os neoliberais um projeto racionalista e utópico de harmonizar as instituições de mercado segundo as exigências de um modelo ideal.

Tais concepções democráticas sociais estão expressas em seu projeto para as instituições européias, que é estender o modelo do capitalismo de Rhine para toda a União Européia, independentemente das diferenças culturais nacionais que capitalismos diferentes têm produzido em seus países componentes, incluindo a Grã-Bretanha. Esse projeto baseia-se na ilusão de que existe atualmente na Europa continental um modelo viável e operante das instituições de mercado que é uma alternativa factível para as instituições individualistas deformadas que herdamos da era Thatcher. Subjacente a isso há a ilusão mais profunda de que as instituições de mercado são peças neutras do maquinário institucional que podem ser movidas livremente pelo mundo e adotadas ecleticamente como elementos na política pública. Isto é uma miragem, porque as instituições de mercado – como as instituições políticas – não são desligáveis de suas histórias e de suas culturas de origem, mas estão profundamente incorporadas nelas e permanecem sempre expressões integrantes delas. O principal erro do projeto de Thatcher foi a suposição de que as instituições de mercado americanas poderiam ser transplantadas para a Grã-Bretanha – com sua história bastante diferente, sua carência da cultura americana da mobilidade, geográfica e ocupacional, e sua concepção distintamente européia do papel do governo na sociedade civil. É imperativo que o erro da Nova Direita não seja reproduzido na Esquerda, por uma tentativa análoga e erroneamente concebida e predestinada para transplantar para a Grã-Bretanha as instituições de mercado da Alemanha (ou do Japão).

Não existe mais um "modelo europeu" que poderia ser reproduzido na Grã-Bretanha. A verdade é que não há modelos históricos para o desenvolvimento futuro das instituições de mercado na Grã-Bretanha. É um erro particularmente perigoso supor que não há mais esse "modelo europeu". Na Europa continental, as tradições democráticas sociais e do mercado social estão há muito recolhidas e não resolveram problemas fundamentais que compartilhamos com outros países europeus, como desemprego estrutural em massa. Certamente, não há exemplo mais vivo deste recolhimento do que a Suécia contemporânea. Lá, tanto a política trabalhista ativa quanto as políticas de barganha do salário coletivo fundamentais para a democracia social nesse país sofreram tal colapso que agora não há mais nada a que a expressão "modelo sueco" possa se referir. Como conseqüência, a vida econômica na Suécia está se desenvolvendo inevitavelmente para a norma neoliberal cada vez mais dominante no restante da Europa, com todos os seus custos e riscos. Não menos impressionante, embora totalmente diferente em suas causas, é a implosão precipitada e ignominiosa da democracia cristã na Itália.

Os desenvolvimentos estratégicos e geopolíticos recentes são fundamentais na responsabilização pelos crescentes problemas das instituições européias. Deve ser confrontada a probabilidade de que, além de seus problemas econômicos internos e das dificuldades que estão experimentando para se ajustar à competição global, tanto a democracia social européia quanto a democracia cristã pertencem a uma época – o período da Guerra Fria – que é agora uma lembrança desvanecente. Na verdade, as dificuldades que as economias de "mercado social" européias, incluindo a Alemanha, estão tendo para se adaptar à competição global são em si conseqüências diretas do fim da Guerra Fria, pois bilhões de produtores anteriormente excluídos da economia mundial agora entraram nela como plenos participantes. Talvez a democracia social européia requeresse para sua sobrevivência um nicho histórico – o ambiente estratégico da Guerra Fria – que agora desapareceu. A pressão intensa para adotar as políticas neoliberais existentes em todos os países da União Européia pode ser explicável em parte pela nova intensidade da competição que estes países enfrentam de países pós-comunistas com baixo salário, mas com freqüência altamente habilitados. Talvez seja este ambiente geopolítico alterado, mais do que qualquer outro fator isolado, que explique a evolução neoliberal da política e das instituições européias. Pois isso reforça muito as mudanças na estrutura social, e particularmente na posição relativa do trabalho industrial, que na Europa continental, tanto quanto na Grã-Bretanha, quase destruiu a antiga base de classe da democracia social. Por todas estas razões inter-relacionadas, é um grave erro por parte dos democratas sociais que se desesperam com a hegemonia neoliberal na política pública na Grã-Bretanha encarar as instituições européias como um *deus ex machina*.

Além disso, as instituições de mercado alemãs – assim como as japonesas – estão em processo de evolução contínua. Embora seja muito improvável que essa evolução entre em convergência com as práticas anglo-saxônicas, atualmente não existe um modelo alemão ou japonês que possa ser exportado. Isso não quer absolutamente dizer que o modelo de capitalismo de Rhine esteja em um declínio terminal, ou esteja em convergência com a cultura econômica anglo-saxônica. Esses prognósticos, por mais comuns que sejam entre os neoliberais, são extremamente implausíveis. As realizações alemãs na absorção de indústrias pesadas em decadência da Alemanha ocidental, apesar dos erros da política que as acompanhou, estão certamente fora do alcance de qualquer outra economia no mundo (com exceção talvez da do Japão); isso certamente não sugere um sistema em declínio inexorável. Segundo declara David Goodhart em seu exame aprovador do modelo de Rhine, o que sugerem os problemas atuais da economia alemã é que "O futuro do mercado social certamente não está garantido".[7] Mesmo no evento provável e ante-

---

[7] *The Reshaping of the German Social Market* (1994), de David Goodhart, p.37.

riormente desejável de que o modelo de Rhine se renove em uma nova forma, ele só conseguirá fazê-lo em virtude das tradições culturais das políticas de administração consensual que não podem ser reproduzidas na Grã-Bretanha. O modelo de Rhine é sustentado por essas tradições culturais solidaristas, porque incorpora um equilíbrio entre interesses que se tornam instáveis se qualquer um deles for excluído. Deve ser encarada a probabilidade de o modelo de Rhine ser uma singularidade histórica, devendo muito ao vazio institucional deixado pela destruição do regime nazista. Por essa, e por muitas outras razões, não pode ser reproduzido em nenhum outro lugar da Europa.

Por diferentes razões, as instituições de mercado japonesas não são menos singulares. O contrato social no Japão contemporâneo – que, longe de ser imemorial, emergiu dos intensos conflitos industriais e políticos do período pós-guerra imediato – obteve sucesso em manter os níveis de emprego singularmente baixos, subsidiando práticas de emprego que são "economicamente ineficientes". É extremamente provável, e não menos desejável, que o Japão resista à importação de políticas de emprego ocidentais, e mais particularmente americanas, mesmo que as formas atuais de manutenção de emprego de sustento devam ser necessariamente modificadas; mas a estratégia japonesa de reconciliar a mobilidade de trabalho produzida pela inovação tecnológica e pela competição internacional com segurança no emprego para a maioria da população não está disponível para nós. Ela depende, entre outras coisas, das tradições culturais – na vida familiar e nas relações dos indivíduos com as comunidades – que não podemos imitar. Os aspectos mais bem-sucedidos da política econômica alemã e japonesa parecem, na verdade, ser os menos exportáveis.[8]

---

8 Isto não significa que não possamos fazer empréstimos e adaptações úteis de outras culturas econômicas, como declarou Will Hutton em seu importante e esclarecedor livro, *The State We're In* (1995).

O projeto de adaptar e reformar as instituições de mercado individualistas que herdamos para satisfazer as necessidades humanas permanentes é inibido, não avançado, pela crença democrática social de que existe agora, ou poderá vir a existir no futuro, um modelo europeu singular de instituições de mercado que nós na Grã-Bretanha possamos assimilar. O capitalismo francês e alemão não são subtipos de um modelo singular europeu com o qual o capitalismo anglo-saxão pode ser proveitosamente comparado. Em que aspectos as culturas econômicas da Suécia e da Áustria são, digamos assim, similares às da Grécia e de Portugal? O objetivo de "harmonizar" estas instituições de mercado é uma utopia do racionalismo, pois envolve resolver pequenas diferenças culturais das quais a diversidade nas instituições de mercado é uma expressão natural.

Isso não quer dizer que os capitalismos europeus não possuam características comuns que os distingam de outros – do capitalismo americano, mais significativamente, mas também do capitalismo do Leste Asiático e dos anarco-capitalismos que emergiram na Rússia e na China pós-comunistas. O manifesto iniciador do projeto federalista para as instituições européias deve facilitar o reconhecimento da verdade de que o futuro do capitalismo distintamente europeu está em uma diversidade das instituições de mercado e não em um único padrão uniforme imposto por bem ou por mal, em nome da harmonização para um único mercado, em todas as culturas nacionais e regionais européias. O equilíbrio da probabilidade é que o projeto da construção de instituições federais na Europa – particularmente de uma única moeda européia – virá para naufragar nos conflitos de interesse nacional, mais crucialmente entre a França e a Alemanha. Até agora não começou a ser formulado nenhum projeto pós-federalista para a Europa que reconheça estas realidades.[9]

---

9 Para uma declaração instigante de um desses projetos europeus pós-federalistas, ver *The Trap* (1994) e *The Response* (1995), de Sir James Goldsmith.

Jogos finais

A longo prazo, a idéia gaullista de uma *Europe des patries* pode vir a ser tão obsoleta quanto é hoje o federalismo europeu, e a Europa de regiões pode surgir de algo semelhante a uma estrutura confederativa. Não obstante, para o presente, e para qualquer futuro que possa ser previsto ou imaginado, podemos razoavelmente afirmar que o obstáculo em que o projeto federalista europeu vai esbarrar é a realidade dos Estados-nações soberanos da Europa e os interesses às vezes conflitantes que eles expressam. Por mais enfraquecidas que as culturas e instituições políticas nacionais tenham se tornado nos últimos anos, elas continuam sendo o fórum central de participação política democrática. É porque não existe nada remotamente parecido com o germe de uma cultura política européia transnacional que podemos ter certeza de que as tentativas de pôr fim ao "déficit democrático" nas instituições européias vão dar em nada. O futuro que qualquer observador prudente deve esperar na Europa não é aquele imaginado nas visões utópicas da imaginação federalista, mas uma Europa de Estados soberanos às vezes instáveis, com interesses tanto comuns quanto conflitantes, cujas relações um com o outro serão governadas pela lógica clássica do equilíbrio de poder.

Evidentemente, um novo projeto europeu envolveria abandonar o projeto básico do federalismo europeu, a proposta de uma única (em oposição a uma comum) moeda européia. Do ponto de vista comunitarista aqui apresentado, o principal argumento contra essa moeda única é que, devido à probabilidade de um regime monetário neoliberal para a Europa ser deflacionário e conduzir a áreas de grande desemprego, só seria tolerável e praticável se fosse combinado com um mercado de trabalho que abrangesse toda a União Européia, com uma mobilidade de trabalho da massa funcional (diferente de formal). Essa mobilidade de trabalho continental será rejeitada pela maioria dos europeus, tanto no âmbito eleitoral quanto em seu próprio comportamento, por ter todos os custos sociais e conseqüências disruptivas para as comunidades locais e ligações pessoais que tem tido nos Estados Unidos. O projeto democrático social de uma moeda européia única compartilha com as políticas neoliberais um desdém racionalista por essas ligações e comunidades. Seus resultados práticos seriam indistinguíveis daqueles associados na Grã-Bretanha às políticas thatcheristas. Isso é percebido pela Direita em toda parte da Europa, exceto na Grã-Bretanha. Na Suécia, como em outros países europeus, a Direita apóia o desenvolvimento de instituições européias transnacionais porque acredita, corretamente, que elas vão incorporar políticas neoliberais, e a oposição a elas é confinada em grande parte aos nacionalistas comunitaristas da Esquerda. Uma crítica ao paroquialismo da vida política britânica é o fato de os democratas sociais terem aceito a afirmação thatcherista de que a oposição ao federalismo europeu é prerrogativa da Direita.

O projeto democrático social de estender o modelo de capitalismo de Rhine por toda a União Européia é tão utópico como aquele neoliberal de harmonizar as economias européias em uma agenda de desregulação e competição. Ambos fogem à realidade das diversas culturas econômicas nacionais na Europa. Ambos omitem os custos imensos, os grandes riscos e o fracasso certo de qualquer projeto de remodelação das várias instituições de mercado que a Europa contém em um único padrão. A idéia de que as nações e regiões da União Européia podem se unir em uma única cultura econômica está, na verdade, tão afastada de qualquer realidade ou probabilidade histórica quanto a noção de que suas instituições contêm as potencialidades de uma cultura política única. A política pública que negligencia, ou subestima, as dimensões culturais das instituições de mercado, e as restrições que estas impõem sobre ela, também falha em perceber e entender as genuínas possibilidades de reformá-las para que elas sejam mais amigáveis às necessidades humanas.

Previdência Social, justiça local e eqüidade complexa

A variedade das instituições de mercado, algumas de cujas implicações para a política eu tenho procurado explorar, é negada ou trivializada na ideologia neoliberal, que compartilha com o marxismo vulgar um compromisso com o reducionismo econômico. Tácita ou expressamente, o pensamento neoliberal antecipa e recebe com agrado a convergência global para o capitalismo de mercado individualista em um padrão único – tipicamente, na teoria neoliberal, o modelo americano. É capaz de adotar esta posição simplista devido a seu entendimento economístico das relações entre as instituições de mercado e a vida cultural. A vida social em toda parte é entendida segundo um modelo de mercado que é em si uma abstração de uma variedade histórica de economia de mercado – mais ou menos aquela da Inglaterra durante os últimos séculos, e de países para os quais as instituições de mercado inglesas foram exportadas com sucesso. A teoria neoliberal *é* substancialmente uma generalização ilícita da história econômica da Inglaterra nos últimos séculos. O fato de tais instituições de mercado florescentes poderem estar acompanhadas – ou até dependerem – de formas não-individualistas da vida social e moral é uma possibilidade – no Leste Asiático é atualmente uma realidade – que a teoria neoliberal, como as provas mais primitivas do marxismo, falha em reconhecer. Ela foi incapaz de prever que entre as conseqüências não-intencionais da sua política de liberar os mercados estava uma fratura das comunidades, e um esgotamento do éthos e da confiança no interior das instituições, o que abafou ou impediu a renovação econômica que os mercados livres deveriam gerar. A política neoliberal a respeito da Previdência realmente reforçou as conseqüências negativas não-intencionais da reforma do mercado, aplicando às instituições previdenciárias os cálculos abstratos do mercado.

A opinião da Nova Direita sobre a Previdência articulava três concepções errôneas fundamentais. Ela imaginava que o interesse humano em elevar a renda e em uma maior escolha do consumidor, que o livre mercado supostamente protege e promove, sempre supera o interesse no controle do risco econômico. Ela entendia as instituições previdenciárias como mecanismos para a transferência de renda ou alívio da pobreza, em vez de compreendê-las como dispositivos para a segurança contra os riscos e os perigos comuns da exclusão; do mesmo modo, defendia formas de seletividade na provisão do bem-estar social que implicava imensos custos de incentivo e o risco moral de criar culturas de dependência onde antes não existia nenhuma. Rejeitando a própria idéia de justiça social como estranha às liberdades de mercado que promovia, e sendo indiferente ou complacente com relação ao impacto das liberdades na coesão social, ela negligenciava o papel vital das instituições previdenciárias, neutralizando a indiferença para com a eqüidade do intercâmbio de mercado liberado, e promovendo assim a solidariedade e a cidadania comum.

Os três erros provêm de uma causa comum. Este é o *boato falso* neoliberal de que os mercados são relacionamentos sociais independentes, justificáveis – se afinal é admitida a necessidade de uma justificação para eles – como incorporações da liberdade individual e da propensão humana para negociar pela vantagem mútua. Este erro fundamental do pensamento neoliberal é responsável pela incapacidade da política neoliberal de perceber que os mercados geram risco econômico sistêmico e um senso penetrante de iniqüidade, mesmo quando produzem rendas ascendentes. Uma economia de mercado dinâmica só pode ser politicamente legitimada, em um regime democrático como o da Grã-Bretanha contemporânea, à medida que for complementada por instituições e políticas que se contraponham a tais riscos, e removam totalmente a competição do mercado de alguns contextos sociais.

As políticas moldadas nestes erros neoliberais têm sido extremamente contraproducentes, mesmo em seus próprios termos. Na Nova Zelândia, as políticas baseadas na concepção das instituições previdenciárias como simples mecanismos de transferência de renda, em conjunção com outras medidas neoliberais, conseguiram criar uma *underclass* dependente em que ninguém até agora havia subsistido. Conseguiram este resultado notável em virtude de uma propriedade inseparavelmente conectada com todas as instituições previdenciárias testadas para a comprovação de carência de recursos – sua construção de uma armadilha de pobreza em que incentivos perversos aprisionam os recipientes da Previdência em uma cultura de dependência. As instituições previdenciárias universais – das quais o Serviço Nacional de Saúde antes das reformas neoliberais dos conservadores talvez seja o melhor exemplo – não carregam consigo esses riscos. (Nem carregam os grandes custos administrativos dos sistemas visados.) Como o pensamento neoliberal concebe as instituições previdenciárias apenas como dispositivos para o alívio da pobreza, não consegue evitar remodelá-las de formas cujo efeito prático seja a institucionalização da própria pobreza.

Os resultados contraproducentes da política neoliberal previdenciária não são acidentais. Eles derivam de sua moralidade política libertária, em que qualquer gasto estatal, exceto aquele com bens rigorosamente públicos, é inerentemente suspeito. Entre os neoliberais, os gastos da Previdência Social são especialmente suspeitos, devido a seus efeitos distributivos supostamente perversos, quando os benefícios são estendidos aos que ainda não são pobres. Os benefícios de esquemas universais bem concebidos para a promoção de integração social e prevenção da pobreza não são percebidos, mesmo quando – como acontece com o Serviço Nacional de Saúde – esses esquemas universais são bem mais custo-efetivos e menos desperdiçados do que os esquemas visados em outros países. A fixação da política neoliberal em evitar a redistribuição desperdiçada vem diretamente de seu libertarismo, em que as distribuições do mercado são consideradas a norma de justiça de onde é errado se desviar. A política neoliberal compartilha com a democracia social igualitária uma fixação nessas questões distributivas. A preocupação distributiva efetivamente impede o papel vital das instituições previdenciárias na consolidação da solidariedade social em uma época em que todas as formas de vida em comum são desafiadas pelo individualismo.

A teoria hayekiana foi capaz de negar a necessidade, até mesmo o significado, da justiça social, em parte porque imaginava que a produtividade dos mercados liberados impediria qualquer crise de legitimidade das instituições capitalistas. Ela tratava os sentimentos de eqüidade profundamente arraigados e há muito cultivados, do tipo expresso em revolta contra o *poll tax*, em termos grosseiramente racionalistas, como atavismos inadequados que se não morressem seriam aniquilados. Como o igualitarismo, ela concebia a justiça social em princípios abrangentes e monísticos, ditando padrões de distribuição em toda vida e atividade social. Os democratas sociais têm uma concepção similar, entendendo a justiça social em termos de aproximação a algum princípio de igualdade geral.[10]

Tanto o neoliberalismo quanto a democracia social entendem a eqüidade em termos simples e globais, como incorporada em direitos libertários ou em um princípio de igualdade. Declarei em outro momento que nem os princípios libertários nem os igualitários podem ser fundamentais em uma moralidade política digna de crédito.[11] O conteúdo dos direitos depende de declarações sobre a urgência relativa dos interesses humanos con-

---

10 Isto está em conformidade com o Relatório Borrie da Comissão de Justiça Social, com o Relatório Dahrendorf sobre Criação de Riqueza e Coesão Social em uma Sociedade Livre, e com a notável Conferência em Memória a T.H. Marshall, *Social Justice in a Global Economy?*, de Patricia Hewitt.
11 Ver meu livro *Beyond the New Right*, Capítulo 3, p.76-92.

correntes que são inerentemente controvertidos. As concepções de direitos negativos à liberdade, e de um Estado mínimo que proteja esses direitos, são irremediavelmente indeterminadas. Os princípios igualitários não são menos indeterminados, ocultando conflitos entre importantes igualdades. Além disso, os princípios igualitários são implausíveis ao se anexar importância moral a propriedades puramente relacionais, quando o que tem importância moral é o bem-estar social. Se as necessidades humanas saciáveis puderem ser satisfeitas, não é necessário nem plausível nenhum princípio de distribuição global e abrangente.[12] Isso não significa que os princípios distributivos possam ser totalmente repartidos. Significa que, quando surgem inevitavelmente as questões de distribuição, as normas de eqüidade aparecem como entendimentos compartilhados dos significados dos bens sociais, pois estes surgem em domínios específicos de atividade, em contextos culturais particulares.

Além desses argumentos filosóficos, a tese histórica principal aqui defendida é que a liberdade global do capital – e, em um grau crescente, do trabalho – restringe radicalmente o poder dos Estados soberanos na busca dos objetivos igualitários democráticos sociais.[13] Mas nenhum governo preocupado com a estabili-

---

12 Continuo em débito aqui com a crítica das moralidades políticas libertárias, baseada nos direitos e igualitária de Joseph Raz, em seu livro *The Morality of Freedom* (1986). Entretanto, acho que princípios de eqüidade específicos do contexto são necessários em muitas áreas em que as necessidades humanas não são saciáveis, mas são ainda básicas, em que são saciáveis mas não podem ser todas satisfeitas, e – talvez mais fundamentalmente – em que os critérios da própria sociabilidade não podem evitar incluir normas de eqüidade.

13 Em contraste, *The Economist* declarou ("The Myth of the Powerless State", 7 de outubro de 1995) que "a integração global deixou o governo mais ou menos com tantos poderes econômicos quanto ele já tinha." Isto pode ser verdade, mas – como reconhece *The Economist* em outra parte do mesmo artigo – o efeito da integração global tem sido alterar as conseqüências do uso destes poderes, e assim impor novas restrições a seus usos. Pode ser declarado que o impacto da globalização econômica (em suas várias mani-

dade e com a coesão na vida social será obrigado a aceitar os níveis de desigualdade econômica produzido por suas políticas. Pelo menos alguma parte do crescimento fenomenal na desigualdade econômica nos anos 1980 era evitável, em especial a desigualdade produzida pelas políticas neoliberais, em particular as políticas que geravam ou toleravam altos níveis de desemprego. (É digno de nota que o único país comparável à Grã-Bretanha e que sofreu nos anos 1980 um aumento maior na desigualdade econômica foi a Nova Zelândia – onde as políticas neoliberais eram ainda mais incansável e consistentemente buscadas.) A preocupação com os níveis de desigualdade econômica é ditada pela preocupação com a vida em comum; mas não obriga a uma estratégia de equalização – uma estratégia que de todo modo o poder diminuído dos Estados soberanos torna provavelmente impraticável.

A impossibilidade de atingir os ideais democráticos sociais de igualdade não implica – como gostam de pensar os neoliberais – o que uma sociedade estável possa fazer sem normas de eqüidade. Ao contrário, essas normas são essenciais. Mas elas devem ser locais e contextuais, não universais ou globais, e refletem entendimentos sociais compartilhados expressos na cultura comum.[14] Esses entendimentos locais compartilhados não são de modo algum sempre conservadores em suas implicações para a política. Consideremos aqui dois exemplos de destaque. Na Grã-Bretanha há um entendimento comum quanto ao benefício do atentimento médico, segundo o qual é injusto que o acesso a um atendimento médico adequado seja ditado pela renda, ou a provisão desse atendimento distorcida pelas forças do mer-

---

festações) nas políticas macro-econômicas dos Estados soberanos tem sido exagerado; é tolo sugerir que os custos de algumas opções políticas não aumentaram muito – na verdade, a ponto de retirá-las da agenda política.

14 Aprendi muito com os escritos de Michael Walzer sobre estas questões, em particular em seu livro *Spheres of Justice* (1983), e com *Local Justice* (1992), de Jon Elster.

cado. Tal entendimento comum condena a comercialização neoliberal do Serviço Nacional de Saúde se – como sugerem fortemente as evidências disponíveis – a introdução nele de mecanismos de mercado tiver o efeito de dissociar em parte o cuidado do paciente da necessidade médica e de transformar em um grau importante o acesso ao cuidado em um acidente das políticas do truste do Sistema Nacional de Saúde em vigor no local onde a pessoa vive. O entendimento social do atendimento médico que ainda sobrevive na Grã-Bretanha, em que este é alocado segundo a necessidade médica, demanda a reversão dessas políticas, uma vez que elas têm efeitos que a violam. (Não pretendo sugerir que há um *status quo* do Serviço Nacional de Saúde ao qual devamos retornar. Nenhum *status quo ante* pode ser recuperado na política de saúde, não mais do que seja possível em nenhuma outra área de política. Um Serviço Nacional de Saúde reintegrado seria inevitavelmente muito diferente daquele que a política neoliberal destruiu.) Isso, compreensivelmente, não condena a própria existência da medicina privada; mas condena políticas que resultam em acesso a um atendimento médico adequado dependendo de outros fatores – como a renda do paciente – além das necessidades médicas.

Ou considere o entendimento social, também ainda sobrevivente na Grã-Bretanha, segundo o qual os critérios apropriados para alocar as oportunidades educacionais são meritocráticos. Não leiloamos as vagas na universidade, e a prática americana de impor cotas étnicas nas admissões universitárias não está em nenhuma agenda política. Além disso, há pouca dúvida de que um entendimento comum da eqüidade na educação condene políticas que tornem o acesso a um bom ensino dependente da renda. Mas, em outras circunstâncias, as desigualdades de classe que são reproduzidas por um grande setor privado no ensino são reforçadas por uma proibição igualitária de políticas meritocráticas nas escolas do Estado. Em um contexto internacional em que são impostos limites estritos na busca de objetivos igualitários por meio do sistema de impostos, e a desigualdade de renda em expansão permite que uma porcentagem cada vez maior da classe média opte pelo sistema do Estado, há um conflito insolúvel entre o igualitarismo educacional e a busca de uma igualdade social mais ampla. (Estou considerando tacitamente que a liberdade de construir e subvencionar escolas privadas não pode ser infringida. Seja como for, é uma liberdade protegida pelos tratados internacionais dos quais a Grã-Bretanha é um dos signatários.) Este é um conflito de igualdades que os democratas sociais são muito tímidos para admitir – e que muitos negam – mas cuja realidade, segundo as evidências disponíveis sobre o comportamento e as preferências dos pais, é inquestionável. Se as perspectivas de uma redistribuição igualitária pelo sistema de impostos estão agora severamente limitadas, a crescente desigualdade econômica e social só pode ser impedida pela melhora nas habilidades básicas dos grupos mais desfavorecidos excluídos. É impossível aceitar, como muitos democratas sociais declaram, que um maior comprometimento de recursos às escolas do Estado possa por si só atingir tal objetivo. O resultado prático da oposição democrática social às políticas meritocráticas nas escolas do Estado só pode ser o desenvolvimento de uma sociedade cada vez mais estratificada, em que o privilégio educacional e o igualitarismo educacional coexistem em uma simbiose doentia. Esse resultado, em que a cultura de classe britânica é a renovação garantida pelo antielitismo da Esquerda branda, deve ser uma derrota do ideal democrático social da oportunidade igual.[15] A reintrodução de políticas meritocráticas nas escolas do

---

15 Há algumas observações interessantes sobre estas questões em *Meritocracy and the Classless Society* (1995), de Adrian Wooldridge, e em *Schools, Selection and the Left* (1995), de Stephen Pollard. Pode valer a pena observar que o apoio às práticas meritocráticas nos contextos educacionais não compromete ninguém à visão de que a sociedade como um todo deve ser reordenada segundo uma concepção meritocrática abrangente de justiça – uma concepção destruída por críticos tão diferentes como Hayek e Michael Young. É

Estado pode portanto ser defendida, em termos igualitários democráticos sociais, como uma ajuda vital à oportunidade igual em uma época em que as desigualdades de renda em expansão permitem que números crescentes de indivíduos optem pelo sistema do Estado. Isso pode também ser defendido em termos comunitaristas, visto que diminuiria os incentivos para optar, e assim aumentaria a inclusão do ensino público. Poderia atingir esses resultados, mais fundamentalmente, porque está em conformidade com o senso de eqüidade com respeito à oportunidade educacional informada pela cultura comum.

Não cabe nesta presente discussão reivindicar que o apelo a entendimentos compartilhados da eqüidade em domínios ou contextos sociais particulares resolve todas as questões de justiça social. Muito ao contrário: as reivindicações de justiça local podem ser conflitantes. Meu argumento para a eqüidade complexa é que há difíceis escolhas a serem feitas, decorrentes das demandas conflitantes de eqüidade, tanto entre quanto em contextos sociais particulares, e que não há teoria ou princípio abrangente pelo qual esses conflitos podem ser arbitrados. No caso da assistência à saúde, há escolhas a serem feitas sobre a relativa urgência das diferentes necessidades médicas a respeito das quais os entendimentos comuns do que é justo não podem ajudar muito. Uma conseqüência benéfica não-intencional da reforma liberal do Sistema Nacional de Saúde é que ele tornou transparentes formas de racionar e priorizar a alocação de recursos médicos que sempre existiram, mas ocorriam sem um exame minucioso e sem discussão. Estas escolhas difíceis não são muito ajudadas pelo apelo a entendimentos compartilhados, em parte porque o desenvolvimento das tecnologias médicas

---

claro que esse apoio também não deve significar que os critérios meritocráticos são os únicos relevantes em todos os contextos educacionais. Além disso, é óbvio que as necessidades especiais e as incapacidades também podem ser destacadas.

foi bem além do conhecimento público e não há nada similar ao senso moral comum com respeito a muitas possibilidades que elas abriram. Há outra razão por que os entendimentos contextuais compartilhados não podem resolver todas as questões importantes sobre a eqüidade. Em uma cultura tão profundamente pluralista como a nossa se tornou, há contextos em que não existe nenhum entendimento comum, ou em que o entendimento herdado é fortemente contestado. Os contextos familiares e sexuais são os mais óbvios destes, embora os contextos que têm a ver com o valor da vida humana, ou com as relações dos seres humanos com outras espécies animais, possam não ser menos importantes. Muitas destas escolhas difíceis são impossíveis de ser feitas por qualquer teoria de justiça ou de direitos porque são concebidas diferentemente pelas pessoas com diferentes visões de mundo e concepções do benefício. As pessoas com fé religiosa que dão um valor intrínseco e único à vida humana vão entender os conflitos das prioridades médicas que envolvem salvar a vida de maneira diferente daqueles, como eu próprio, que não dão tanta importância moral a ela. Finalmente, mesmo onde há consenso cultural sobre os domínios em que os benefícios são adequadamente alocados, eles podem criar demandas conflitantes sobre recursos escassos que só podem ser resolvidas por uma decisão política coletiva. Nessas circunstâncias, é necessária uma discussão pública, com o objetivo de gerar um senso de eqüidade que pode ser compartilhado até mesmo por pessoas com perspectivas morais substantivas muito diferentes.

Em nossas circunstâncias históricas, não temos alternativa para nos engajarmos no discurso público em andamento, em que um acordo provisório é conseguido, e recorrentemente negociado, sobre essas questões. As formas de pensamento liberal que supõem que essas questões podem ser resolvidas pelo desenvolvimento de uma "teoria de justiça" ou por uma "teoria de direitos", sejam elas neoliberais e libertárias ou democráticas sociais e igualitárias em seus compromissos, estão negociando ilusões. Esses liberalismos alimentam uma miragem legalista e constitucionalista, em que a certeza ilusória de princípios legais é preferível às contingências e compromissos da prática política, em que um acordo entre comunidades e modos de vida, sempre temporário, pode ser encontrado. Esta primazia da esfera política na concepção comunitarista é uma objeção insuperável a ela em todas as formas padrão do pensamento liberal, incluindo a linha rawlsiana que inspira muitos democratas sociais britânicos contemporâneos. É também uma característica da visão comunitarista que encontrará a resistência daqueles que subscrevem idéias modernas do "fim da política". Mas o caráter intensa e politicamente contestado da política sobre a educação e a família deve nos persuadir de que a política não terminou, e não pode ser terminada, com a tentativa legalista liberal de resolver essas questões controvertidas pela defesa e a interpretação dos direitos.

No entanto, a implicação da justiça social mais profundamente destoante do pensamento liberal padrão é que a eqüidade não é apenas complexa, mas às vezes nos faz exigências conflitantes. É a implicação de que às vezes não conseguimos evitar a injustiça – que há uma espécie de escassez moral endêmica que segue paralela à finitude dos recursos. Esta é uma implicação – a meu ver, uma realidade – que está profundamente em desacordo com nossas tradições herdadas de pensamento moral e político. Esclarece uma característica da política pública que é freqüentemente banalizada pela discussão de intercâmbios e custos e benefícios –, que inevitavelmente envolve fazer escolhas coletivas difíceis entre benefícios genuínos. Tanto a reforma previdenciária[*] quanto a reforma tributária abrangem essas escolhas. Em minha opinião, estas escolhas difíceis não são adequadamente apreendidas quando se diz – de maneira bastante precisa, sem dúvida – que as reformas tributária e previdenciária são tipicamente mudanças de soma zero, pelo menos a curto prazo. Os conflitos distributivos que tais escolhas envolvem são mais bem entendidos em termos das demandas conflitantes de eqüidade. Alguns destes conflitos dizem respeito à eqüidade intergeracional – uma questão que não posso discutir aqui, exceto de passagem, apesar de sua clara e crescente importância. Todas elas só podem ser resolvidas mediante escolhas coletivas cuja esfera adequada é a da prática política, não a dos tribunais.[16] E estas não são decisões políticas que possam ser tomadas apelando-se para as doutrinas de economia política, mas escolhas políticas informadas por julgamentos éticos.

As demandas de justiça são mais urgentes na questão fundamental do período democrático pós-social – aquele do desenvolvimento de uma política de subsistência quando a busca do pleno emprego do pós-guerra não é mais uma opção realista. O pensamento democrático social convencional baseou-se em políticas que combinavam programas ambiciosos de *reskilling* com a retomada do crescimento econômico rápido. Esse resultado revela um aspecto vital da mudança econômica atual – que a mudança incessante na divisão do trabalho decorrente de novas tecnologias de informação está nos impondo não somente mudanças recorrentes de emprego, mas também mudanças de ocupação.[17] Sublinhe-se ainda que, em uma época de inovação tecnológica contínua, um sistema educacional deficiente garante o fracasso econômico. A idéia de que a cultura econômica britâni-

---

16 Isto não implica uma oposição de minha parte às instituições dos direitos previdenciários. Ao contrário, eu os apóio – mas como produtos alteráveis da legislação, e não como derivações de ilusórias "teorias da justiça". Ver meu livro *Beyond the New Right*, p.99-110, para uma elaboração desse ponto.
17 Estou bem consciente de que, segundo as evidências disponíveis, a extensão do crescimento da insegurança no emprego permanece um pouco controvertida. Ver a este respeito o artigo "The Jobs Mythology", em *Income Data Services Focus Quarterly*, 74 (março de 1995). O que é menos controvertido é a expectativa de que a segurança no emprego declinará no futuro, e com ela a nossa herdada cultura do trabalho, que pressupõe a manutenção do emprego como sua instituição fundamental.

ca pode ser renovada sem uma reforma fundamental da educação é certamente um exercício de fantasia. Em todos estes aspectos, a ênfase democrática social atual no *reskilling* é totalmente adequada.

Ao mesmo tempo, vai contra toda experiência acumulada até agora supor que mesmo programas de *reskilling* durante a vida toda possam nos levar de volta a algo semelhante ao pleno emprego, em uma época em que a inovação tecnológica está tomando o lugar do trabalho humano em um grau sempre crescente. Na verdade, o "pleno emprego" parece uma política destinada a tempos mais estáveis, em que as ocupações eram menos efêmeras, a divisão do trabalho praticamente fluía e a própria instituição da manutenção do emprego era mais saudável. Além disso, a confiança de que níveis mais elevados de crescimento econômico – mesmo supondo que eles possam ser sustentavelmente alcançados – permitirão que índices básicos crescentes de desemprego a longo prazo sejam reduzidos tem pouco apoio na história do pós-guerra. Não importa como seja medida, a atividade econômica aumentou enormemente durante esse período. Pelo menos desde o início dos anos 1970, essa expansão não impediu que o índice básico de desemprego aumentasse consistentemente. Neste aspecto, como em outros, é provável que o excesso de confiança no crescimento econômico como uma solução abrangente para nossos dilemas sociais se comprove seriamente enganoso.

Nenhum sucessor do acordo democrático social será moralmente tolerável, ou a longo prazo politicamente sustentável, se não contiver uma alternativa fidedigna e significativa à política do pleno emprego. Mesmo que tenha permitido níveis um pouco menores de desemprego do que nossos parceiros europeus, a desregulação neoliberal do mercado de trabalho na Grã-Bretanha foi acompanhada de um aumento na desigualdade e do aparecimento de patologias – como o colapso conjugal, que é mais comum em locais onde a mobilidade do trabalho é alta e o desemprego baixo[18] – associados com a cultura da mobilidade. Por isso, parece necessário buscar alternativas radicais, por mais inauspiciosas que possam ser em termos fiscais imediatos. Uma maneira alternativa de pensar reconhece que as suposições da política de pleno emprego – incluindo a instituição do próprio emprego – podem não continuar tão firmes no futuro. Esta visão – desenvolvida mais ambiciosamente por Jeremy Rifkin em *The End of Work* – aponta nossa cultura herdada do trabalho se tornando cada vez mais obsoleta devido à mudança econômica provocada pela tecnologia. Sua implicação política é alguma forma de esquema de Renda Básica.[19] Outra visão – apoiada enfaticamente por Frank Filed[20] – defende um esquema supervisionado pelo Estado de seguro compulsório contra o risco do emprego (e para fundos de pensão) em que, ao contrário do atual falso Seguro Nacional, as contribuições permanecem propriedade dos indivíduos. É interessante notar que as duas alternativas evitam os riscos morais dos benefícios testados ou visados para comprovação de carência de recursos,[21] e a cultura de de-

---

18 Sobre este grande e importante tópico, ver a fascinante monografia *The Ties that Bind Us* (1996), de Matthew D'Ancona.
19 Vários esquemas estão discutidos no *Citizen's Income Bulletin*, particularmente nos números 18 (julho de 1994), 19 (fevereiro de 1995) e 20 (julho de 1995).
20 Um guia breve e útil para o pensamento de Frank Field sobre estas questões pode ser encontrado em sua Introdução a *Winning the Welfare Debate* (1995), de Peter Lilley. Uma declaração mais abrangente das propostas do Sr. Field pode ser encontrada em seu *Making Welfare Work: Reconstructing Welfare for the Millennium* (1995).
21 Nem todas as formas visadas envolvem exame de carência de recursos. Algumas envolvem a categorização por outros fatores – idade ou incapacidade, digamos – e não envolvem necessariamente os riscos morais do exame de carência de recursos. Uma reforma previdenciária abrangente do tipo que sem dúvida necessitamos deve reconhecer que diferentes formas de alocação de benefícios são apropriadas, dependendo do entendimento social compartilhado dos benefícios em questão, e das conseqüências de seu modo de alocação. Aqui também o pluralismo é inevitável.

pendência neoliberal que eles produzem. Não menos importante, cada uma delas chama a atenção para o interesse na autonomia, que é outra das conseqüências não-intencionais dos anos 1980 a ser reforçada.

Minha preocupação aqui não é decidir entre esses esquemas, ou determinar até que ponto e em que contextos eles podem ser compatíveis, mas insistir em que as escolhas políticas que fazemos sobre eles sejam *éticas e políticas*, e não de caráter fundamentalmente econômico ou fiscal. Há poderosos argumentos éticos contra a abordagem da Renda Básica que dão um forte apoio a uma política de autoprovisionamento em muitas áreas da Previdência. Em primeiro lugar, os esquemas de Renda Básica podem ser exclusionários na importância extra que atribuem à cidadania e na possibilidade de que o incentivo político para reintegrar os excluídos seja diminuído se lhes for garantido um mínimo tolerável. O risco de os esquemas da Renda Básica serem exclusionários na prática parece-me bastante considerável. Só nas culturas industriais tardias, como a nossa, pode ocorrer o fenômeno do *deskilling*; nas sociedades pré-industriais equilibradas à beira da subsistência, ou em formas iniciais do industrialismo ainda não suficientemente ricas para permitir Estados do Bem-Estar Social bem desenvolvidos, isto é impossível. No entanto, em nosso futuro previsível, há toda a perspectiva de que uma proporção crescente da população venha a ser marginalizada e mantida em uma subsistência miserável, devido à produtividade crescente da população trabalhadora reduzida. Um esquema de Renda Básica só poderia aumentar tal risco, pois facilitaria para a sociedade abandonar os grupos excluídos com a consciência limpa.

Há outra objeção aos esquemas de Renda Básica que acredito ser fundamental. Ela vem da ausência de obrigação recíproca que eles institucionalizam. Como são garantias incondicionais de subsistência, os esquemas de Renda Básica ou Renda do Cidadão reforçam a cultura da liberdade sem responsabilidade, da escolha individual sem a correspondente obrigação, que é a herança moral menos benigna do individualismo. Em relação à chamada *underclass*, eles reforçam a negação da agência e a ausência de mutualidade e de uma sensação de "fazer parte" que são as características mais incapacitantes da cultura da dependência.

Portanto, as objeções decisivas aos esquemas de Renda Básica não são fiscais, mas éticas. (Esses esquemas podem bem ser mais baratos do que a *workfare* – que pode ser responsável pelo interesse que a Nova Direita mais recente está tendo neles.[22]) Elas não levam em conta a força das idéias de *merecimento* na cultura comum das normas de eqüidade que a Grã-Bretanha ainda possui. Na verdade, entram em choque com a intuição moral comum de que uma garantia incondicional de renda de subsistência, independentemente da necessidade ou do mérito, é imerecida. Elas superam o entendimento social compartilhado do relacionamento de subsistência com o trabalho, que é um elemento fundamental na justiça social na nossa sociedade. E vão contra muita coisa em nossa cultura moral, a qual afirma, com relação àqueles que são fisicamente capazes, que os direitos da Previdência são devidamente condicionados ao pagamento das obrigações públicas. Por todas essas razões, os esquemas de Renda Básica não são um antídoto para a cultura do individualismo sem deveres que herdamos da experiência neoliberal.[23] Uma vez que os democratas sociais endossam esses elementos, eles revelam uma fraqueza básica do pensamento democrático social na nossa época, ou seja, que ele procura curar ou aliviar

---

22 Para uma defesa da Nova Direita de uma renda básica, ver *Saturn's Children: How the State Devours Liberty, Prosperity and Virtue* (1995), de Alan Duncan & Dominic Hobson.

23 Pode ser que os esquemas de Renda Básica limitados e condicionais tenham um papel importante em qualquer política que vise proteger os interesses humanos antigamente promovidos pela política do pleno emprego. Não discuto esta possibilidade, pois estou preocupado em avaliar os esquemas de Renda Básica em sua forma mais distintiva e radical.

os males do individualismo econômico estendendo a cultura dos direitos individuais incondicionais às instituições previdenciárias. Entretanto, na maior parte das áreas da política previdenciária, a vida em comum é atendida ao aliarem-se deveres aos direitos em vez de tornar os direitos incondicionais.

Estas considerações éticas levam-me a concluir que, enquanto a reforma previdenciária não puder ser a aplicação de algum princípio único, ela não deve na sua totalidade seguir o caminho da Renda Básica, mas em vez disso procurar criar as condições de autoprovisionamento para todos que forem capazes de dar uma contribuição produtiva à sociedade.[24] A base ética do autoprovisionamento, nesta consideração, não é o ideal liberal da escolha individual, mas a concepção comunitarista da reciprocidade de direitos e obrigações. Ao aceitar a conclusão de que o futuro das instituições previdenciárias está em novas formas de autoprovisionamento, estamos reconhecendo que não há solução rápida para o dilema mais sério de uma sociedade industrial tardia como a Grã-Bretanha, que é o aumento de formas de desemprego e de pobreza cujas raízes estão no *deskilling* e no colapso da família. Uma nova agenda política sobre o trabalho e a família, substituindo a política democrática social do pleno emprego do pós-guerra, não pode prometer resultados rápidos ou soluções fáceis. Deve confrontar a verdade evidente de que o crescimento de uma *underclass* excluída só pode ser retardado, e talvez revertido, por reformas radicais na educação e na Previdência. Essas reformas, restabelecendo concepções de seleção meritocrática e da dependência de direitos de assistência pública em obrigações de participar de pro-

---

24 É claro que alguns direitos previdenciários são adequadamente reconhecidos como sendo incondicionais ou, mais precisamente, devidos, independentemente de contribuição à sociedade. Os direitos previdenciários criados por algumas incapacidades podem cair nesta categoria. Não há uma justificação ética única para todas as formas de provisão previdenciária legítima.

gramas de *reskilling*, podem parecer indigeríveis para muitos democratas sociais britânicos.[25]

Qualquer reforma viável da Previdência deve partir do fato de que o acordo de Beveridge fracassou não apenas pela política neoliberal, mas também pelas grandes mudanças na vida familiar e no mercado de trabalho que ocorreram nos últimos cinqüenta anos. A nova situação econômica das mulheres, em particular, torna indesejável e também impraticável qualquer tentativa de reconstituir Beveridge. Qualquer que seja a sua estrutura, as instituições previdenciárias no futuro devem ser minimamente paternalistas e receptivas à diversidade nas formas de vida familiar. Um erro fundamental será cometido se os comunitaristas seguirem os planejadores da Direita – ou da Esquerda[26] – e encararem a política previdenciária como um dispositivo para a preservação ou o renascimento da "família tradicional". Seu papel fundamental na sociedade liberal não é promover ou proteger nenhuma forma particular de vida familiar, mas melhorar as competências individuais – o controle sobre seu tempo e as condições de trabalho de que as pessoas precisam se quiserem constituir famílias de qualquer tipo permanente – e assim facilitar a formação de relacionamentos pessoais duradouros.

A visão da política previdenciária como um instrumento para replanejar formas de vida familiar que há muito entraram em colapso é equivocada por outra razão: negligencia o fato de que a Grã-Bretanha atual, diferentemente daquela de Beveridge, abriga uma grande diversidade cultural, que a política deve respei-

---

[25] As obrigações de aceitar o treinamento em novas habilidades foram um elemento chave na bem-sucedida política trabalhista proativa sueca, que ainda reembolsa o estudo apesar de seu colapso com muitas outras coisas no modelo democrático social sueco.

[26] Para uma versão nostálgica da Esquerda do fundamentalismo familiar, cuja implicação para a política previdenciária é o planejamento social em grande escala, ver *Families without Fatherhood* (1993), de Norman Dennis & George Erdos (Prefácio de A.H. Halsey).

tar. Comunidades imigrantes recentes, em toda a sua própria diversidade, não elevam necessariamente a autonomia acima de todos os outros interesses humanos, ou a reverencia como um ideal. Uma política previdenciária e social que visa a melhorar a autonomia individual não pode em tal ambiente multicultural ser uma política destinada a assegurar a proliferação de indivíduos liberais. Se fosse assim, seria uma política de imperialismo cultural liberal, um programa assimilacionista procurando impor a diversas comunidades o valor da autonomia que a sociedade liberal – pelo menos em sua própria estimativa – concebe ser essencial para o bem-estar individual. A política pública em um Estado pluralista que respeita tais tradições e comunidades pode corretamente proteger a escolha autônoma abandoná-las. Não pode ser um programa que vise a restaurar uma monocultura perfeita animada pelo ideal liberal da autonomia.[27]

As instituições e políticas previdenciárias cujas ruínas herdamos do acordo de Beveridge precisam de uma revisão radical no contexto de uma cultura pública em que o paternalismo e o consenso cultural que ele expressava são impraticáveis e inaceitáveis. Não se trata apenas de as mudanças econômicas, abrangendo uma grande transformação das fortunas econômicas de homens e mulheres, terem tornado as formas familiares anteriores insustentáveis e na verdade redundantes. Mais que isso, as crenças morais que a "família tradicional" expressava estão quase desaparecendo das vidas da grande maioria da população. Elas não podem ser revividas por nenhum projeto político, seja ele de

---

[27] Estou consciente de que esta é uma grande simplificação de questões complexas. Para uma crítica útil das visões liberais padronizadas sobre o multiculturalismo, ver "Superior People: The Narrowness of Liberalism from Mill to Rawls" (1994)", de Mhikhy Parekh. Ver também "Multiculturalism: A Liberal Perspective", de Joseph Raz, em seu livro *Ethics in the Public Domain* (1994). Escrevi sobre alguns contrastes entre a visão de Raz e a minha própria do multiculturalismo, que tem um viés mais pluralista do que liberal, no Posfácio da segunda edição do meu livro *Liberalism* (1995).

conteúdo tradicionalista-conservador ou ético-socialista. Mas a reforma previdenciária não pode ter um valor neutro, ser uma busca em vão de um reparo técnico para a pobreza. As principais causas da maior parte da pobreza moderna são culturais e não são removidas pela provisão de renda.[28] Nem a política pública pode ser indiferente às maneiras em que as famílias são formadas e dissolvidas. É totalmente errado penalizar ou transformar em bodes expiatórios os pais/mães solteiros; mas não pode ser irrelevante para a política o fato de o pai/mãe solteiro apenas raramente ser uma condição escolhida. A preocupação pelo bem-estar individual não é mostrada por políticas que tratam famílias com apenas pai ou mãe como se fossem sempre, ou mesmo caracteristicamente, expressões de escolhas autônomas. Em uma cultura liberal em que a autonomia é para a maioria das pessoas vital para o bem-estar, nem o fundamentalismo familiar nem a neutralidade liberal é uma resposta inteligente para a fragilidade das famílias. O objetivo da política deve ser melhorar as competências individuais, garantir que as obrigações da paternidade sejam entendidas e aceitas, e ajudar os pais/mães solteiros a retornar – ou, às vezes, entrar pela primeira vez – no mundo do trabalho produtivo, participação que é, para nós, precondição de auto-estima e independência.

Em todas essas áreas da política, o objetivo a ser buscado é o de conter as forças centrípetas do individualismo de mercado, de forma que o reconcilie com a renovação da vida em comum. Procurar alcançar este fim vinculando a distribuição de benefícios particulares a entendimentos particulares de necessidade, mérito e merecimento, pois estas são encontradas na cultura comum. Reconhecer, e enfatizar, que resolver conflitos provenientes das várias reivindicações de justiça local requer a realização

---

28 Declarei isto em minha primeira crítica impressa da política neoliberal, que foi publicada em junho de 1989. Ver meu *Limited Government: A Positive Agenda*, reimpresso como o Capítulo 1 do meu livro *Beyond the New Right*, p.33-4.

de escolhas coletivas. Essas escolhas só podem ser políticas, informadas por considerações éticas que rastreiam as demandas complexas, e por vezes conflitantes, de eqüidade. Elas procuram reconciliar as demandas não invocando nenhuma "teoria de justiça", mas articulando um entendimento comum do tipo de sociedade no qual queremos viver. Assim fazendo, expressam o insight fundamental da perspectiva liberal comunitarista: que as vidas humanas conduzidas em uma cultura pública que está desolada e fraturada estão empobrecidas, não importa quantas escolhas individuais elas contenham.

O que podemos esperar

É um pressuposto de tudo o que foi aqui exposto que, para nós, o individualismo é um destino histórico, que podemos esperar mitigar, mas não superar. Tanto me opondo às formas mais novas do projeto da Nova Direita quanto àquelas conservadoras do comunitarismo, tenho declarado que não há volta para o velho mundo moral que perdemos – mesmo que, implausivelmente, tal reversão fosse desejável. A conseqüência cultural não-intencional da política neoliberal era acelerar todas as tendências, inerentes nas culturas modernas tardias, que atuam para esgotar a cultura moral comum. Totalmente à parte do episódio efêmero do neoliberalismo, o relacionamento entre a revolução permanente do mercado global e as formas herdadas da vida familiar e social não é aquele da fácil coexistência ou do equilíbrio estável. É um relacionamento de inerente tensão e instabilidade endêmica.[29] Mais particularmente, instituições de mercado individualistas do tipo que herdamos do trabalho britânico para separar os indivíduos de localidades e comunidades e para enfraquecer

---

29 Este é um ponto não suficientemente reconhecido no estudo *Trust: The Social Virtues and the Creation of Prosperity* (1995), de Francis Fukuyama.

os compromissos com as famílias. Elas fazem isso impondo um imperativo de mobilidade infinita às pessoas e tornando rotineiros altos níveis de risco econômico, de forma que todos os relacionamentos passam a ser percebidos como revogáveis e transitórios. É em virtude desta contradição entre os imperativos das instituições de mercado individualistas e das formas sociais herdadas que podemos ter certeza de que a visão da Nova Direita de reviver os costumes desaparecidos dos anos 1950 ou dos anos 1930 pela provisão de *laptops* universais é uma distopia irrealizável.

A combinação de uma cultura econômica individualista com uma cultura moral individualista que é a nossa herança histórica será defendida por aqueles – em sua maioria liberais econômicos irrefletidos, ou aqueles para os quais as comunidades repressivas ainda são lembranças vivas – que a enxergam promovendo os valores da autonomia individual. Entretanto, tenho argumentado aqui que uma sociedade anomicamente individualista como a nossa se tornou não atua para fortalecer a autonomia. Esta depende da existência de uma cultura pública forte, rica em opções e incorporada em instituições comuns. Além disso, tenho declarado que a autonomia é apenas um interesse humano, um componente do bem-estar individual, mesmo em uma sociedade como a nossa; a satisfação de outras necessidades, pois pertencer e ter relacionamentos e ligações estáveis é igualmente essencial para o nosso florescimento como indivíduos. A questão que se coloca é então: Como o individualismo incorrigível de uma cultura liberal como a britânica pode ser moderado e contido por instituições comuns, de tal forma que outras necessidades, não menos imperativas que a da autonomia individual, possam ser de algum modo satisfeitas?

As necessidades humanas, às quais as formas sociais tradicionais podem um dia ter respondido, não diminuíram em importância simplesmente porque os conservadores não têm mais muito interesse nelas. Contra o liberalismo baseado nos direitos e a democracia social, tenho argumentado que a extensão de uma cultura de direitos, por mais necessária que ela possa ser em algumas áreas da política, não é um antídoto para o individualismo associal que é o nosso principal risco. A concepção liberal de um Estado que é neutro em todas as questões que têm a ver com a boa qualidade de vida não é realizável na prática. Ou, se é, só pode ter vida curta, e à custa da cultura liberal que ela vem devidamente renovar. Um Estado comprometido em renovar uma cultura liberal não pode ser silencioso, ou indiferente, diante do destino de instituições e formas de vida em comum das quais essa cultura depende para sua sobrevivência. Contra o ideal social democrático da igualdade total, tenho argumentado que, como as idéias neoliberais de liberdade irrestrita do mercado, isso vai contra os sentimentos populares profundamente arraigados de eqüidade, em que as noções de mérito, merecimento e necessidade são fundamentais. Só respeitando estes sentimentos a política pública pode esperar ser eficiente. Após a social democracia política deve visar é a justiça local e o equilíbrio de reivindicações inconciliáveis numa eqüidade complexa.

O aspecto histórico do meu argumento implica que não é razoável esperar implantar de volta o projeto democrático social. Ele pertence a um nicho histórico que se foi sem esperança de voltar. Nem haverá o renascimento de um sentimento coletivista proveniente dos fracassos do individualismo neoliberal.[30] Imaginar que pode haver tal recuperação é interpretar mal as lições dos anos 1980, que apontam para o poder e a urgência esmagadores na nossa cultura da demanda de autonomia individual. Se fôssemos humildes em nossas esperanças, não voltaríamos mais aos sonhos coletivistas do passado, do qual nos esforçaríamos para ressuscitar os costumes desaparecidos das gerações anteriores. Procuraríamos maneiras de tornar nossa cultura econô-

---

30 Esta é a esperança de vários colaboradores de *Reinventing Collective Action*, editado por Colin Crouch & David Marquand.

mica mais receptiva às necessidades das pessoas que ela existe para servir. Visaríamos a planejar instituições e políticas que moderassem seus riscos para elas, e que lhes tornasse menos difícil reconciliar em suas vidas a necessidade de relacionamentos permanentes com os imperativos da sobrevivência econômica. Poderíamos esperar dessa maneira tornar nosso individualismo menos possessivo e mais fácil de conviver.

Não há nenhuma reforma isolada da política que possa funcionar como uma panacéia para a nossa cultura econômica. É uma conclusão do meu argumento que muitos dos males da nossa sociedade só podem ser curados lentamente e em parte, pois provêm de fontes na nossa cultura que os governos podem certamente agravar com suas políticas, mas sobre as quais seu poder é estritamente limitado. Nossa vida econômica é apenas um aspecto da nossa cultura moderna tardia, imperfeita e fraturada.[31] Mas, a menos que sejam reformadas de modo que tornem suas operações mais humanamente toleráveis, as instituições do mercado liberal vão perder a legitimidade política. Este não é um pequeno detalhe, pois uma conclusão da visão liberal comunitarista a que cheguei é que – pelo menos para nós, como herdeiros de uma cultura individualista moderna tardia – não há alternativa sustentável para as instituições do capitalismo liberal, ainda que reformadas.

O primeiro dever do pensamento político é entender o presente. O risco do novo consenso democrático social é que ele siga o rastro de um mundo que muitos de nós somos velhos demais para termos vivido nele, mas que agora desapareceu irrecuperavelmente. Não seria mais uma das ironias da história se tivéssemos nos livrado dos erros dos anos 1980 sem perceber que, combinados com as forças silenciosas que moldam os eventos, eles transformaram irreversivelmente o nosso mundo?

---

31 Examinei alguns aspectos da cultura moderna tardia em meu livro *Enlightenment's Wake*.

3
O liberalismo antipolítico de Rawls

Nada contribuiu mais para moldar a filosofia política na última geração do que o livro de John Rawls, *Uma teoria da justiça*. Para muitos, sua publicação há um quarto de século marcou o renascimento do próprio tema. Por quaisquer padrões, o livro deve ser classificado entre os clássicos da filosofia política em inglês, comparável em importância com *On Liberty* [A liberdade], de J. S. Mill, ainda que o idioma acadêmico pesado e sem graça em que foi escrito impossibilite considerá-lo, ao lado do ensaio de Mill, uma obra-prima do estilo inglês. O livro de Rawls contribuiu para a renovação da virtual hegemonia do pensamento e do discurso liberais na vida intelectual britânica e norte-americana, um fenômeno tão universal que passa quase despercebido no mundo de língua inglesa. Como o livro de Mill, *Uma teoria da justiça* determinou durante décadas a agenda do pensamento político acadêmico.

Aí terminam as comparações entre Mill e Rawls. Para a teoria política de Mill, como estava expresso em *On Liberty* e em outros locais, foi uma tentativa de aplicar uma concepção abrangente da boa vida para nossa espécie. Abarcava uma visão distintiva das virtudes humanas que estava em si assentada em uma concepção definida da natureza humana e em uma interpretação particular da história. Em outras palavras, o liberalismo de Mill era uma visão de mundo abrangente – uma versão da religião da humanidade que ele derivava do Iluminismo e procurava suplantar as fés tradicionais das regiões ocidentais herdadas. Em contraste com o liberalismo de Rawls, especialmente como está reafirmado em *Political Liberalism*, é distinguido por sua modéstia sistemática, por seu repúdio ao liberalismo como um *Weltanschauung* ou entendimento abrangente do bem humano. Ratifica o liberalismo como um ideal estritamente político que pode razoavelmente ser endossado por expoentes de visões de mundo muito diferentes.

Em parte, sem dúvida, o abandono de Rawls do liberalismo como uma visão de mundo reflete o colapso da confiança no humanismo secular do nosso tempo. Além de um punhado de fundamentalistas liberais como Francis Fukuyama, pode haver alguns que não levam mais a sério a expectativa iluminista do progresso rumo a uma civilização racionalista universal. A asserção de Rawls de um liberalismo puramente político, que prescreva princípios de justiça para a estrutura básica da sociedade, em vez de uma vida ideal para indivíduos ou comunidades, tem outra fonte, quem sabe totalmente sem conexão. Esta está na diversidade cultural das sociedades modernas, em que os ideais de um liberalismo abrangente – os ideais de individualidade e de autonomia que são fundamentais nos liberalismos de Mill e Kant, por exemplo – devem competir com outros ideais, como os da religião, da moralidade tradicional e da solidariedade comunal.

Rawls revela algo de profunda importância quando argumenta que esse pluralismo profundo na sociedade moderna não é apenas um fato histórico brutal, mas o resultado do uso liberado dos poderes humanos em um contexto de liberdade. Em sua opinião, nossa sociedade abriga concepções do bem que não são apenas incompatíveis, mas também racionalmente incomensuráveis: não há um padrão açambarcante em termos do qual suas reivindicações conflitantes possam ser arbitradas. O problema liberal é formular princípios em que os praticantes dessas concepções divergentes do bem podem coexistir pacificamente. Este tem sido o problema das sociedades ocidentais, pelo menos desde que a Reforma mostrou que a uniformidade na crença religiosa não poderia ser conseguida em um contexto moderno sem o uso opressivo do poder do Estado. Não pode haver dúvida de que Rawls afirmou uma verdade de importância duradoura em seu argumento de que o caráter pluralista das sociedades ocidentais modernas priva os ideais do liberalismo abrangente de qualquer autoridade especial no governo. E isto tem uma conseqüência: um Estado liberal não é aquele que promove os ideais do liberalismo abrangente, mas aquele em que ideais concorrentes podem florescer. Estas são verdades de fundamental importância.

E não são novas. Foram declaradas, com uma clareza que jamais foi igualada, por Thomas Hobbes. No início da era moderna, Hobbes afirmou em *Leviatã* que a tarefa do governo é manter um *modus vivendi* entre pessoas com crenças e valores conflitantes. Sua principal responsabilidade é assegurar uma paz civil, sempre precária e provisória, em que compromissos e visões de mundo antagônicas podem coexistir e as vantagens da vida confortável podem ser desfrutadas com segurança. Uma vez que estão preocupados com o mesmo problema, ou seja, como pessoas com valores e crenças fundamentais conflitantes podem viver juntas em paz, os liberalismos de Hobbes e Rawls têm uma agenda comum. No entanto, o "liberalismo do medo" (como Judith Shklar o chamou) de Hobbes difere do liberalismo de Rawls de várias maneiras fundamentais. Aquele defende a forma de governo mais adequada à tarefa de manter uma paz civil, sem tentar prescrever antecipadamente qual deve ser essa forma. Hobbes defendia – com bom senso, seria possível pensar –

que a melhor forma de governo para o propósito da paz civil depende das circunstâncias. Em alguns contextos históricos, a monarquia pode ser a melhor, em outros, a república; nenhum regime político é o padrão pelo qual todos os outros devem ser julgados. Para Hobbes, o objetivo da filosofia política não é surgir com uma apologia para qualquer regime político particular. É entender as necessidades humanas universais e permanentes que as instituições políticas de todo tipo existem para satisfazer. Por esta razão, a filosofia política é inseparável das teorias da natureza humana, e suas conclusões, embora não corroborem com um ideal político ideal, têm uma importância universal. O liberalismo do medo de Hobbes é uma doutrina política que tem algo a dizer aos homens e mulheres de toda parte.

O contraste com o liberalismo político de Rawls dificilmente poderia ser mais completo. Rawls usa como seu ponto de partida não uma teoria geral da natureza humana, mas o que ele chama de "cultura pública de uma sociedade democrática" – *grosso modo*, as intuições comuns entre os acadêmicos liberais da Costa Leste americana. O resultado desta teorização não é uma concepção política de interesse humano geral, mas uma apologia às instituições americanas, como elas são percebidas do ponto de vista politicamente marginal do liberalismo acadêmico americano. Ao contrário do liberalismo de Hobbes, ou do de J. S. Mill, o liberalismo de Rawls não tem nada a dizer a nossos contemporâneos de Ankara, Delhi, São Petersburgo ou Xangai. Ele não menciona os dilemas enfrentados pelas pessoas, a maior parte da humanidade, que não desfrutam das bênçãos das instituições americanas, que podem nem tomar como modelo algum país ocidental. Ele também não menciona os eventos que transformaram o cenário político global na última década. Um leitor atento pode terminar de ler *Political Liberalism* sem compreender que a última década testemunhou, no colapso soviético, um evento histórico comparável em importância à queda do Império Romano. Tal leitor pode também não suspeitar de que muitos conflitos devastadores ocorridos nos últimos anos transformaram-se em questões de identidade cultural – étnicas, nacionalistas e religiosas – que são suprimidas no esquema abstrato do liberalismo rawlsiano.

A suposição mais básica do liberalismo rawlsiano, de que a tarefa da filosofia política é especificar de uma vez por todas um conjunto de direitos e liberdades básicos que são imunes às fantasias de conflito político, nega a verdade mais profunda do pluralismo moderno. Ou seja, como defendemos uma diversidade de concepções incomensuráveis da boa vida, não temos alternativa para a busca de um *modus vivendi* hobbesiano. Nossas liberdades não podem ser estabelecidas de uma vez por todas – pelo menos pelo filósofo – precisamente porque a tarefa *política* é conseguir um acordo prático sobre elas que esteja pronto a mudar dependendo das circunstâncias. É exatamente nesse ponto que o liberalismo do medo tem sua maior importância. A irrelevância política completa do liberalismo político de Rawls, mesmo nos Estados Unidos, é uma ironia estranha da sua obra, na qual não seria generoso insistir.

O *Political Liberalism* de Rawls tem algumas das virtudes intelectuais encontradas nos escritos de J. S. Mill: clareza, rigor e honestidade. Onde ele não atinge os padrões estabelecidos para o pensamento liberal por Mill – ou, na nossa época, por Berlin – é na estreiteza de sua perspectiva, no paroquialismo de suas preocupações, e em seu estranho silêncio sobre os principais eventos e questões políticos da época. O aspecto mais notável do liberalismo político de Rawls é seu total vazio político.

4
Ironias da pós-modernidade liberal

O que deve ser verdade para a ironia ser possível? A pergunta é natural para qualquer leitor dos escritos de Richard Rorty. O tema recorrente na obra de Rorty é que as culturas liberais cujo relacionamento com suas práticas mais centrais e fundamentais é irônico serão melhores – de uma perspectiva liberal, em que a crueldade é o pior mal, a redução do sofrimento evitável do imperativo dominante – do que as culturas liberais que buscam "bases" para si mesmas nos "princípios universais".

Aqueles que ironizam Rorty abandonaram essa busca, aceitaram que as culturas liberais são o tempo todo contingentes, acidentes históricos que poderiam facilmente ter ocorrido de outra maneira, para os quais jamais poderá ser apresentada nenhuma justificativa que seja universalmente instigante. Diferem dos céticos tradicionais, pois não percebem que esta ausência de bases é de todo modo uma perda. Em vez de buscarem a identidade de uma cultura liberal nas exigências da razão, eles a encontram no sentimento de solidariedade, na identificação solidária com uma forma de vida cujo caráter local e contingente reconhecem livremente. Pensam em diferentes maneiras de descrever o mundo, não como representações mais ou menos precisas da realidade, mas como maneiras de servir aos propósitos humanos. Nem a ciência nem a ética são um reflexo da natureza. Ajudando-nos a nos livrar das metáforas desgastadas que sustentam tanto o realismo ético quanto o realismo científico, os ironistas acenam com uma cultura liberal que é uma melhora de qualquer coisa que aconteceu antes. Eles nos permitem ver as descrições e redescrições que fazemos das coisas como expressões da nossa liberdade e da nossa imaginação. Aqui a ironia é a negação do espírito de seriedade, um envolvimento agradável na construção do mundo que não é assombrado pela nostalgia do "único mundo verdadeiro" que foi perdido.

Na opinião de Rorty, o relacionamento dos ironistas liberais com sua cultura expressa uma espécie de páthos de distância. Eles permanecem firmemente partidários de seus valores enquanto encaram as reivindicações nacionais integrantes de sua cultura pública e de sua auto-imagem, que são laboriosamente defendidas, com imparcialidade, pelos apologistas contemporâneos de projetos iluministas de vários tipos. A pergunta mais restrita que a consideração de Rorty naturalmente sugere é se uma cultura liberal pode se renovar, e – como diz Rorty – até melhorar se o seu auto-entendimento torna-se irônico. A pergunta mais ampla é o que os faria diferenciar a internalização de uma sensibilidade "pós-moderna" rortyana na cultura pública de sociedades ocidentais modernas.

Uma parte importante do trabalho de Rorty é uma polêmica sustentada contra determinada concepção de filosofia – isto é, a concepção que Wittgenstein atribuía a F. P. Ramsay e condenava como "burguesa". Neste entendimento burguês, os filósofos pretendem garantir bases para as práticas de determinadas comunidades. Rorty repudia filosofar dessa maneira, em parte porque não vê nenhuma necessidade das bases que busca, e em parte porque tem uma concepção diferente do assunto, pois está mais intimamente aliado à literatura e às humanidades do que a qualquer das ciências. No outro entendimento da filosofia, ela faz para nós o que faz um bom romance – enriquece o nosso entendimento humano exercitando nossa imaginação. Os próprios escritos de Rorty – como os maravilhosos ensaios sobre Proust, Nabokov e Orwell, reunidos em seu *Contingency, Irony and Solidarity*, e seus escritos sobre Heidegger, Wittgenstein e Davidson, em seu livro *Philosophy and the Mirror of Nature* – talvez sejam, em si, os exemplos atuais mais atrativos deste jeito de filosofar.

Entre os filósofos, a concepção de Rorty sobre o assunto tem resistido por várias razões, algumas mais atrativas do que outras. Sua total rejeição dos ideais tradicionais da verdade tem sido considerada não convincente por aqueles – e há muitos – que desejam rejeitar o realismo na ética, mas a ele se aferram na filosofia da ciência. Outros, cujo modelo para a filosofia é a prática das ciências cognitivas, são relutantes em renunciar a uma concepção do assunto em que ele produz insights, mas não produz nada parecido com o conhecimento cumulativo. Visto serem esses apenas debates dentro da filosofia – sobre os propósitos adequados do tema, ou as variedades de realismo –, eles são de pouco interesse real. Dizem respeito a uma disciplina que há muito tem sido, e parece provável que permaneça, culturalmente marginal até o último grau. São, é claro, muito mais do que isso. Todas as sociedades ocidentais contemporâneas são afetadas em graus variados por uma ausência de autoconfiança cultural penetrante para a qual a concepção de ironia liberal de Rorty é peculiarmente relevante. As fontes históricas da confiança cultural das sociedades ocidentais, no cristianismo e em variações do projeto do Iluminismo, estão rapidamente se esgotando em toda parte. O que o cristianismo e o legado cultural minguado do Iluminismo fizeram foi conferir às práticas locais das sociedades ocidentais a sanção de autoridade universal. Não deve surpreender ninguém que os ataques vivos e desembaraçados às tradições fundacionalistas e realistas fundamentais da filosofia ocidental, juntamente com sua defesa sutil e provocativa de um liberalismo pós-moderno irônico, tenham evocado a hostilidade imediata dos guerreiros da cultura neoconservadora americana e dos partidários modernos do projeto do Iluminismo. Ambos temem que se o relativismo aparentemente despreocupado de Rorty for aceito, qualquer coisa será. Embora tais críticos possam ser oponentes políticos, estão de acordo em sua defesa corajosa das tradições intelectuais ocidentais fundamentais que Rorty ataca sem cessar, e em geral de maneira impressionante.

Em *Solidarity in the Conversation of Humankind: The Ungroundable Liberalism of Richard Rorty*, de Norman Geras, temos algo que não podemos esperar dos críticos neoconservadores de Rorty – uma crítica ao liberalismo pós-moderno de Rorty que é consistentemente desafiador e moralmente sério. O argumento de Geras contra Rorty tem quatro linhas distintas que são desenvolvidas em separado nos quatro capítulos do livro. Uma linha maior que percorre todo o livro é o argumento de Geras de que a consideração de Rorty do comportamento dos libertadores dos judeus durante o Holocausto – como motivados por solidariedade com o destino de "outros milaneses" ou "companheiros de Jutland" em vez de pela preocupação universalista com outros seres humanos – vai contra as evidências e o testemunho dos próprios libertadores. Um segundo argumento visa a desenredar as diferentes afirmações feitas quando Rorty tenta dispensar qualquer idéia de uma natureza humana comum. Uma terceira linha de raciocínio ataca a declaração de Rorty de que a preocupação pela sorte dos fracos e oprimidos não tem, nem precisa ter, outra base além das tradições das comunidades (liberais) específicas, e sustenta que tal interpretação comunitarista e radicalmente particularista da moralidade é incompatível com a afirmação de Rorty (em sua conferência na Anistia de Oxford, em 1993) de que "a cultura dos direitos humanos" é "moralmente superior às outras culturas". Uma quarta linha de crítica visa a encarar de frente as implicações morais e políticas do anti-realismo de Rorty, e declara que se não houver verdade não haverá justiça – e, talvez mais importante, também não haverá injustiça. Um tema recorrente no livro de Geras é a crítica imanente à posição pós-moderna de Rorty, que sugere que tal posição dificilmente concorda, se é que de algum modo concorda, com as causas políticas liberais com as quais ele – assim como Geras – está comprometido. Esse subtexto político do livro é, na verdade, sua mensagem real. É a afirmação de que a visão pós-moderna de Rorty, de que não há verdade na questão da ética, necessariamente destrói as moralidades políticas universalistas liberais que o Iluminismo gerou.

Não está muito claro como essas quatro linhas de crítica pretendem apoiar uma a outra. Considere a crítica de Geras da consideração de Rorty das razões dos libertadores durante o Holocausto. Pode ser verdade que a consideração de Rorty (confessamente impressionista) não corresponda a grande parte das evidências e testemunhas disponíveis; mas o comportamento heróico dos salvadores só irá contra a consideração de Rorty da moralidade se as crenças universalistas que aparentemente os inspiraram não forem elas próprias interpretadas – assim como podem ter sido por Rorty – como expressando os sentimentos morais instilados por culturas ou tradições particulares. Geras mostra-se muito firme em sua crítica à tentativa de Rorty de continuar sem nenhuma concepção de uma natureza humana comum. Talvez a discussão da natureza humana possa ser legitimamente interrompida, por estar carregada com uma bagagem demasiado essencialista; mas o fato de haver necessidades humanas permanentes que são abrangentes da espécie e em grande parte resistentes à socialização não será questionado por ninguém que aceite uma consideração darwiniana de nossas origens e parentesco com outras espécies animais. Justamente nesse ponto há uma tensão no pensamento de Rorty entre o naturalismo radical que ele compartilha com Dewey e a concepção idealista dos seres humanos como constituídos pelas crenças sobre si mesmos que ele adapta do posterior Wittgenstein. É uma implicação de qualquer visão naturalista coerente, e um insight fundamental de Freud, que os seres humanos têm necessidades e desejos que demandam expressão e satisfação, independentemente das crenças sobre si mesmos que a socialização instilou.

O que a defesa de Geras de uma natureza humana comum não consegue fazer é estabelecer nenhuma moralidade política universal. É uma excentricidade do livro de Geras que ele pareça aceitar tão tacitamente a moralidade política do humanismo do Iluminismo a ponto de poder escrever como se um argumento *contra* o relativismo cultural irrestrito fosse de algum modo um argumento para o projeto da emancipação humana universal. E não há dúvida de que a justiça que ele acredita que a consideração particularista da moralidade de Rorty impossibilita é a justiça liberal, embora expressa em um idioma um tanto marxiano. Mas é claro que a história está repleta de moralidades universalistas que não são em nenhum sentido liberais. E, como todos sabemos, o conteúdo do universalismo liberal pode em si variar abrupta e radicalmente: a ação afirmativa é defendida, e atacada, como exigida, ou proibida, pelos princípios universais da justiça liberal. É um tipo curioso de justiça cujos limites são marcados por diferentes encontros da Associação Filosófica Americana – verdadeiros no encontro de Boston, falsos em Los Angeles.

A implicação inexorável da obra de Rorty é que as culturas liberais são apenas um tipo de cultura humana entre muitas; elas podem não reivindicar para si nenhuma autoridade racional privilegiada. Rorty não pode assumir uma visão vigorosamente particularista e historicista das culturas liberais e ao mesmo tempo fazer a afirmação imperialista liberal padrão de que as "culturas de direitos" ocidentais são superiores a todas as outras. Sua afirmação da contingência e da diversidade irredutível das formas de vida moral deve ser certamente tão tolerante com relação à experiência extraordinária que está em andamento em Cingapura quanto seria da utopia liberal que ele próprio defende. O etnocentrismo cândido de Rorty é um avanço na escola norte-americana dominante dos filósofos políticos liberais kantianos, cuja agenda tácita parece se aproximar de uma dedução transcendental de *si mesmos*; mas compartilha com essa escola uma aceitação não irônica das reivindicações das culturas liberais ocidentais de superioridade moral sobre todas as outras.

Em seu sentido mais universal, uma consciência irônica é uma consciência que percebe que o mais essencial em cada um de nós é o que é mais acidental. Nossos pais, as primeiras línguas que falamos, nossas memórias – esses não apenas não são escolhidos por nós, mas criam os verdadeiros *selves* que fazem todas as nossas escolhas posteriores. As principais tradições ocidentais que, acompanhando Nietzsche, Rorty censura tão firmemente – as tradições não somente do cristianismo e do Iluminismo, mas também da investigação socrática –, estão profundamente desconfortáveis com a aceitação da contingência final que essa consciência irônica indica. Grande parte da filosofia proveniente dessas tradições é mais bem entendida como um projeto de exorcismo da percepção da contingência que a ironia expressa e transmite. Em seu sentido mais historicamente particular, a ironia é o reconhecimento de que as práticas e instituições que reivindicam uma autoridade na razão não têm essa justificativa. Em contraste, esse – o sentido em que Rorty fala dos ironistas – é um fenômeno extremamente específico, distintivo de e talvez peculiar às sociedades liberais ocidentais contemporâneas. Tal tipo de ironia pressupõe uma cultura pública cuja auto-imagem incorpora os princípios universalistas – conosco, uma cultura do Iluminismo. Podemos razoavelmente esperar que as instituições liberais ocidentais sobrevivam inalteradas a uma mutação cultural em que suas reivindicações universais são abandonadas?

Talvez o liberalismo pós-moderno de Rorty, como outras variedades da teoria liberal, expresse uma das ilusões da época – em que o futuro das instituições liberais é subscrito pelos imperativos da modernidade. Essa, afinal, é a essência de todos os liberalismos do Iluminismo – a expectativa de que, a menos que seja destruída pela guerra ou pelo fundamentalismo, a modernização certamente levará a cultura liberal em seu rastro. O que mais pode responder pela confiança de Rorty de que as sociedades liberais vão emergir mais fortes da disseminação de uma consciência irônica? No entanto, se a história recente do Leste Asiático é algum guia, a expectativa de que a modernização envolva a disseminação global das instituições liberais ocidentais é infundada, uma sombra decepcionante lançada por alguns séculos de hegemonia européia. Para aqueles que não renunciarão à reivindicação de superioridade moral das culturas liberais ocidentais, a dependência do liberalismo pós-moderno de Rorty de uma ilusão de modernidade deve parecer misteriosamente irônica. Para aqueles que conseguem ter uma visão pós-irônica da cultura liberal como apenas uma forma de vida entre outras, será uma oportunidade de irem além no caminho que Rorty abriu, e pensar mais uma vez sobre as condições para um *modus vivendi* em um mundo em que diferentes comunidades, culturas e regimes possam coexistir em paz.

5
O socialismo com uma face professoral

A declaração mais clara e mais concisa do projeto de John Roemer encontra-se no final de seu *A Future for Socialism* [Um futuro para o socialismo]. No capítulo de conclusão, ele resume seu argumento abordando duas "idéias cruciais" – a idéia de que "o socialismo é mais bem pensado como um tipo de igualitarismo, e não como a implementação de uma relação de propriedade particular", e a idéia de que "o capitalismo moderno nos proporciona muitas possibilidades férteis para projetar a nova onda de experimentos socialistas" (p.124-5). Associadas a essas idéias estão duas outras afirmações – de que "o fracasso da experiência soviética é atribuível não aos objetivos igualitários do comunismo, mas à abrogação dos mercados", e que "o capitalismo moderno não... deve seu sucesso especificamente ao fato de abraçar o direito à acumulação limitada de propriedade privada" (p.125).

O projeto de Roemer parece expressar dois interesses que se apóiam mutuamente – o interesse político em desenvolver uma reformulação do projeto socialista de uma forma que seja factível e defensável no contexto histórico proveniente do colapso soviético; e o interesse intelectual nas maneiras em que a história recente do capitalismo tem mostrado que as conexões entre as instituições de mercado e as relações de propriedade são bem menos determinadas, e bem mais variáveis, do que é permitido em qualquer teoria econômica padrão ou ideologia neoliberal. O resultado de ambos os interesses é um deslocamento político e teórico e uma subordinação das relações de propriedade. No socialismo, elas devem ser encaradas de maneira totalmente instrumental, com sua avaliação e reforma sendo governadas por sua contribuição para a realização dos objetivos igualitários em termos dos quais o projeto socialista é mais bem entendido. No capitalismo, as relações de propriedade são reconhecidas como extremamente complexas e variáveis, incorporadas em diversas práticas e culturas legais que criam ambientes em que a competição de mercado pode ocorrer.

O argumento dicotômico de Roemer é que, como as instituições de mercado são bem mais importantes na geração de eficiência e produtividade competitivas do capitalismo do que as relações de propriedade privada, o socialismo não deve ser concebido como o projeto de supressão das instituições de mercado, ou o de abolir as relações de propriedade privada, mas, em vez disso, como o projeto de conter as instituições de mercado, de incorporá-las em várias relações de propriedade, com o objetivo de promover importantes igualdades. Na opinião de Roemer, instituições de mercado bem projetadas, ou reformadas de forma inteligente, são funcionalmente indispensáveis tanto para o capitalismo bem-sucedido quanto para o socialismo factível. Os objetivos distributivos que definem o projeto socialista são compatíveis com vários regimes de propriedade, incluindo instituições "republicanas sociais" – em que a propriedade privada é restrita em seus usos por exigências que têm a ver com a participação ativa dos membros e com a limitação da desigualdade – dos tipos encontrados em algumas sociedades capitalistas. Mais particularmente, Roemer defende uma versão modificada do socialismo de mercado como mais provável de atingir objetivos distributivos socialistas ao mesmo tempo que mantém, ou melhora, as eficiências derivadas da competição do mercado. No socialismo de mercado de Roemer, embora a corporação capitalista em suas formas atuais não seja mais a forma dominante da empresa produtiva, as firmas continuam a ser dirigidas em uma base competitiva, de maximização do lucro, sem a intervenção das autoridades políticas. Além disso, não se presume a existência de nenhum padrão particular de direitos de propriedade para firmas em uma economia socialista de mercado, com Roemer considerando uma série de possíveis regimes que abrangam uma economia de empresas administradas pelo trabalho, até aquele em que os direitos de propriedade *de jure* estão inalterados, mas os poderes de barganha foram transformados. O modelo pluralista e radicalmente revisionista do socialismo de mercado é aquele em que as instituições de mercado podem ser associadas a qualquer uma entre grande variedade de relações de propriedade, contanto que os objetivos socialistas de igualdade sejam assim desenvolvidos. Ao propor tal modelo, Roemer se vê construindo sobre os resultados do debate histórico entre Oskar Lange e Friedrich Hayek, revendo o modelo socialista de mercado original em resposta ao de Hayek e a críticas posteriores (como as de James Kornai). Pode parecer que, modificando de modo tão abrangente a concepção socialista de mercado, Roemer removeu dela todas as características que são peculiar ou mesmo reconhecidamente socialistas. Com certeza, na concepção de Roemer, o socialismo deixou de significar qualquer sistema definitivo de instituições; e não tem conexão essencial com os interesses ou as necessidades de nenhuma classe social. Mas o propósito que o inspira é dar ao projeto socialista outro começo, em que ele possa sobreviver ao fracasso soviético e – como um corolário do reconhecimento das falhas das instituições de planejamento econômico centralizado – ser compatibilizado com o reconhecimento da indispensabilidade funcional das instituições de mercado nas economias modernas. Entretanto, nesse projeto dominante, Romer evidentemente – embora talvez também inevitavelmente – fracassa.

O livro de Roemer é notável, e admirável, por sua simplicidade e rigor no argumento; ele é generoso com uma falha em sua consideração das críticas liberais do socialismo, dando a Hayek, em particular, todo – na verdade talvez até mais – o crédito que lhe é devido; e também evidencia, como se fosse necessário, que o triunfo político efêmero da ideologia da Nova Direita de modo algum resultou em uma hegemonia intelectual neoliberal. Mais uma vez, Roemer está sem dúvida certo de que as instituições de mercado bem-sucedidas adquirem várias formas, dependem de uma série de condições não mencionadas na teoria fraca e neoclássica da competição do mercado, e não têm vínculos muito determinados com as instituições de propriedade. Em particular, ao contrário da ortodoxia neoliberal, as instituições de mercado florescentes não pressupõem de modo algum as instituições de característica de propriedade plenamente liberal do capitalismo anglo-americano. A ideologia neoliberal tem sido perniciosa, não só intelectual, mas também politicamente, no obscurecimento das diversas formas de instituições de mercado no mundo real da história humana, e ocultando o nosso entendimento da complexidade das condições de que dependem as instituições de mercado bem-sucedidas. O livro de Roemer presta um serviço útil ajudando a afastar os mitos neoliberais sobre a dependência essencial dos sistemas de mercado bem-sucedidos das instituições do capitalismo anglo-americano.

Ao mesmo tempo, *A Future for Socialism* é testemunha do fato de que o pensamento liberal desfruta de uma hegemonia que é agora quase totalmente não desafiada, pelo menos no mundo de língua inglesa, onde o liberalismo conquistou ou marginalizou todos os seus rivais políticos e intelectuais. Há agora poucos teóricos socialistas (ou, no que se refere ao assunto, conservadores) dispostos a, ou capazes de, declarar seus pontos de vista em termos que não derivem do discurso liberal. Roemer segue o modo intelectual, e se adapta à sabedoria convencional da academia liberal norte-americana, em que seu socialismo de mercado revisionista é indistinguível do liberalismo igualitário há muito defendido por John Rawls, Ronald Dworkin, Thomas Nagel e (ultimamente) G. A. Cohen. O próprio Roemer reconhece que os socialistas e marxistas tradicionais podem objetar o fato de ele estar propondo "um credo igualitário liberal" e responder com o argumento de que a base ética da crítica marxista da exploração no capitalismo está em uma declaração sobre a desigualdade injusta na distribuição dos direitos de propriedade (p.15). Isso dificilmente suscita a objeção que será feita por aqueles que quiserem preservar, e desenvolver, uma tradição de pensamento e prática distintivamente socialista. Pois, mesmo que aceitemos a interpretação de Roemer da objeção ética de Marx ao capitalismo, ela mostra apenas uma justaposição, ou um ponto de convergência, entre a crítica marxista do capitalismo e o igualitarismo liberal. Falha completamente em mostrar a presença de qualquer coisa no socialismo de mercado de Roemer que não seja também encontrado na teoria liberal.

A realidade da questão é que a tentativa de reafirmação de Roemer do projeto socialista incorpora todos os piores aspectos da filosofia moral e política liberal anglo-americana – como sua preocupação individualista e legalista com a justiça e os direitos, sua metodologia formalista e não-histórica de "conceitos" e "princípios" – e elimina os elementos mais valiosos do pensamento socialista. Os elementos humanos que figuram no modelo de uma economia socialista de mercado apresentados no Capítulo 8 deste livro não são portadores de histórias específicas, membros de nenhuma cultura ou comunidade específica; são as cifras da teoria econômica padrão e da filosofia moral rawlsiana. A percepção dos elementos humanos como seres necessariamente históricos, que é proeminente no marxismo clássico, e a visão do bem-estar individual como indissoluvelmente vinculado com o florescimento de comunidades e solidariedades históricas, que figuram em muitas tradições do socialismo ético, estão ausentes na consideração do socialismo de mercado de Roemer. Contudo, mais decisivamente, Roemer nada diz que vincule a concepção de socialismo que ele apresenta com as necessidades, ou lutas, das pessoas oprimidas em todo o mundo. Significativamente, ele escreve que "O trabalho mais importante hoje a respeito do que deve ser a proposta de longo prazo dos socialistas é o dos filósofos políticos sobre as teorias de justiça igualitárias" (p.26). Nisso ele reconhece qual é, em termos políticos, a característica de maior destaque da concepção do socialismo que ele propõe: que ele não é uma articulação do senso de injustiça de nenhuma pessoa, classe ou comunidade, em lugar nenhum do mundo, mas sim uma essência da opinião acadêmica liberal convencional. Não é a voz de nenhum movimento social ou político de nenhum tipo. O socialismo de mercado revisto de Roemer, se é que se trata de socialismo, é um socialismo com uma face professoral. Por essa razão apenas, é uma versão do projeto socialista que não tem lugar em nenhuma agenda política ou histórica realisticamente plausível.

Seria injusto, e na verdade equivocado, sugerir que Roemer não faz esforço para suplementar seu modelo teórico de socialismo de mercado com tentativas de interpretação histórica do destino do socialismo no século XX; mas essas tentativas são, quase sem exceção, mal informadas, convencionais e extremamente ingênuas. Considere a sua opinião sobre o colapso soviético. Ele nos diz que "o mundo pode estar em muito melhor situação pelo fato de ela (a União Soviética) ter existido" (p.130), que o seu fracasso é "atribuível não aos objetivos igualitários do comunismo, mas à ab-rogação dos mercados" (p.125) e, mais especificamente, que as economias de comando ao estilo soviético fracassaram em virtude da "conjunção de três de suas características: 1) a alocação da maioria dos bens por um aparelho administrativo sob o qual os produtores não eram obrigados a competir um com o outro; 2) o controle direto das empresas por unidades políticas; e 3) políticas não-competitivas, não-democráticas" (p.37). Tal declaração de Roemer, que poderia ter sido feita por Francis Fukuyama, Jeffrey Sachs ou qualquer um entre um grande número de jornalistas neoliberais, certamente expressa uma perspectiva ocidental convencional; equivale à afirmação de que o sistema soviético fracassou porque não era uma democracia capitalista ocidental. Enuncia algumas verdades gerais sobre as instituições de estilo soviético, mas negligencia as condições históricas e culturais particulares que produziram o colapso das instituições soviéticas na Rússia: a desmoralização e a perda da vontade de governar das elites soviéticas, que foi uma conseqüência não-intencional da *glasnost* de Gorbachev, a irresistível força de movimentos nacionalistas e secessionistas no interior da União Soviética, e a completa destruição dentro de cada instituição soviética de toda sujeição à ideologia marxista. (Foi a presença evidente dessas condições na União Soviética no verão de 1989 que me permitiu perceber, e declarar em setembro de 1989, que – ao contrário de todas as nuances da opinião ocidental – a União Soviética estava naquela época em uma condição objetivamente pré-revolucionária, de tal forma que o projeto reformista de Gorbachev estava então condenado.)[1]

Na verdade, como muitos comentaristas ocidentais, Roemer não apresenta nenhuma explicação histórica de nenhum tipo com relação à razão de o sistema soviético ter entrado em colapso *quando entrou*: os três aspectos que ele ressalta como característicos das instituições soviéticas estavam presentes desde o início, e durante um período de setenta anos não resultaram em seu colapso. Com respeito ao colapso soviético, como em muitos outros aspectos, Roemer falha em levar a sério sua própria

---

[1] Ver meu *Post-Communist Societies in Transition*, reimpresso em *Enlightenment's Wake*, p.41-2.

observação de que a história é "uma fonte infinitamente mais rica do que a imaginação humana" (p.126) – especialmente quando a imaginação é empobrecida por uma forma de teorização em que a história mal é reconhecida. Seus comentários sobre as perspectivas políticas do socialismo de mercado, e sobre a democracia social, exemplificam melhor a grande distância entre sua teorização e as realidades históricas. Ele nos diz que "os custos da oportunidade de adotar o socialismo de mercado" são os mínimos "nos ex-Estados soviéticos", onde admite que "a ambiência ideológica... é desfavorável", mas não obstante insiste em que "introduzir o tipo de socialismo de mercado defendido aqui em alguns desses Estados talvez seja possível no período de alguns anos" (p.127). Em compensação, embora tendo em mente a própria advertência de Roemer de que "a história recente tem mostrado que pisamos em gelo fino quando tentamos prever o futuro" (p.126), eu afirmaria que um dos cenários que podemos ter certeza de que o futuro *não* conterá para nenhum dos Estados pós-soviéticos é a adoção do socialismo de mercado. Em vez disso, após os fracassos das políticas neoliberais de inspiração ocidental de terapia de choque para promover resultados econômicos que podem ser politicamente legitimados, veremos nos Estados pós-comunistas a emergência de vários regimes e sistemas econômicos híbridos, pois as elites políticas desses Estados, freqüentemente dominadas por partidos comunistas reformados, se esforçam para improvisar políticas e instituições que produzam uma combinação tolerável da eficiência dinâmica dos mercados com a demanda popular por segurança econômica, e particularmente contra o desemprego. Na China, talvez, as *town and village enterprises* (TVEs) [associações de vilas ligadas aos municípios] que têm algumas características em comum com algumas das variantes do socialismo de mercado discutidas por Roemer, e discutidas por ele nas páginas 127-8 de seu livro, possam sobreviver ao processo de marquetização atualmente em andamento em todos os setores da economia chinesa; mas, se isso acontecer, será às margens de outras instituições de mercado, como as instituições republicanas sociais nos Estados capitalistas ocidentais, e não como o germe de um sistema econômico distinto.[2] Em minha opinião, a crença de que qualquer Estado pós-comunista vai adotar o socialismo de mercado irá se comprovar tão infundada quanto a expectativa neoliberal de que os Estados pós-comunistas irão importar as instituições do capitalismo ocidental – uma expectativa confundida em toda parte, exceto na República Checa. (Se a República Checa continuará a ser um caso excepcional, resistindo às tendências dos outros países pós-comunistas, é algo que permanece a ser comprovado, mas tendo a duvidar disso.)

O tratamento de Roemer do que ele chama "o sucesso social e econômico das democracias sociais nórdicas", citado como evidência da factibilidade de seu modelo de socialismo de mercado, é igualmente não explicitado e anacrônico. Roemer registra seu – certamente bem fundamentado – "ceticismo com relação à aplicabilidade do modelo democrático social nórdico ao mundo como um todo" (p.119); mas, caracteristicamente, falha ao perceber seu desaparecimento nos próprios países nórdicos. Ele está consciente de que "são necessárias condições muito especiais" para o sucesso desse modelo, e que tais condições já não existem na Suécia (p.54); mas, não obstante, declara que "Podemos dizer que os países escandinavos permaneceram democrata-sociais apesar das vitórias ocasionais dos partidos da oposição" (p.109-10). O colapso da versão sueca do modelo democrata-social, que se tornou definitivo com o referendo em dezembro de 1994, em que a Suécia se comprometeu com a plena integração com instituições da União Européia cada vez mais dominadas pelas políticas neoliberais, ficou evidente vários anos antes, no colapso da política trabalhista ativa da Suécia e o conseqüente aumento do

---

2 Sobre as TVEs, ver "China's Reform Assessd" (1994), p.49-77, de Paul Bowles & Xiao-yun Dong.

desemprego, de cerca de 2 ou 3% a cerca de um oitavo da força de trabalho. Exceto na Noruega, onde prevalecem condições realmente especiais (incluindo pródigos lucros do petróleo, sabiamente empregados), um modelo nórdico de democracia social, em qualquer entendimento razoável do que isso um dia significou, não mais existe. É verdade, e importante, que as instituições de mercado na Alemanha e na Áustria, por exemplo, e no Japão, permanecem em muitos aspectos profundamente diferentes daquelas do capitalismo norte-americano; mas a crença de que existe em qualquer país ocidental importante um modelo democrata-social distinto das instituições de mercado é agora apenas uma ilusão.

Nossa situação histórica presente é que as instituições de mercado, em toda a sua indubitável variedade, têm agora uma hegemonia global que não é constrangida por nenhum sistema econômico concorrente, e está sujeita a um grau sempre decrescente de controle político. A isenção permanente da responsabilidade política por parte das instituições de mercado é, de fato, o objetivo explícito do projeto do Acordo Geral sobre Tarifas e Comércio (GATT) de comércio global livre, que até agora tem superado todos os obstáculos à sua ratificação pelos Estados participantes, e procura uma forma de se tornar obrigatório em todo o mundo. O projeto neoliberal de desincorporar as instituições de mercado de suas culturas de apoio, e afastá-las de qualquer possibilidade de controle político efetivo, continua a avançar globalmente, mesmo quando sofre reveses políticos nas políticas democráticas ocidentais, e encontra resistência eleitoral em muitas partes do mundo pós-comunista. Em todos os países em desenvolvimento, os programas de ajustamento estrutural reproduzem os elementos principais do projeto neoliberal, evocando em alguns países movimentos revolucionários de resistência popular. Em pelo menos um exemplo – o caso da rebelião de Chiapas, no México – a resistência popular pôde iniciar uma guerra civil que funciona como um modelo para a resistência ao projeto neoliberal em outras partes do mundo. Para aqueles ainda ligados às preocupações socialistas clássicas com solidariedade e comunidade, e com a subordinação dos processos de mercado para a satisfação das necessidades humanas, o principal projeto político da época deve ser o de sujeitar as instituições de mercado à autoridade da prática política nativa, e desse modo reincorporar os processos de mercado às culturas a cujo bem-estar eles existem para servir. A principal crítica a ser feita ao livro de Roemer é que suas principais concepções e propostas em nada contribuem para se pensar nesse projeto.

6
Teoria verde inacabada?

Segundo uma visão comum que busca uma forma de se tornar parte da sabedoria convencional, os movimentos ambientalistas emergem com uma cultura pós-materialista que expressa um senso de saciedade econômica. São criaturas do crescimento econômico, concebidas em ambientes urbanos após a afluência do consumidor; não encontramos nada que se assemelhe à preocupação ocidental com a integridade do ambiente natural nas economias agrárias ou, no que diz respeito a isso, nos países recém-industrializados. Nessa perspectiva, a preocupação ambiental é semelhante a um bem posicional, dependente para sua própria existência da prosperidade gerada por longos períodos de crescimento econômico, e não pode ser esperada em épocas de incerteza ou dificuldade. É o luxo máximo das sociedades ricas. Os governos ocidentais que tentam impor a preocupação ambiental aos países em desenvolvimento só revelam seu caráter posicional. O efeito das políticas que inibem o crescimento econômico em países pobres, em nome da preocupação ambiental, não irá melhorar a proteção de seus ambientes naturais, pois isso depende de um nível de riqueza que tais políticas impedem que seja atingido. Se atingirem algo, essas políticas só serão bem-sucedidas abrigando os ambientes de países ricos que são os beneficiários de gerações de industrialismo e crescimento econômico. As implicações da visão convencional para a política são claras. O cumprimento dos padrões ambientais ocidentais nos países em desenvolvimento expressa o romantismo auto-indulgente das culturas do consumidor moderno tardio. É ao mesmo tempo auto-enganoso e injusto, pois, se fosse implementado consistentemente, seu efeito seria privar de forma indefinida os países em desenvolvimento da riqueza que possibilita a preocupação ambiental. Os países em desenvolvimento não podem esperar proteger seus ambientes reduzindo o crescimento econômico. Ao contrário, só o crescimento maior e mais rápido pode lhes permitir lidar com os efeitos colaterais ambientais nocivos do crescimento que conseguiram até agora. Eles – e talvez nós – precisam de mais crescimento, ainda que apenas para enfrentar os males herdados do crescimento anterior.

A sabedoria convencional emergente das relações do crescimento econômico e do ambiente é seriamente imperfeita em muitos aspectos, mas tem uma plausibilidade ilusória que a torna perigosa. Se vier a prevalecer, será em parte em virtude do trabalho de Anna Bramwell, que em *The Fading of the Greens*, e em seu livro anterior, *Ecology in the Twentieth Century: A History* [A ecologia no século XX: uma história], elabora uma crítica do pensamento e dos movimentos ambientais que às vezes é totalmente perversa, mas esclarece com brilhantismo suas contradições e fracassos. A primeira obra de Bramwell foi importante e controvertida ao apresentar o primeiro relato histórico sistemático do papel de idéias e valores distintamente ambientalistas nos movimentos políticos da Direita radical e, de modo mais particular, no nazismo. Em *Ecology in the Twentieth Century*, Bramwell interpreta o que chamou de "ecologismo" como uma doutrina que surge da história da ciência no fim do século XIX. O ecologismo, a expressão política de teorizações ecológicas que reivindicavam a autoridade da ciência, mas articulavam uma reação contra a visão de mundo mecanicista que a ciência incorporava, era um corpo de idéias que invocava o caráter orgânico e holístico, tanto dos ecossistemas quanto das sociedades humanas, em apoio a uma crítica da vida urbana e industrial moderna. Bramwell foi criticada por se concentrar nas ambivalências políticas do ecologismo e, em particular, na presença de temas ecológicos no fascismo e no nazismo, mas seus críticos eram com freqüência limitados em suas respostas, tratando sua interpretação histórica como uma calúnia aos partidos verdes contemporâneos. Na verdade, a tese de Bramwell não era que as idéias ecológicas tivessem alguma afinidade inerente com os movimentos sangrentos e ligados à terra da ala direitista, mas que eram politicamente indeterminadas, sendo apropriadas por muitos movimentos políticos diferentes em várias circunstâncias históricas. Essa é uma tese histórica que nada nos diz sobre os méritos ou os defeitos das idéias ecológicas.

Entretanto, em *The Fading of the Greens*, Bramwell apresenta uma consideração do "fim da breve era da dedicada política nacional verde" (p.1) que não pode ser lida principalmente como um exercício em explanação histórica. É, em vez disso, uma cáustica polêmica contra os partidos e movimentos verdes, desencadeada pela história genealógica. Bramwell organiza uma riqueza de conhecimentos do pensamento e da vida política contemporâneos para proporcionar ao leitor um fascinante *tour d'horizon* do pensamento e da prática ecológicos, e de uma inteligência não-convencional que brinca impiedosamente com as ironias e os paradoxos dos movimentos verdes. O resultado é um livro intrigante e absorvente. É, ao mesmo tempo, perverso e obstinado, cujo efeito só pode ser fortalecer a sabedoria convencional emergente sobre o crescimento e o desenvolvimento. Com uma provocação característica, Bramwell conclui *The Fading of the Greens* com uma pergunta retórica:

John Gray

> Devemos saudar a integridade e a coragem dos ativistas verdes deste século... Mas se pudéssemos voltar à terra daqui a cem anos, será que o resultado de seus esforços seria uma natureza idílica e preservada? Ou seria um Ocidente mais empobrecido pelas demandas de compartilhar os ônus com o mundo em desenvolvimento? Se for a segunda hipótese, então o ambientalista terá falhado. Porque só o perverso mundo ocidental tem o dinheiro e a vontade para conservar seu ambiente. (p.208)

Esta é uma declaração, profundamente mal interpretada, das alternativas históricas abertas aos países ocidentais e em desenvolvimento, desvirtuada até pelos exemplos históricos que Bramwell apresenta em seu livro. Trata a preocupação ambiental como uma função da afluência, e endossa a visão convencional, bem entrincheirada entre os economistas atuais e nas organizações de desenvolvimento internacionais, de que o crescimento econômico rápido é a cura para a degradação ambiental que o crescimento causou. Entre muitas outras considerações no livro, sugere que os movimentos verdes são sintomas do mal-estar das culturas do consumidor urbano, e não respostas às dificuldades genuínas e profundas enfrentadas pelas sociedades industriais modernas. Ao mesmo tempo, subestima a importância política que os movimentos e partidos verdes às vezes tiveram e exagera a estabilidade das sociedades ocidentais afluentes. Está longe de ser verdade que os movimentos verdes funcionaram em toda parte como a expressão política de nostalgia urbana: como observa a própria Bramwell, o ambientalismo foi um foco de dissensão intelectual e popular na União Soviética (p.192), e os movimentos ambientalistas desempenharam papel importante no desencadeamento do colapso soviético. Além disso, os movimentos populares de protesto contra represas e desmatamento têm sido politicamente importantes em vários países em desenvolvimento, incluindo a Índia, e no México um novo movimento revolucionário surgiu em Chiapas em resposta aos custos sociais da política de ajuste estrutural neoliberal. Na Bulgária, e em algumas outras partes do mundo pós-comunista, existem atualmente movimentos verdes que procuram reparar o dano infligido ao ambiente natural e às formas culturais tradicionais pelo desenvolvimento industrial durante o período soviético. Esses são todos movimentos politicamente importantes, inspirados por idéias ambientalistas, e evocados por problemas sociais e econômicos reais e urgentes. Eles têm uma importância potencialmente grande não só para os países onde surgiram, mas também para as sociedades ocidentais ricas. Porque todos expressam uma rejeição do modelo ocidental de desenvolvimento econômico que é propagado pelas principais agências de ajuda e instituições financeiras transnacionais. Esses novos movimentos abrigam a suspeita de que o desenvolvimento no modelo ocidental, com freqüência, cria pobreza onde ela não existia antes, e produz padrões de atividade econômica em que a independência e a integridade das culturas locais estão comprometidas ou perdidas. Além disso, o desenvolvimento de economias locais, de acordo com os modelos ocidentais freqüentemente não produz formas econômicas tão sustentáveis quanto as nativas que elas substituíram.

    O livro de Bramwell não se refere aos argumentos dos pensadores verdes de que a busca do crescimento econômico nos países ocidentais ricos não produziu os benefícios que poderiam garantir sua adoção como um modelo para o desenvolvimento em todo o mundo. É como se ela acreditasse que, enquanto a busca do crescimento econômico nas sociedades ocidentais avançadas pode ter tido algumas conseqüências ambientais desafortunadas, no sentido amplo alcançou o que era esperado dela, e quaisquer problemas sociais que as sociedades ocidentais possam ter provêm de outras causas. É difícil imaginar o que sustenta tal crença. O crescimento econômico maciço alcançado em toda a Europa ocidental nas últimas décadas não resolveu a questão do pleno emprego e mostra poucos sinais de que irá resolvê-la. Ao contrário, o desemprego a longo prazo aumentou de maneira consistente, e está em torno de 12% da força de trabalho em grande parte da União Européia. Além disso, aqueles bastante afortunados por estarem hoje empregados experimentam na memória uma sensação de insegurança no emprego. Como muitos críticos – como John Kenneth Galbraith, com sua concepção de uma cultura de conteúdo composta de uma maioria afluente e uma *underclass* submersa e abandonada – Bramwell não apresenta um relato adequado da nova insegurança da classe média, que já é um fator relevante na vida política de toda a Europa ocidental. Onde o desemprego estrutural em grande escala tem sido evitado por políticas que visam ao máximo de flexibilidade no mercado de trabalho, como nos Estados Unidos, isso tem ocorrido à custa de rendas declinantes para muitos e de níveis de colapso da comunidade e criminalidade endêmica, sem paralelos em nenhum outro país desenvolvido. O pensamento de que a constante mobilidade demandada pelas instituições de mercado livre pode – mediante sua tendência para dissolver as comunidades locais – estar implicada no aumento da criminalidade não é considerado no livro de Bramwell. A idéia de que, por mais impraticáveis que pareçam agora, as propostas verdes para relocalizar uma dimensão importante da atividade econômica nas sociedades avançadas pode, a longo prazo, ser a única maneira de podermos esperar assegurar a sobrevivência e evitar o desemprego a longo prazo para muitas pessoas que nelas vivem, não é seriamente discutida. Nisto, Bramwell é fiel à sabedoria convencional dos partidos majoritários em todos os países ocidentais, segundo os quais a globalização é uma necessidade inevitável para a qual não há alternativas realistas.

Nos últimos anos, temos testemunhado a reemergência de temas biológicos e darwinianos no pensamento social, talvez mais notavelmente em voga para a sociobiologia entre elementos da Direita americana. Isso é um pouco paradoxal, pois o modo de explicação preferido para o neoliberalismo americano tem sido sempre econômico. É difícil perceber como a tese de *The Bell Cur-*

ve, de autoria de Charles Murray e do falecido J. Hernstein, segundo a qual algumas das mais importantes desigualdades na sociedade norte-americana refletem a distribuição genética da inteligência, pode corresponder àquela do livro anterior de Murray, *Losing Ground*. Este último era um exercício de reducionismo econômico, que defendia que a *underclass* na América – e, sem dúvida, em qualquer outro lugar – era um produto das instituições previdenciárias que criaram incentivos perversos em relação ao trabalho e à vida familiar. Quaisquer que sejam suas imperfeições e descuidos – incluindo a grande omissão de evidências com respeito aos países europeus, como Alemanha e Áustria, que havia muito tinham instituições previdenciárias extremamente desenvolvidas sem produzir nada remotamente parecido com uma *underclass* do tipo norte-americano –, a abordagem econômica adotada na primeira obra de Murray pelo menos tinha o mérito de não explicar os transtornos locais da sociedade norte-americana por características gerais e inalteráveis da biologia humana.

É à surpreendente, e talvez agourenta, recrudescência do biologismo na teoria social recente que Andrew Ross dedica alguns dos capítulos mais interessantes de seu extenso livro *The Chicago Gangster Theory of Life*. Ross faz algumas críticas sagazes e espirituosas às recentes excursões de cientistas naturais na sociobiologia, como os escritos de Richard Dawkins sobre o gene egoísta, do qual deriva a comparação do egoísmo do gene com o comportamento de um bem-sucedido gângster de Chicago. No entanto, seu livro é arruinado pela defesa da menos atrativa de todas as formas de pensamento ecológico – a tradição de "pós-escassez" da ecologia social anarquista mais comumente associada com Murray Bookchin – e por sua conseqüente negligência das fontes dos principais conflitos sociais em relação à escassez de recursos que não são criados por instituições más ou injustas. Ao lado do maoísmo, o Islã fundamentalista e o catolicismo conservador, o libertarismo do livre mercado de Herbert Spencer e F. A. Hayec e o otimismo tecnológico de Herman Kahn ou Julian Simon, o anarquismo pós-escassez apregoa que, dadas as tecnologias existentes e em perspectiva, não há limitações naturais insuperáveis para o crescimento da população humana, e nenhuma forma de escassez de recurso que não possa ser superada por inovação científica e mudança institucional.

Esta concepção prometéica das relações da espécie humana com o mundo natural é endossada por Martin Lewis em *Green Delusions*. Embora reconhecendo que a escassez natural constrange as aspirações sociais e políticas humanas, e afirmando que o controle da população humana é condição necessária de qualquer futuro que seja sustentável e tolerável, Lewis defende um "ambientalismo prometéico" que só se distingue daquele de Ross por seu tom moderado e antiutópico. Não obstante, em argumento completamente pragmático, desenvolto e empírico, Lewis abraça as doutrinas mais radicais do humanismo científico, incluindo a idéia de que a diversidade biológica e a estabilidade ecológica devem ser alcançadas não – como poderia supor uma perspectiva menos arrogante – pela moderação das reivindicações humanas na terra, mas por uma "administração ativa do planeta". Como a maioria dos autores que abordam questões ambientais, Lewis não aceitou a humildade das pretensões e esperanças humanas, que é a principal lição do pensamento verde em suas formas mais profundas e mais desafiadoras.

As principais ameaças aos ambientes humanos e naturais que enfrentamos no presente não são tratadas por nenhum desses livros. Elas provêm, por um lado, do projeto de transformar as diferentes sociedades e culturas do mundo em um único mercado que está expresso nos acordos do GATT sobre o livre comércio global. Pois, removendo o comércio de qualquer possibilidade de controle político e responsabilidade social, o projeto do GATT efetivamente consegue a sobrevivência das culturais locais e regionais do mundo, à medida que elas estão incorporadas em sobrevivências e formas de atividade econômica distintas, contingentes da prosperidade de um único mercado global.

Isto constitui uma ameaça à diversidade cultural humana, que talvez seja maior, e não tão bem percebida, do que qualquer uma que tenha existido até agora, pois expõe as comunidades e as culturas de todo lugar à revolução permanente de instituições do livre mercado global. A ameaça aos nossos ambientes naturais e culturais surge, por outro lado, da transformação da guerra por novas tecnologias e por novas formas de fragmentação do Estado. Na última geração, a guerra foi transformada, pelas novas tecnologias, de um conflito entre Estados em um conflito entre populações humanas, no curso do qual ambientes inteiros podem ser destruídos. Além disso, tais tecnologias estão disponíveis em um mundo cada vez mais anárquico e em grande parte dele os Estados foram fraturados ou destruídos por conflitos étnicos e religiosos. É essa combinação de mercados globais descontrolados com a desintegração do Estado em muitas partes do mundo que constitui a maior ameaça à integridade do ambiente. Tivemos um vislumbre do que poderia nos aguardar na Guerra do Golfo, com sua matança computadorizada e terrorismo ecológico. A perspectiva que podemos enfrentar é a de guerras, freqüentemente ocasionadas por conflitos sobre recursos naturais escassos, supondo uma destruição sem paralelos, enquanto populações humanas florescentes devastam a terra e as culturas locais são desoladas pelo movimento incessante das forças do mercado global.

7
O que a comunidade não é?

A hegemonia neoliberal britânica está acabada. O fracasso manifesto das políticas econômicas que a inspiraram destruiu bastante a credibilidade da teoria neoliberal. As limitações e os erros do sistema de idéias superficial e estrito que inspirou a política pública durante toda a década de 1980 e grande parte da década de 1990 estão ampla e claramente evidentes na maior parte da cultura pública britânica. Exceto no Partido Conservador, em que parece decidido a expulsar os remanescentes do toryismo tradicional e pode atingir durante algum tempo um domínio mais completo do que jamais conseguiu antes, o neoliberalismo é uma ideologia morta. Não obstante, é um erro fundamental imaginar que a batalha intelectual contra a Nova Direita teria sido completa ou irreversivelmente ganha. Até agora o declínio do consenso neoliberal não foi acompanhado pela ascensão de nenhum sucessor para ele. Nós nos encontramos em um interregno intelectual inquietante. A última coisa de que precisamos na Grã-Bretanha agora é qualquer reprodução na Esquerda da ideologia neoliberal fechada que nos levou à situação atual.

Mas um período de mudança ideológica tem riscos políticos reais. O perigo talvez seja que a Nova Direita ainda pode desfrutar de outro espaço no poder após os fracassos políticos ou econômicos do Partido Trabalhista no governo. Nessas circunstâncias, o risco é que o discurso comunitarista seja apropriado pela Direita como um dispositivo para legitimar uma segunda onda de políticas econômicas neoliberais. O exemplo do gingrichismo nos Estados Unidos, em que a aderência doutrinária ao livre mercado tem sido ligada ao fundamentalismo cultural, sugere que tal perigo não é meramente teórico.

Precisamos ter clareza quanto ao que a comunidade pode, e não pode, significar para nós na Grã-Bretanha de hoje. Não há valor abrangente da comunidade que todos os movimentos políticos possam razoavelmente simular apoiar. As concepções de comunidade, e de políticas públicas que visem a promovê-la, vão variar radicalmente segundo os projetos políticos que expressam. O projeto da Velha Direita, que era restaurar as hierarquias tradicionais na vida social, patrocinava formas de comunidade que negavam a autonomia individual. O projeto da Nova Direita, que é legitimar as desigualdades econômicas provenientes de instituições de mercado livre, vai defender apenas as formas de vida em comum, que de modo algum requerem para sua renovação restrições ao livre mercado. As concepções de comunidade que esses projetos expressam podem ser coerentes e defensáveis em seus próprios termos, mas definitivamente negam o que a demanda das necessidades humanas em uma sociedade pluralista modesta tardia como a Grã-Bretanha impõe hoje. Do que carecemos são instituições comuns, que satisfazem as necessidades humanas permanentes de participação e segurança sem comprometer a diversidade cultural que a nossa sociedade contém. Essas instituições não podem ser promovidas por nenhum projeto da Direita. A falta de clareza neste ponto fundamental deixa o discurso da comunidade ao alcance de qualquer um.

A mudança para uma maneira comunitarista de pensar deve ser bem recebida como um primeiro passo na formação de um sucessor para a ideologia neoliberal. O pensamento comunitarista funciona como um corretivo útil para os principais erros da Nova Direita. Ele identifica três ilusões incapacitantes na ideologia neoliberal. A primeira diz respeito à natureza do ser humano. No pensamento neoliberal, a sociedade era teorizada como forma apressada de intercâmbios múltiplos entre os indivíduos, considerados os fatos naturais primordiais sobre os quais a vida da sociedade se sustenta. As instituições históricas eram entendidas como meios para a realização dos propósitos destes indivíduos. A própria sociedade era pouco mais do que uma associação voluntária desses indivíduos. Quando havia a presença do governo na ideologia neoliberal, ele era principalmente um obstáculo às liberdades da associação voluntária entre esses indivíduos. As instituições intermediárias, que na Grã-Bretanha e em outros países europeus durante muitos séculos se colocaram entre os indivíduos e o Estado, figuravam neste quadro neoliberal principalmente por sua ausência nele.

O segundo erro neoliberal foi sua percepção inadequada dos mercados. O pensamento neoliberal privilegiava os mercados sobre todas as outras instituições sociais porque o mercado era visto como a mais pura incorporação da liberdade humana. Os mercados eram a expressão de escolha humana irrestrita. Qualquer interferência neles era uma interferência na liberdade humana. Para todos os propósitos práticos, o mercado *era* a liberdade individual. A tarefa dominante do governo era preservar e ampliar as liberdades dos indivíduos nos mercados, especialmente aquelas que eles exercem como consumidores. Se houvesse uma teoria política neoliberal, ela consistiria em uma concepção da liberdade individual como uma espécie de escolha do consumidor junto com uma teoria do Estado, como veículo para proteger os cidadãos dos interesses do produtor. A implicação – que a política pública neoliberal não era lenta para pôr em ação – era que a atuação do Estado aumentava a liberdade quando, ou apenas quando, estendia o mercado para toda a sociedade. À medida que as instituições do Estado promoviam o mercado, também promoviam a liberdade, por mais dominantes que pudessem ser em outros aspectos. Não se pode dizer, mesmo do ponto de vista dos próprios neoliberais, que a associação familiar da política pública liberal com a centralização no governo era totalmente acidental. Ela expressava seu desprezo pelas liberdades de expressão e participação, e sua crença de que proteger as liberdades de saída exercidas pelos consumidores nos mercados era a principal responsabilidade do Estado.

O terceiro erro do pensamento neoliberal foi sua negligência quanto à reciprocidade e à eqüidade como condições de coesão social. Suponha-se que a produtividade dos livres mercados fosse suficiente para garantir a estabilidade na sociedade. A preocupação com a eqüidade era condenada como um grilhão na eficiência do mercado. A justiça social era uma miragem perigosa. Nossos deveres um com o outro eram mínimos e quase inteiramente negativos. A vida ética da sociedade era incorporada no reconhecimento mútuo dos direitos, e não em uma aceitação recíproca dos deveres e direitos. Na verdade – e isto estabelece o que talvez seja a principal ilusão do neoliberalismo – as liberdades do mercado eram concebidas como autojustificadas. Onde o pensamento neoliberal se engajava com a questão de como o livre mercado deveria manter a legitimidade popular nas democracias, ele produzia apenas a reivindicação de que a legitimidade fosse assegurada para as instituições do livre mercado por sua (suposta) produtividade superior. Os aspectos problemáticos de tentar assegurar a aceitação popular do livre mercado onde suas atividades são hostis à coesão social não eram considerados.

Disseminada por todo o pensamento comunitarista pode ser encontrada uma crítica incisiva a essas balelas e ilusões neoliberais.¹ Seguindo uma longa série de críticos do individualismo, como Hegel e Herder, e neoliberais como Hobhouse, Bosanquet e T. H. Green, os pensadores comunitaristas rejeitam a visão de que a vida da sociedade pode ser entendida como um produto de escolhas individuais. Os humanos são *au fond* seres sociais. Nascemos em famílias não escolhidas. Nossas identidades são moldadas pelas histórias das famílias em que nascemos e pelas línguas que aprendemos a falar. Queiramos ou não, nascemos com um patrimônio de memória histórica. A concepção básica da teoria neoliberal – a idéia do escolhedor individual independente – é uma ficção. Não existe "o indivíduo" (ou, nesse caso, "o mercado"). A realidade são homens e mulheres de carne e osso, cujas identidades e escolhas só são possíveis porque articulam (e por isso freqüentemente alteram) as formas comuns de vida social. As instituições sociais não são meros meios para atingir fins escolhidos pelos indivíduos. São expressões de continuidade na sociedade, em cuja ausência as vidas dos indivíduos perdem significado e se tornam empobrecidas.²

Os comunitaristas também rejeitam a visão neoliberal dos mercados. "O mercado" é uma instituição cultural e legal imensamente complicada, cujas formas variam de sociedade para sociedade. Os mercados podem servir à liberdade humana, mas podem também facilmente negá-la. O mercado em si não dá nenhuma contribuição à autonomia humana. Em um entendimento liberal, de qualquer modo, o mercado promove a liberdade individual apenas à medida que as pessoas chegam até ele equipadas com as habilidades, os recursos e as opções necessários para

---

1 As melhores declarações filosóficas de uma perspectiva comunitarista permanecem sendo *After Virtue* (1980), de Alasdair MacIntyre, e *Liberalism and the Limits of Justice* (1981), de Michael Sandel. Tanto quanto eu sei, nenhum destes escritores tem qualquer conexão formal com o comunitarismo como um movimento.

2 Este foi um insight preservado na filosofia conservadora, antes que desaparecesse na hegemonia neoliberal. Para uma interpretação do desapareci-

uma vida autônoma.[3] Isso pressupõe não somente a capacidade individual para uma escolha efetiva, mas também um leque razoável de opções que valham a pena. Se a função do mercado é servir a autonomia das pessoas, ele deve estar incorporado em instituições consideradas justas e cercado pelas opções garantidas por uma cultura pública rica. Na ausência dessas condições – como, talvez, na Rússia pós-comunista – o mercado é um instrumento de não-liberdade e exploração. O sistema econômico que permite o mercado nessas circunstâncias não será por muito tempo aceito pelo povo como politicamente legítimo.

É este reconhecimento de que "o mercado" não é uma instituição independente que leva os pensadores comunitaristas a se concentrarem na aceitação de deveres recíprocos como a precondição da liberdade na sociedade. Uma cultura de individualismo possessivo é uma forma de vida inconsistente e superficial demais para sustentar durante muito tempo as instituições. Os livres mercados só serão politicamente legítimos se suas atividades satisfizerem os padrões comuns de eqüidade. A longo prazo, a eficiência econômica, a eqüidade percebida e a coesão social não são alternativas reais. (Esta talvez seja a verdadeira lição dos tigres do Leste Asiático.) Eles não são valores conflitantes entre os quais somos obrigados a escolher, mas bens que se apóiam mutuamente. Quando a eficiência econômica e a coesão social puxam em direções opostas, esse conflito é uma herança da política pública não inteligente. No período neoliberal, essa política era moldada na ilusão de que as pessoas podiam buscar seu interesse econômico próprio à custa de seus interesses como seres sociais – como pais, amigos, amantes ou vizinhos. Este

---

mento do pensamento conservador tradicional, ver meu *The Undoing of Conservatism*, reimpresso como o capítulo 7 do meu livro *Enlightenment's Wake*.

3 Tentei determinar como os mercados ao mesmo tempo servem e negam a autonomia individual em *The Moral Foundations of Market Institutions* (1992), republicado em *Beyond the New Right*, capítulo 3.

quadro dos seres humanos, e da liberdade individual, era fundamentalmente equivocado. A liberdade individual não é uma espécie de escolha do consumidor. É um bem público que expressa a forma comum da vida ética.[4] Estes insights comunitaristas são corretivos valiosos contra os principais erros do pensamento neoliberal. Eles me sugerem que o atual pensamento comunitarista é mais bem entendido como uma reforma da teoria liberal. É claro que o pensamento comunitarista tem precursores de destaque, ou exemplares, entre socialistas éticos como R. H. Tawney. Exemplifica uma tradição intelectual e política de crítica do individualismo abstrato que é bem mais antiga e mais profunda que as críticas recentes de Rawls. Entretanto, no contexto das duas décadas passadas, o pensamento comunitarista é uma resposta à concepção do escolhedor individual soberano que foi apresentado, ou pressuposto, no pensamento liberal recente tanto da Esquerda quanto da Direita. O pensamento comunitarista pretende libertar o liberalismo não somente dos erros da Nova Direita, mas também, e igualmente, do legalismo e do individualismo abstrato do mais recente pensamento igualitário liberal de esquerda, particularmente aquele da escola rawlsiana americana dominante. Se o pensamento comunitarista contém uma crítica poderosa da pobreza do entendimento libertário da liberdade individual como uma espécie de escolha multivalente do consumidor, também abrange uma crítica do projeto liberal de esquerda de teorizar intuições sobre a eqüidade em termos de uma abrangente "teoria da justiça". Como eu o entendo, o pensamento comunitarista concebe a eqüidade não como a aplicação de princípios gerais derivados de qualquer teoria da justiça, mas como a distribuição de bens sociais de acordo com o entendimento comum que

---

4 Desenvolvi estas críticas comunitaristas do neoliberalismo de forma mais abrangente e sistemática em meu panfleto *After Social Democracy* (1996), republicado como o Capítulo 2 deste livro.

temos deles. Ele pressupõe que estes entendimentos comuns variam, de um domínio ou contexto para outro em qualquer sociedade, e, talvez mais radicalmente, de uma sociedade para outra. O projeto de uma teoria da justiça universal, que inspira grande parte da teoria liberal recente, é rejeitado nesta perspectiva comunitarista. Um projeto desse tipo é, na verdade, pouco mais que outro resíduo do individualismo abstrato. Por isso, uma maneira de pensar comunitarista vai ser banida tanto do liberalismo igualitário quanto do neoliberalismo libertário. Ele abrange uma revisão do pensamento liberal que é de muito longo alcance e – a meu ver – demasiado atrasada.

Mas o pensamento comunitarista será infrutífero ou danoso caso se engaje em qualquer projeto de apoio às formas tradicionais da vida social ou de recuperação de qualquer consenso cultural passado. Em suas aplicações a uma sociedade moderna tardia como a da Grã-Bretanha contemporânea, o pensamento comunitarista deve aceitar a profunda diversidade de estilos da vida como uma precondição necessária ao cultivo de uma cultura comum mais rica. O pensamento comunitarista recente, especialmente o que é muito influenciado pelas condições e pelos interesses americanos, com freqüência opera com uma idéia de comunidade que é inexeqüível e perigosa em nossas condições históricas. Para nós, a comunidade não pode ser uma receita para retornar a uma sociedade face a face desvanecida, para recuperar formas perdidas de unidade social "orgânica", ou para empreender uma guerra cultural contra um risco percebido de colapso social iminente. Não pode ser um chamado para regeneração moral que ignore as maneiras em que, na ausência da política pública inteligente, os livres mercados podem enfraquecer a coesão social. Isso é o que a comunidade *não é*, e não pode ser, para nós. Entre nós, comunidade significa o cultivo de instituições comuns, nas quais pessoas de diferentes tradições e práticas podem coexistir em paz. Significa reformar as principais instituições do livre mercado para que elas sejam mais receptivas às necessidades vitais humanas de segurança e autonomia. Significa prevenir a exclusão social, permitindo que todos participem da economia produtiva. Significa desenvolver instituições compensadoras ou complementares àquelas do mercado, que estimulam uma vida comum em que as atividades dos mercados correm o risco de aumentar a exclusão. Está preocupada em planejar uma estrutura comum de instituições em que diversas comunidades possam viver, e não com um ideal qualquer de comunidade única, totalmente abrangente.

O interesse na autonomia – em ser parte e autor da própria vida, tendo um leque de opções que valham a pena entre as quais se escolhe a si mesmo – é penetrante e urgente na Grã-Bretanha moderna tardia. Isso está expresso em grande parte do discurso atual sobre insegurança. É este mesmo interesse na autonomia, que agora está atuando em todo tipo de instituições tradicionais, que vai derrubar qualquer política comunitarista que busque um retorno aos modos anteriores de vida social ou familiar. Os indivíduos modernos tardios – como a maioria de nós – não vão aceitar espontaneamente as hierarquias e formas de subordinação, juntamente com os modos de exclusão e ausência de opções, que sustentavam as instituições e formas sociais tradicionais. Nenhum desses *projetos de retorno* às formas sociais do passado – seja sua proveniência tradicionalista-conservadora ou ético-socialista – tem alguma chance de prevalecer sobre a ubíqua demanda moderna tardia de autonomia individual. Mais especificamente, qualquer projeto comunitarista de "volta ao básico" se arrisca a ter um destino tão ignominioso e ridículo quanto aquele baseado no fundamentalismo familiar e cultural com o qual brincou, breve e desastrosamente, o governo de Major em 1993. Esse comunitarismo fundamentalista não oferece nada à maneira como as necessidades humanas permanentes de formas de vida comuns devem ser satisfeitas em um contexto cultural marcado por profundas diferenças nas visões de mundo e nos estilos de vida e pela demanda de autonomia individual. Não confronta a questão de como a diversidade das tradições culturais pode ser acomodada nas instituições comuns. Mas isto deve ser certamente classificado como um dos dilemas da época.

Uma falta grave de grande parte do pensamento comunitarista recente foi negligenciar o impacto da mudança econômica na estrutura moral da sociedade. Particularmente na América, o pensamento comunitarista foi enfraquecido por uma subestimação das maneiras em que as atividades do livre mercado podem frustrar as necessidades humanas de relacionamentos e ligações duradouros. Isso pode acontecer mediante o imperativo da mobilidade desimpedida exercida sobre os indivíduos e as famílias nos mercados de trabalho desregulados. Considero este um dado das nossas circunstâncias históricas, ou seja, que os ideais de comunidade no local de trabalho da Velha Esquerda foram subvertidos por inovações tecnológicas e por novos modos de produção insuficientes. Qualquer forma de comunidade no local de trabalho que seja moldada na produção em massa, ou que pressuponha qualquer coisa parecida com "empregos para a vida toda", é insustentável nas atuais circunstâncias e naquelas previstas. Ao mesmo tempo, o pensamento comunitário sugere que os negócios não serão produtivos a longo prazo se as companhias deixarem de funcionar como instituições sociais e se tornarem apenas veículos descartáveis para lucros do acionista. A idéia de que as companhias não são nada além de cestas de contratos individuais é apenas outra herança infeliz do período neoliberal. A política pública inteligente não vai buscar, para reforçar a segurança no emprego, impedir o fluxo da inovação tecnológica, ou voltar para as antigas formas de produção industrial. O que ela vai buscar são termos de engajamento dentro do trabalho que reconcilie, melhor do que tem sido conseguido até agora na Grã-Bretanha ou em qualquer outro lugar, as necessidades dos empregados para um maior controle do risco econômico em suas vidas a fim de que possam planejá-las autonomamente, e para terem um ambiente de trabalho pautado por uma cultura de confiança, com a necessidade de gerenciamento para conseguir competitividade internacional pela melhora da produtividade. Nem a versão deformada do modelo anglo-saxônico de empresa comercial que herdamos do período thatcherisa, nem nenhuma das variedades do modelo europeu continental conseguiu esta reconciliação.

O pensamento comunitarista precisa se engajar com a política econômica, pois isso afeta as necessidades das pessoas no trabalho e também aquelas da população crescente que está excluída do trabalho. Em minha opinião, isto não pode significar nenhuma reversão às concepções da comunidade preservada em socialismo clássico ou democracia social. Isso seria uma versão da Esquerda do projeto comunitarista de retorno. As sociedades modernas tardias e pós-modernas estão demasiado sufocadas pela demanda individualista de maior autonomia para essas concepções serem ainda exeqüíveis ou desejáveis. O que isso significa é a reforma das instituições capitalistas que herdamos para torná-las mais receptivas às necessidades humanas vitais. A instituição da manutenção do emprego com que estamos familiarizados pode não ser a melhor organização da atividade econômica individual em uma época em que, devido a novas tecnologias de informação, a divisão de trabalho tornou-se mais variável do que jamais antes. Não foi só um emprego para a vida toda que acabou, mas também – e talvez mais importante – uma vocação para a vida. No futuro disposto a fazer um *reskilling*, talvez mais de uma vez em sua vida ocupacional, não somente para se manter a par das mudanças em uma profissão, mas também para substituí-la quando a tecnologia a houver destruído. Mas é inútil supor que a maioria de nós pode se transformar de defensores do emprego em pessoas com pasta na mão, sem a assistência da política pública bem habilitada. Eis uma tarefa para as instituições do Estado, em colaboração com os negócios, que só pode crescer em importância no futuro previsível.

As instituições do livre mercado são destruidores potentes. Elas destróem não só as indústrias mortas, mas também as moralidades obsoletas. A tarefa do pensamento comunitarista no período pós-socialista é procurar outras formas de reconciliação das atividades do livre mercado com as necessidades humanas – para maior controle das nossas vidas de trabalho, por exemplo – que a tradição socialista procura defender. O pensamento comunitarista deve se concentrar em cultivar as instituições comuns que satisfaçam estas necessidades. Seus débitos com o passado devem ser leves, ou será melhor servir às agendas de visão retrógrada da Nova Direita ou da Velha Esquerda.

8
Berlin, Oakeshott e o Iluminismo

É difícil pensar em dois escritores mais claramente diferentes do que Michael Oakeshott e Isaiah Berlin. O estilo bem delineado, poético e quase hermético de Oakeshott, em que seus débitos com outros pensadores são escrupulosamente eliminados e uma abstenção lacônica de qualquer consideração do contexto histórico de seu pensamento impede que o leitor perceba a personalidade e as intenções do autor, contrasta agudamente com a prosa cintilante e discursiva de Berlin, com sua abundância de referências históricas e sua cativante verve coloquial. Mas as diferenças claras e reais entre os dois escritores não são apenas, ou mesmo principalmente, diferenças de estilo. Eles tomam caminhos diferentes em quase todas as questões de substância política e filosófica. Se Berlin permanece sempre um homem do Iluminismo, um seguidor de Hume e de Condorcet em seu compromisso com o questionamento racional, por mais qualificado ou mesmo ambíguo que seja o endosso de seus projetos e esperanças, Oakeshott pertence àquela tradição cética, e às vezes fideísta, a qual de maneiras distintas tanto Montaigne quanto

Pascal pertencem, e a qual em Kierkegaard encontra sua plena expressão como uma crítica à criação de sistema hegeliana, que se coloca contra qualquer projeto do Iluminismo de reconstruir a vida prática – incluindo a vida religiosa e moral – baseada na razão. E, é claro, embora Berlin tivesse sido sempre um homem da Esquerda liberal, Oakeshott jamais esconde que suas simpatias estavam com a Direita – ainda que não fosse de modo algum fácil especificar que tipo de pensador da Direita ele era.

Tais diferenças entre os dois pensadores não são ilusórias nem superficiais; são genuínas e profundas. Não é parte de minha discussão aqui, nem acredito, que em algum nível profundo Oakeshott e Berlin estivessem de acordo. Não obstante, os dois escritores compartilham posições comuns em uma série de questões filosóficas, que os colocam à parte das ortodoxias de seu lugar e de seu tempo. Ambos rejeitam a crença positivista de que um modo de discurso – o da ciência, digamos – pode atuar como critério de adequação para todos os outros; são ambos pluralistas, insistindo em uma diversidade irredutível de formas de pensamento e prática. Além disso, têm compromissos filosóficos comuns – mais particularmente, um compromisso comum com a própria "filosofia" – que situam e limitam seu pensamento, e ao mesmo tempo enfraquecem a força da crítica que cada um deles faz à principal tradição intelectual ocidental. Na verdade, podemos aprender tanto com essas limitações comuns de seus escritos quanto com os insights que eles compartilham.

É interessante notar que as limitações peculiares a cada pensador não são aquelas que os leitores pouco familiarizados com seus escritos poderiam esperar. Uma fragilidade fundamental do pensamento de Oakeshott é sua consideração formalista da autoridade política – uma consideração que, negligenciando as maneiras em que as políticas expressam e dependem de identidades culturais particulares e de suas histórias, tem todos os pontos cegos das formas mais a-históricas e racionalistas do individualismo e do liberalismo, de Hobbes e Kant em diante. Em contraste, encontramos na obra de Berlin – a obra de um autor que foi sempre um liberal – uma crítica bem mais incisiva e subversiva às formas derivadas do liberalismo do que qualquer coisa que possa ser captada de Oakeshott, crítico confesso da teoria liberal. Ao mesmo tempo, talvez refletindo a não-admitida influência que exerceu sobre ele o pensamento posterior de Wittgenstein e de Heidegger, há em Oakeshott – o defensor da tradição – um afastamento mais abrangente (embora em aspectos cruciais ainda incompleto) da tradição intelectual básica, helenista, do "Ocidente", que pode ser encontrada explicitamente no corpo principal dos escritos de Berlin. Esses contrastes inesperados são apenas algumas das ironias e paradoxos instrutivos que surgem de uma avaliação comparativa dos escritos da estranha dupla.

Tanto Oakeshott quanto Berlin são fortes críticos do "racionalismo"; mas o que eles entendem por racionalismo é muito diferente, e tal diferença é transmitida em suas diversas e diferentes razões para rejeitar o projeto do Iluminismo – "o projeto", como sublinhou Alasdair MacIntyre, "de uma justificação racional independente da moralidade"[1] – e para seu distanciamento comum das tradições intelectuais ocidentais básicas. A rejeição de Oakeshott do racionalismo – o racionalismo que ele já considera "uma moda intelectual na história da Europa pós-Renascença",[2] articulado nos escritos de Bacon e Descartes, mas que ele remonta a fontes mais antigas, estendendo-se até Parmênides e Platão – é uma aplicação de sua consideração do conhecimento, em que a teoria é uma espécie de destilado da prática. Se, para Oakeshott, todas as formas de conhecimento são no fundo práticas, a ilusão de racionalismo está na suposição de que técnicas ou regras podem suplantar as intimações da vida prática: na verdade, para Oakeshott, "racionalismo" é essa

---
1 *After Virtue*, de MacIntyre, p.38.
2 *Rationalism in Politics* (1977), de Michael Oakeshott, p.13.

ilusão. É essa afirmação da primazia da prática que apóia sua crítica da "ideologia", que é o tratamento – na vida política, por exemplo – de incidentes na prática como "princípios" independentes, tendo a autoridade para governar ou para condenar a vida prática. Assim, os "princípios" sobre "liberdade", "consentimento", "igualdade" ou "direitos", princípios do tipo que o próprio John Locke pode ter imaginado formular em seus escritos políticos, são sumários ou destilados de uma tradição de atividade prática – a tradição inglesa da política que Locke, talvez inconscientemente, resumiu. Do mesmo modo, para Oakeshott, qualquer consideração do "método científico" só pode ser uma abreviação, necessariamente incompleta e invariavelmente um pouco distorcida, de um idioma particular de atividade prática. Não pode haver uma "filosofia da ciência", do tipo projetado por Popper, digamos, contendo uma "teoria" que formula uma "lógica" da "descoberta científica".[3] Se pudermos recorrer a uma metáfora doméstica do tipo que ele tanto gostava, poderemos dizer que, para Oakeshott, a teoria não é a mãe severa da prática, mas sua humilde enteada.

A consideração de Oakeshott da primazia da prática, sejam quais forem suas incoerências particulares e seu fracasso em reconhecer suas afinidades com outras considerações semelhantes – em Heidegger, no posterior Wittgenstein, em C. S. Peirce e outros – é um profilático valioso contra a ilusão de que a vida prática – a vida moral e política, por exemplo – pode estar sujeita à autoridade de qualquer teoria ou princípio. O insight de Oakeshott é que o conteúdo desses princípios em geral se trans-

---

3 O projeto positivista de uma "lógica do método científico", aplicável tanto ao estudo da sociedade humana quanto à física ou à química, foi um projeto que jamais Popper abandonou. As conversas com Hayek e Popper, cujas visões filosóficas são freqüentemente agrupadas, me sugerem que suas diferenças eram bem maiores do que qualquer um deles estava pronto a admitir publicamente. Hayek estava muito mais próximo de Oakeshott em sua rejeição de qualquer "método" unitário para a "ciência".

forma em um resumo, inevitavelmente empobrecido pelo processo de abstração que ele produzia, de passagens na miscelânea da vida de prática. E a vida de prática não é eterna; é a criatura da mudança e do acaso, e as práticas que aumentam e diminuem nela são todas realizações históricas. Contudo, mais particularmente talvez em suas aplicações à vida moral e política, a consideração de Oakeshott apresenta suas dificuldades, algumas delas fatais, que são de direta relevância para a crítica do racionalismo de Berlin, totalmente diferente. Todas essas dificuldades podem ser resumidas na negligência de Oakeshott da diversidade e do conflito entre (e para essa questão, dentro) tradições da atividade prática, em especial tradições morais e políticas.

A análise deflacionária dos princípios políticos de Oakeshott como resumos de práticas históricas concretas é extremamente poderosa quando aplicada de modo destrutivo à tradição kantiana de teorizar que é exemplificada na filosofia política real muito recente, nos escritos de Rawls, Dworkin e outros dessa escola. É muito menos que isso se supostamente nos direciona para uma fonte de conhecimento tradicional inequívoco na vida pré-teórica da sociedade. Pois o fato é que muitas sociedades não têm uma tradição única, dominante ou hegemônica de atividade política, mas contêm várias, que disputam pela supremacia. Isso acontece na França, na Espanha, na Alemanha, na Itália, na Polônia e na Hungria, que abrigam não uma, mas duas ou mais tradições de atividade política. (Na França, a vida política é até agora inspirada por atitudes conflitantes em relação à Revolução, há e têm havido poderosos partidos antiliberais, e os remanescentes dos movimentos socialistas de massa exercem uma influência política continuada; na Hungria, a prática política no período pós-comunista mostra muitas continuidades com sua história pré-comunista, com as tradições democráticas sociais em competição com as tradições nacionalistas; e assim por diante.) Na verdade, isso acontece em praticamente todos os países europeus, com exceção da Grã-Bretanha.

Oakeshott é capaz de escrever como se pudesse haver recurso para uma única tradição básica de prática política da qual a teorização apresenta mais destilados apenas porque ele está tratando do exemplo britânico – ou, para ser mais preciso, do exemplo inglês –, como se houvesse um paradigma da experiência política. Em termos históricos, parece-se muito mais com uma singularidade – uma cultura política dominada, de qualquer forma, do século XVII em diante, por uma tradição whiggish da atividade política que tem sido recorrentemente bem-sucedida na marginalização de quaisquer rivais que possam ter aparecido de tempos em tempos. A instabilidade e a informalidade da Constituição britânica, sua regra por convenção e precedentes, a ubiqüidade – pelo menos até muito pouco tempo[4] – de entendimentos tácitos quanto ao papel do Estado na vida social – essas são singularidades da experiência política inglesa da qual podem ser derivadas poucas verdades gerais, se é que alguma, sobre a vida política. Mas o tratamento de Oakeshott da ideologia na vida política como uma ingenuidade produzida por uma teoria errônea do conhecimento, onde ela não é mera patologia, depende do postulado de uma única tradição de atividade política que pode proporcionar a orientação que a ideologia ou a teoria falsamente prometem. A realidade – mesmo na Grã-Bretanha contemporânea, tendo em vista os entendimentos ideológicos importados do thatcherismo, de governo mínimo cuja matriz histórica era mais americana do que européia – é aquela de várias tradições ou práticas concorrentes na vida política, cada uma delas pautada e inspirada (embora – como insiste corretamente Oakeshott – não governada) por idéias cujas fontes estão com freqüência no dis-

---

4 A importância do "thatcherismo" pode ter sido como uma tentativa de impor um novo estilo ideológico americano à vida política na Grã-Bretanha. O fato de ter fracassado nisso, embora ainda tendo conseqüências irreversíveis para a cultura política britânica, está discutido em "A Estranha Morte da Inglaterra tory" (Capítulo 1 deste livro).

curso "teórico". O caráter reconhecidamente não-ideológico da vida política na Inglaterra é mais bem descrito em termos da hegemonia de uma tradição política única – whiggish, burkeana ou, mais tarde, liberal (incluindo socialista-liberal, Millian ou Fabiani) –, e de suas idéias políticas resultantes.

Um modo de estabelecer a fragilidade da consideração de Oakeshott da vida política é dizer que ele é provinciano; outra, é dizer que ele negligencia a porosidade da distinção entre teoria e vida prática, e as muitas maneiras em que o novo discurso teórico pode alterar a prática, e até gerar novas práticas. (Pense nas maneiras em que a vida moral contemporânea tem sido alterada pela presença nela de idéias que vêm da prática da psicanálise – ela própria em parte produto de uma teoria que se moldou na autoridade da "ciência médica".) Provavelmente, a maneira mais simples de estabelecer a fragilidade não é apontar a incongruência da idéia da vida prática pré-discursiva em uma cultura, como a nossa, "o tempo todo" reflexivamente discursiva. A disposição de teorizar não está, entre nós, confinada a um pequeno círculo de pessoas especulativas; é totalmente penetrante. Pensar que uma deflação cética de idéias e princípios gerais, que mostra suas origens terrenas na prática cotidiana, poderia, de algum modo, restringir essa disposição é revelar uma lamentável falta de senso histórico. É um pouco como Joseph de Maistre ir à Rússia na esperança de encontrar um povo que ainda não houvesse "rabiscado" a palavra *philosophes*, e descobrir um povo que falava no idioma francês de Voltaire e Diderot.

Uma forma diferente e talvez mais radical de assinalar a fragilidade do pensamento de Oakeshott é afirmar que, quando uma sociedade ou uma política abriga diferentes tradições ou formas de vida, com suas associadas visões de mundo, concepções do bem e estilos de atividade política, o raciocínio político não pode ser interno a nehuma tradição, mas deve procurar identificar interesses humanos que sejam comuns a praticantes de diferentes formas de vida. Este foi, afinal, o projeto de Hobbes, quando próximo ao início do período moderno buscou teorizar uma forma de associação política que não dependia de um compromisso religioso divisivo. Certamente, o projeto de Hobbes expressava uma ilusão característica do Iluminismo, à medida que visasse a dar ao raciocínio político (e moral) o caráter demonstrativo da geometria; e incorporava uma ilusão relacionada do Iluminismo, visto que tinha em seu âmago uma concepção de escolha racional individual que tratava "o indivíduo" como um dado natural, e não como uma construção cultural e histórica. Não obstante, Hobbes estava certamente no caminho certo ao perceber que, quando uma política é dividida por tradições opostas, o raciocínio político deve se preocupar com os interesses humanos que os protagonistas têm em comum, assim como com os interesses que possuem como subscritores de tradições particulares de crença e atividade.

É estranho que Oakeshott, grande admirador de Hobbes, não tivesse captado o destaque em seu próprio pensamento deste ponto eminentemente hobbeano. É mais estranho ainda que o que Oakeshott deve ter extraído de Hobbes seja a consideração formalista da fidelidade política, um dos pontos em comum entre o pensamento de Hobbes e aquele dos liberais racionalistas que são o alvo recorrente da crítica de Oakeshott. Pois Oakeshott insiste em todos os seus escritos que a autoridade política depende não de servir às necessidades humanas ou proteger os interesses humanos, nem também de nenhuma identidade ou identidades culturais que seus indivíduos possam ter em comum, mas apenas de seu reconhecimento destes indivíduos como caracteres de certo tipo – pessoas, digamos assim, com seus próprios objetivos e valores, que fazem suas próprias escolhas e não estão dispostas a servir apenas como meios com relação aos propósitos de outra pessoa. Tal visão, que tem um ponto de origem na concepção proto-iluminista de Hobbes da escolha racional individual, mas cuja proveniência kantiana em Oakeshott está além de qualquer dúvida razoável, tem todas as fragilidades fatais das escolas dominantes da teoria liberal.[5] Ela se recusa a reconhecer que, no raciocínio político, é impossível qualquer coisa parecida com uma pura filosofia do direito; que essas reivindicações sobre os direitos não são primordiais ou fundamentais, mas intermediárias ou concludentes no raciocínio político; que essas reivindicações giram em torno de julgamentos sobre interesses humanos, julgamentos que por sua vez refletem concepções diferentes sobre o bem-estar humano; de forma que nenhum Estado possa justificar sua autoridade para com seus indivíduos ou cidadãos sem se envolver em um discurso sobre a boa vida que Oakeshott, com sua concepção formalista da autoridade política, e as escolas dominantes do liberalismo contemporâneo, com sua concepção incoerente da neutralidade do estado liberal, rejeitam como irrelevante para a autoridade do governo. Esta verdade fundamental – que o certo não pode ser anterior ao bom no pensamento político (ou, nesse caso, moral) – tem sido defendida, acredito que convincentemente, na crítica imanente de Joseph Raz ao liberalismo recente.[6] Seu resultado, em total oposição à consideração formalista de Oakeshott, é que a autoridade de qualquer Estado deve depender de como ele satisfaz as necessidades de seus indivíduos – que serão elas próprios determinadas, pelo menos em parte, pelas concepções do bem-estar humano que os cidadãos têm como parte de suas identidades culturais. E, nos Estados pós-modernos, as identidades culturais dos cidadãos ou indivíduos serão plurais e diversas, mesmo com respeito a muitos indivíduos particulares, não singulares e inequívocas. É como se, confiando na ilusão de uma única tradição de atividade política para dar força à lealdade política, Oakeshott

---

5 Critiquei a dimensão kantiana do pensamento de Oakeshott em meu artigo "Oakeshott como um Liberal", em meu livro *Post-Liberalism: Studies in Political Thought* (1993), capítulo 4.
6 Refiro-me ao livro seminal de Joseph Raz, *The Morality of Freedom*.

imaginasse que essa ilusão poderia ser preservada negando-se a relevância da afinidade e identidade culturais com a total lealdade política. No entanto, é em sua supressão do conflito que a fragilidade fundamental da consideração da vida política, e do conhecimento prático, de Oakeshott será encontrada. O pensamento de Oakeshott é uma ironia estendida à custa da teoria como um guia para a vida; não lhe parece ter ocorrido que ironias similares afligem a valorização da tradição. Para Berlin, ao contrário, não há presunção sobre que tradições contêm orientação que a razão teórica não consegue suprir; e a fonte de sua crítica do racionalismo, e do projeto do Iluminismo, está justamente na insistência de Berlin na realidade de dilemas práticos que nem a razão nem a tradição podem resolver. Na verdade, para Berlin, "racionalismo" – de qualquer modo no sentido em que ele o critica – *significa* monismo, a crença (fundamentalmente metafísica) de que todos os valores genuínos são compatíveis ou mesmo mutuamente constitutivos. O tema mais recorrente de Berlin é uma negação pluralista dessa posição monista-reducente, "racionalista". Já comentei que Berlin compartilha com Oakeshott a negação pluralista de que qualquer modo de discurso possa ser autoritário para todos. Em seus primeiros artigos filosóficos, ele é tão resistente ao projeto positivista de estabelecer um critério de significado multivalente quanto é cético com relação à noção austiniana de que as questões filosóficas podem ser estabelecidas, ou até mesmo proveitosamente esclarecidas, pelo exame do uso lingüístico comum.[7] Ele diverge de Oakeshott em sua recorrência constante à realidade do conflito – conflito entre bens que não podem ser combinados e podem ser incomensuráveis, entre obrigações cuja escassez é inegável, entre males dos quais

---

7 Discuti de maneira mais sistemática e abrangente a concepção de método filosófico de Berlin em meu livro *Berlin* (1995), especialmente nas p.12-3.

nenhum está disponível, entre tradições em que cada uma exerce genuína atração sobre nossos seres complexos e plurais.

É na realidade fundamental da diversidade e do conflito irredutíveis entre e dentro das formas da vida humana que se situa a rejeição de Berlin de todas as utopias, e de pelo menos aquelas versões do projeto do Iluminismo que pressupõem a perfectibilidade humana ou o progresso aberto sem perda cultural concomitante. O que é diferente em Berlin não é na verdade nenhuma afirmação agostiniana de imperfeição – um tema oakeshottiano recorrente – mas, muito mais radical, pois destrói a possibilidade de qualquer tipo de teodicéia, sua rejeição da própria idéia da perfeição. É a rejeição de Berlin da coerência da idéia da harmonia de todos os bens genuínos, como aquela encontrada em Platão, no cristianismo e em muitos pensadores do Iluminismo, que fundamenta seu antiutopianismo e o que chamei de seu *liberalismo agonístico*.[8] A principal idéia em Berlin é a da incomensurabilidade de alguns valores máximos – que é afirmada não como uma reivindicação à teoria moral, embora sem dúvida carregue consigo reivindicações à epistemologia moral, mas como uma apresentação de experiências que a teoria moral desde Sócrates procurou reprimir. O liberalismo agonístico de Berlin busca privilegiar o valor da liberdade nas escolhas entre valores incomensuráveis, e a participação e a autoria da própria vida que a liberdade possibilita.

Tal perspectiva agonística abrange um insight subversivo de todas essas formas de liberalismo – as formas dominantes na filosofia anglo-americana recente – que toma o exemplo de Kant na apresentação de uma teoria da reunião das liberdades básicas. Pois, na visão agonística de Berlin, as liberdades, não menos do que outros bens humanos, são irredutivelmente diversas, com freqüência conflitantes e impossíveis de combinar, e às vezes incomensuravelmente valiosas. Se é assim – como sugere

---

8 Ibidem, capítulo 6.

fortemente a experiência comum –, a aspiração da teoria de especificar um conjunto de liberdades básicas, ou uma estrutura de direitos compossible, é arrogante. Na verdade, na consideração de Berlin – e aqui se percebe um paralelismo com a visão de Oakeshott – *não pode* haver uma teoria da liberdade que possa resolver conflitos entre liberdades e entre a liberdade e outros bens. Até mesmo a teoria de John Stuart Mill – que permanece bem mais plausível do que as teorias subseqüentes de direitos e doutrinas que contrariam a justiça – falha na incomensurabilidade dos vários componentes da felicidade e dos muitos tipos de danos aos quais o Princípio da Liberdade, de Mill, necessariamente se refere.[9] A tarefa da teoria deve ser mais humilde na consideração de Berlin do que na teoria utilitarista revista de Mill, e bem mais do que nas teorias recentes de direitos e justiça; mas isso não acontece porque a teoria é no máximo um resumo da prática – que, na consideração de Oakeshott do assunto, poderia existir perfeitamente bem sem as ponderações da teoria –, porque o que a teoria iluminista esclarece são conflitos e indecidilidade racionais na vida prática. Há aqui uma divergência fundamental entre a visão da teorização de Berlin, como uma atividade genuinamente produtora de conhecimento, e a visão de Oakeshott, em que a teoria articula o conhecimento que é totalmente adequado em sua forma prática original. Aqui a posição de Berlin é semelhante à de Max Weber: é uma variante da visão do Iluminismo, em que o que a inquirição racional produz não é uma moralidade unificada, reconstruída, mas um conhecimento dos conflitos, às vezes racionalmente indecidível, que afligem os bens que desejamos, quer ou não admitamos ou percebamos estes conflitos na vida prática. Na visão de Berlin, portanto, embora não na de Oakeshott, a teoria moral pode alterar e aumentar o nosso entendimento da vida moral; pode nos ajudar a ver

---

9 Discuti a crítica de Berlin e outras críticas fundamentais da doutrina da liberdade de Mill em meu livro *Mill on Liberty: A Defence* (2. ed., 1996).

com mais clareza, e assim – talvez – agir de modo mais inteligente. Entretanto, assim fazendo não acrescenta nada à vida moral. Como a literatura ficcional, nos ajuda a enxergar melhor o que já está ali.

Esta diferença é um sinal de uma divergência muito maior e mais profunda entre os dois pensadores, que pode ser descrita como uma diferença com respeito ao realismo e à natureza humana. A visão de Oakeshott dos seres humanos era a de um idealista, de alguém cujo primeiro amor na filosofia foi Bradley, que a vida toda foi grande admirador de Hegel e que só qualificava sua admiração pelo ceticismo de Hume por lamentar o empirismo de Hume. Eu tenho de confessar que jamais entendi como Oakeshott conseguiu combinar um auto-entendimento como um cético com uma posição idealista que em seus últimos escritos assume uma orientação quase wittgensteiniana.[10] Uma posição cética, afinal, requer a adoção daquele "falso critério de certeza"[11] – aquele ponto de vista fundacionalista e representacionalista – que Oakeshott encontra em Descartes. Entretanto, a posição fundamental de Oakeshott é a idealista, segundo a qual os seres humanos são o que acham que são: pelo menos no mundo humano, não há realidade independente do pensamento. Essa é

---

10 Baseio meu entendimento dos pontos de vista de Oakeshott na minha lembrança de várias conversas que tive com ele sobre estas questões. Entretanto, acredito que apenas os escritos publicados de Oakeshott corroborariam a interpretação que apresento aqui do seu pensamento. A influência bradleiana está mais clara no livro de Oakeshott, *Experience and Its Modes* (1933 e 1986); a influência de Wittgenstein acredito ter detectado em vários dos ensaios em *Rationalism in Politics*, e vestígios do pensamento de Ryle, Winch e Heidegger podem ser encontrados em *On Human Conduct* (1975).

11 Esta expressão profundamente wittgensteiniana vem de *Rationalism in Politics*, p. 19, de Oakeshott. A questão da possível influência de Wittgenstein em seu contemporâneo de Cambridge, Oakeshott, está discutida por J.C. Nyiri em sua interessante contribuição para *Wittgenstein and His Times* (1982), p.61-4, editado por Brian McGuiness.

uma consideração radicalmente historicista dos seres humanos que contrasta bastante com a visão de Berlin, mesmo quando esta é examinada no limite de seu historicismo. Pois a visão consistente de Berlin é que, embora os seres humanos sejam diferentes de outras espécies animais, pois têm histórias que atravessam gerações, identidades que são expressas nas culturas, e necessidades que são transformadas quando satisfeitas, não obstante há um horizonte humano comum de valores que é, para todos os propósitos práticos, universal.[12] Esse horizonte pode ser mais facilmente expresso em termos de males do que de bens universais – os males da tortura, da escravidão e as inúmeras variedades de crueldade, por exemplo – e, certamente, Berlin não supõe que estejamos em uma posição de criar uma lista definitiva dos itens que estruturam este horizonte moral comum, ou mínimo moral comum, da espécie. Apesar disso, está comprometido com a posição – uma posição criteriosa e correta, em minha opinião – de que há males humanos genéricos, assim como talvez bens, que – digamos – estão presentes no território em que se encontram os membros de toda parte da nossa espécie.

O gênero humano é, para Berlin – assim como para Vico e Marx –, uma espécie autotransformadora; mas não é, por causa disso, indefinidamente autotransformadora. A afirmação vichiana e herderiana de Berlin da pluralidade e da autocriação na vida humana,[13] sua rejeição da crença rousseauista em uma humanidade constante, universal e genérica subjacentes às múltiplas diferenças de cultura e história, é sempre qualificada por sua repetida afirmação de uma espécie de conteúdo mínimo da

---

12 Como acontece com minha interpretação dos pontos de vista de Oakeshott, baseio esta consideração da posição de Berlin em muitas conversas que tive com ele no passar dos anos. Não tem a sua autorização, mas acredito que corresponda à posição que ele adota em seus escritos publicados.

13 Estes aspectos vichianos e herderianos do pensamento de Berlin são mais acessíveis ao leitor em seu estudo *Vico and Herder: Two Studies in the History of Ideas* (1976).

lei natural. Sua consideração desse mínimo difere decisivamente das teorias tradicionais da lei natural, pois reconhece o conflito e a incomensurabilidade dentro do próprio conteúdo mínimo. Além disso, tem um tom distintamente modernista ao declarar que é pelo fato de tais conflitos serem reais e inevitáveis que a escolha tem um valor supremo. Na verdade, em uma veia um tanto kantiana, Berlin parece pensar que a realidade permanente e universal dos conflitos entre valores incomensuráveis é a pressuposição necessária do intrínseco valor da escolha, e permite o que poderia ser chamado de uma dedução transcendental da verdade do liberalismo – entendido por ele como a moralidade política que privilegia a liberdade individual sobre outros bens. Esse é, com efeito, o conteúdo normativo da afirmação de Berlin da idéia da natureza humana.

Esta afirmação berliniana não é desprovida de dificuldades, algumas delas fatais. A principal dificuldade não está na própria idéia da natureza ou na saída do relativismo cultural irrestrito que essa idéia envolve. Parece-me uma clara vantagem da visão de Berlin o fato de ela reconhecer que há necessidades humanas que não podem ser alteradas pelo simples fato de mudarmos nossa concepção delas. De modo mais geral, a declaração de que os seres humanos são o que imaginam ser não pode acomodar adequadamente a realidade do auto-engano, individual e coletivo. O gênero humano é, como observou Hume, uma espécie muito inventiva; mas não inventa suas próprias características biológicas ou seus ancestrais mamíferos, nem o ambiente não-humano em que se encontra, e é fácil e com freqüência iludido sobre suas próprias necessidades, possibilidades e limitações. Essas divergências de relativismo cultural irrestrito – como encontramos inequivocamente em Oakeshott, e como muitos encontraram no posterior Wittgenstein – parecem-me falar a favor de Berlin, apesar de todas as dificuldades óbvias e enormes que encontramos em especificar o horizonte comum e decifrar suas credenciais epistêmicas. A dificuldade da concepção de Berlin da natureza humana, e de sua visão de um horizonte moral comum para a espécie, está mais no uso que ele faz dele para a cultura liberal básica. Parece claro que sua (ou qualquer outra) versão do conteúdo mínimo da lei natural[14] não pode dar uma base para nenhuma forma particular de vida, mas apenas, e no máximo, suportar uma proibição em algumas formas de vida como particularmente incompatíveis com o bem-estar humano. Pode descartar o nazismo, digamos, mas irá deixar uma vasta série de regimes e culturas, e isso não irá proporcionar nenhum privilégio geral às sociedades liberais. De modo geral, a valorização da escolha, que é uma característica do liberalismo de Berlin, é um ponto de vista moral para o qual nenhuma dedução transcendental é possível e cuja limitação da cultura é patente.[15] E é duvidosamente consistente com o pluralismo de valores que é a idéia principal de Berlin.

Se o pensamento de Oakeshott deve ser responsabilizado por seu provincianismo e pelo idealismo implausível que apóia sua negação historicista de qualquer coisa que possa ser adequadamente chamada de natureza humana, a principal limitação do pensamento de Berlin está na direção oposta – em sua tentativa de organizar uma concepção da natureza humana para proporcionar uma base universal para a adoção de um modo de vida par-

---

14 A expressão "conteúdo mínimo da lei natural" é, evidentemente, aquela do falecido H. L. A. Hart. Conversas que tive com Hart levaram-me a pensar que sua inspiração para o pensamento que essa expressão incorpora veio de sua leitura de Hume. Um pensamento similar inspira muitos dos escritos de Stuart Hampshire.

15 Berlin às vezes reconhece isto, como em sua citação aprovada de um autor não citado – na verdade, Joseph Schumpeter – em *Four Essays on Liberty* (1969), p. 172: "Pode ser que o ideal da liberdade de escolher os fins sem reivindicar uma validade eterna para eles, e o pluralismo dos valores conectados com isto, são apenas o fruto tardio da nossa civilização capitalista declinante ... 'Perceber a validade relativa das próprias convicções', disse um admirável escritor do nosso tempo, 'e ainda ser responsável por elas incansavelmente, é o que distingue um homem civilizado de um bárbaro.'"

ticular (liberal). Pode ser que estas limitações divergentes deste estranho par tenham uma origem comum – em uma reverência compartilhada à "filosofia" como uma atividade produtora de conhecimento. É claro que suas concepções da filosofia são muito diferentes. Para Oakeshott, influenciado por Bradley, Collingwood e Ryle, a filosofia é uma disciplina capaz de gerar resultados precisos e definidos, que acrescentam a uma topografia da experiência uma espécie de taxonomia de categorias. Nenhum equívoco no pensamento de Oakeshott poderia ser mais completo do que um que lhe atribuísse a opinião de que a prática da filosofia deve ser assimilada à conversação; mas esse equívoco seria bastante natural, dada a visão de Oakeshott – não especialmente original, pois também era defendida por Aristóteles – de que o raciocínio moral e político está mais próximo da retórica do que do argumento demonstrativo. Na verdade, Oakeshott atribuía à "filosofia" uma autoridade, não na verdade para formas de vida específicas e básicas, mas para estabelecer descrições corretas de suas práticas constitutivas ou essenciais, o que é completamente incongruente com o restante de seu pensamento, que – como aquele do Wittgenstein posterior – é, digamos, metodologicamente nominalista. Há uma tensão clara e não resolvida entre a caracterização tardia de Oakeshott das moralidades como linguagens vernaculares que não têm "essência" em comum (além de um caráter vagamente especificado, mas ainda "não instrumental", mal interpretado por Oakeshott) e seu projeto de tentar especificar a "essência" da lei e da história, que ele também tentou em sua obra posterior.[16] É difícil perceber como Oakeshott poderia ter mantido sua reverência anacrônica pela "filosofia" se tivesse seguido seu nominalismo até o fim.

---

16 Oakeshott caracteriza as moralidades como linguagens vernaculares em seu livro *On Human Conduct*, p.63ss; e tenta uma definição real da história e da lei em seu livro *On History and Other Essays* (1983).

John Gray

É de considerável interesse nesse aspecto que, no que considero a declaração canônica de sua visão geral mais considerada, "The Voice of Poetry in the Conversation of Mankind",[17] *não se atribua à "filosofia"*, embora caracterizada como uma "atividade parasítica", a falta de finalidade que acompanha a conversação: ela é "o impulso de estudar a qualidade e o estilo de cada voz, e de refletir sobre o relacionamento de uma voz com outra".[18] A concepção de Oakeshott da filosofia, como a construção de um vocabulário final em que os diversos modos de experiência ou prática são definidos e suas relações demarcadas, tem uma longa linhagem na cultura ocidental. É um resíduo do platonismo no seu pensamento. Oakeshott nunca pensou em olhar a "filosofia" através das lentes do historicismo radical com que olhava a vida moral e política. Se tivesse feito isso, a "filosofia" poderia ter sofrido a transformação que sofreu na obra de Foucault – uma experiência do pensamento digna de consideração.

A concepção explícita de Berlin da filosofia não deriva do idealismo de Hegel, Bradley ou Collingwood, mas de Kant. Sua consideração das questões filosóficas como não lógicas, nem empíricas, sugere que o objeto da filosofia é a formulação do que costumava ser chamado de verdades a priori sintéticas.[19] A difi-

---

17 Alguns intérpretes de Oakeshott tentaram periodizar seu pensamento, e pode bem ser verdade que diferentes considerações da filosofia e do seu lugar em relação a outras formas de investigação podem ser encontradas em vários pontos em seus escritos. (Há nos primeiros escritos de Oakeshott uma consideração explicitamente hierárquica dos modos de entender, com a filosofia em seu ápice, o que não é abordado em suas obras posteriores.) Ainda estou inclinado a encarar a doutrina de "The Voice of Poetry in the Conversation of Mankind", em *Rationalism in Politics*, como uma declaração de sua perspectiva filosófica, a qual Oakeshott nunca conseguiu melhorar, e cujas principais declarações ele nunca retratou.
18 "The Voice of Poetry in the Conversation of Mankind", p.200, de Oakeshott.
19 Ver "The Purpose of Philosophy", de Berlin, em seu livro *Concepts and Categories* (1978), p.1-11.

culdade desta concepção é que Berlin reconhece que "a estrutura do pensamento humano", que na filosofia kantiana se supõe produzir estas verdades, não se pode imaginar ser invariável ou imutável ou se "espelhar" na maneira em que as coisas são no mundo. O que temos na experiência não é um conjunto de categorias inalteráveis e universais, mas uma miscelânea de culturas com muitos pontos em comum, justaposições e semelhanças familiares. O problema de Berlin é, de certo modo, o de Wittgenstein – encontrar um uso para a "filosofia" quando essas concepções (ou metáforas) kantianas e fundamentalmente ocidentais são abandonadas. É um problema que ele nunca resolveu – e cuja realidade ele pode na verdade questionar. Mas é difícil ver que papel a "filosofia" tem no pensamento de Berlin, além daquele de um arcaísmo cultural. A autoridade para sua principal concepção da incomensurabilidade do valor não é afinal nenhum tipo de teoria moral, mas a experiência comum; a concepção é justificada como uma apresentação da experiência humana comum, refletida na literatura de muitas culturas e períodos. Talvez a "filosofia" possa esclarecer o que é entendido como incomensurabilidade entre bens e males, relacionando e distinguindo essa incomensurabilidade dos valores de outras variedades de incomensurabilidade – por exemplo, na ciência e na lingüística. Mas, por outro lado, a teoria ou filosofia moral não pode fazer nada para iluminar a experiência de incomensurabilidade que a literatura imaginativa não possa fazer, e com freqüência faz melhor. Se, para Berlin, a teorização da vida moral pode ser uma atividade de produção de conhecimento de uma maneira que não pode ser para Oakeshott, isso acontece em virtude do que a teoria moral compartilha com a literatura e com as artes, e não em virtude de nenhum poder especial da "filosofia". É uma pena que nem Oakeshott nem Berlin estendam a crítica do "racional" para abranger uma crítica da própria filosofia. Fazê-lo, no entanto, seria seguir o pensamento posterior de Wittgenstein e Heidegger, e se envolver em um ataque mais abrangente às principais tradições intelectuais ocidentais do que qualquer um deles está disposto a enfrentar.[20]

A verdade é que, apesar de suas profundas divergências, Oakeshott e Berlin continuam comprometidos com uma concepção da autoridade da "filosofia" cuja origem é socrática. Nenhum dos dois supõe que a filosofia possa governar a prática; mas cada um aceita a visão socrática de que "a prática da filosofia" pode produzir verdades definidas sobre a vida humana que estão indisponíveis por quaisquer outros meios. Nenhum dos dois se apega a essa crença com uma consistência firme, com Berlin se referindo ao estudo da história (em particular a história cultural e intelectual) e da literatura, e Oakeshott à poesia, ao poder de adicionar ao nosso entendimento da experiência humana o que cada um nominalmente atribui à "filosofia".[21] Mas sua adesão comum a essa visão tradicional da filosofia, em que suas afinidades são com as ciências teóricas e não com a literatura e com as humanidades, mostra que eles estão comprometidos com um projeto de investigação fundamental que é essencial para as tradições ocidentais e para o projeto moderno do Iluminismo. A implicação comum de suas críticas – conflitantes – da principal tradição intelectual ocidental é que esse projeto da inquirição fundamental deve ser abandonado. Quanto ao que então se torna "filosofia", e na verdade "iluminismo" – isso, como eles dizem, é outra história.

---

20 Sou influenciado aqui pelos escritos de Richard Rorty, particularmente sobre Wittgenstein; mas não afirmo que a minha linha de pensamento segue a dele.
21 Pode ser importante o fato de Berlin mencionar Herzen, e não qualquer filósofo do tipo convencional, como a principal influência no seu pensamento; e que Oakeshott tenha um dia falado de Valéry como o escritor com o qual ele mais aprendeu sobre o mundo moderno.

9
O jogo final dos tories

Comentários introdutórios

As idéias têm conseqüências; mas raramente (se é que alguma vez) são as pretendidas ou esperadas. As idéias hayekianas que inspiraram as políticas da Nova Direita na Grã-Bretanha a partir de 1979 têm como um de seus principais temas o insight de que os desenvolvimentos sociais não surgem da ideação humana, mas das conseqüências não-intencionais das ações humanas. Pode ter ocorrido a alguns pensadores neoliberais que o desenvolvimento de políticas da Nova Direita, e seus efeitos nas instituições sociais, proporcionariam uma exemplificação dramática da tese hayekiana; mas, previsível e quase inevitavelmente, eles o fizeram. Entre as vítimas da política da Nova Direita na Grã-Bretanha encontram-se não somente o socialismo municipal, mas também a rede de interesses e afinidades, há muito em vigência, que compunha os tories britânicos. As conseqüências eleitorais da tomada do Partido Conservador pela Nova Direita são, até agora, incertas; mas se incluem um longo período de oposição ao Partido Conservador, e talvez até sua divisão em duas ou mais facções, então estes desenvolvimentos terão ocorrido, pelo menos parcialmente, como conseqüências não-intencionais da política hayekiana.

Os vinte artigos curtos reunidos neste capítulo oferecem uma narrativa de uma série de momentos na transformação da política britânica pelas conseqüências não-intencionais da política da Nova Direita. A narrativa começa com um diagnóstico da situação do Partido Conservador no outono de 1993. Já era aparente que a queda da sra. Thatcher como líder não havia produzido nenhuma mudança nas políticas neoliberais que ela, durante tanto tempo, defendeu. Estava se tornando evidente também que a metamorfose do próprio Partido Conservador, previsível em campos quase puramente teóricos, estava na verdade bem encaminhada. Foi sempre provável que as grandes mudanças sociais e econômicas produzidas ou aceleradas na Grã-Bretanha pelas políticas thatcheristas ressoariam no próprio Partido Conservador, com o efeito de mudar sua composição e seu caráter social e ideológico. Como as coisas poderiam ser de outra forma? O Partido Conservador sempre se manteve intacto no poder, refletindo e orquestrando o equilíbrio de forças sociais na Grã-Bretanha. As políticas que produziram uma mudança profunda nesse equilíbrio não falhariam em evocar uma reação correspondente dentro do Partido Conservador. Grande parte disso foi entendida, e possivelmente planejada, pelos arquitetos da política thatcherista. O que eles não previram foi a destruição da antiga cultura de lealdade no partido, produzida pelo estilo de liderança assertivo e ideológico da sra. Thatcher. Eles não poderiam ter previsto que isto possibilitaria a remoção do poder da sra. Thatcher, ou que tornaria o Partido Conservador dividido em facções opostas uma probabilidade por muitos anos. Acima de tudo, não previram e provavelmente não poderiam prever o desfecho rápido da cultura de deferência da classe britânica forjada pelas políticas thatcheristas. Estes desenvolvimentos são narrados e avaliados nas seções 4, 10, 13, 14 e 20, que desenvolvem dois temas subseqüentes – que o projeto de Thatcher provou ser autodestruidor, e que o Partido Conservador que Margaret Thatcher herdou veio a se tornar a principal vítima política do thatcherismo.

Entre as conseqüências políticas não-intencionais do thatcherismo, as do Partido Conservador podem não ser as mais importantes. A transformação do Partido Trabalhista pode se mostrar pelo menos tão profunda e duradoura. As políticas modernizadoras introduzidas nos dois anos seguintes à eleição de Blair como líder, em 1994, promoveram mudanças maiores no partido do que a soma daquelas nele ocorridas nos oitenta anos anteriores. Certamente, estas não foram mudanças realizadas apenas em resposta ao desafio apresentado pela hegemonia permanente das políticas da Nova Direita; foram também tentativas de rastrear grandes mudanças em andamento no mundo real, além de Westminster e fora da Grã-Bretanha. A natureza de um partido de Esquerda em um mundo pós-socialista, em que a globalização removeu muitas das alavancas políticas em que se apoiaram no passado os governos democráticos sociais, é obscura até agora. As grandes reformulações no pensamento e na prática política da Esquerda, demandadas pelas condições modernas tardias, compõem um tema recorrente das seções 2-4, 6-9 e 18.

A fusão ideológica mais ampla do período moderno tardio é o tema da maioria das seções restantes. Em várias seções (7-9, 15, 17, 19), organizo temas do pensamento verde e do pensamento comunitarista para testar os limites do consenso intelectual e político prevalente. Em outras (5 e 6, por exemplo), considero criticamente a tendência tanto da Esquerda quanto da Direita, na Grã-Bretanha, a seguir uma agenda mais determinada pela opinião norte-americana do que pelos desenvolvimentos em outros países europeus. Os jogos finais políticos dos quais é oferecida uma interpretação narrativa neste capítulo devem ser observados no contexto histórico das mudanças intelectuais e culturais maiores que ele também procura narrar.

1 Totalmente arruinado em Blackpool*

Se a tarefa que John Major enfrentou quando se tornou primeiro-ministro foi a de construir uma agenda coerente da política pública para a Grã-Bretanha pós-thatcherista, então não resta dúvida de que ele falhou. Suas políticas provaram ser não uma alternativa ao thatcherismo, mas o thatcherismo no "piloto-automático". Só diferem do thatcherismo na falta da percepção instintiva das atuações da opinião pública democrática na Grã-Bretanha que mantiveram Margaret Thatcher no cargo durante mais de uma década.

Thatcher mostrou que havia perdido o controle da mente pública quando se permitiu ser convencida pelas virtudes do *poll tax*, pelos defensores dos livres marqueteiros da Nova Direita. Em um fiasco político atrás do outro, seu sucessor político mostrou uma insensibilidade diante da opinião pública que corresponde ou suplanta a dela durante seus últimos anos no poder. Qualquer uma das várias políticas – privatização das ferrovias, imposto ao valor agregado (VAT) sobre o óleo de aquecimento, imposto sobre o benefício de invalidez – pode se transformar em um *poll tax* de Major. A questão agora não é se ele vai ser derrubado, mas quando e por quem.

As questões mais relevantes são se ele poderia ter sido bem-sucedido, e se uma mudança na liderança poderia ter permitido ao partido encontrar uma agenda pós-thatcherista para o con-

---

* Cidade localizada no noroeste da Inglaterra, um lugar popular onde as pessoas (principalmente da classe trabalhadora) costumam ir para passar o dia ou um fim de semana. É famosa por sua torre (a Blackpool Tower) e por sua iluminação (com lâmpadas coloridas). (N. da T.)

servadorismo britânico que lida com as necessidades e sensibilidades dos anos 1990. Nenhum presságio é favorável. O partido parlamentar permanece em um estado de pós-choque da derrubada de Thatcher, cujo efeito de longo prazo mais importante foi enfraquecer a cultura de lealdade que no passado permitiu aos tories superar suas diferenças e apresentar uma frente unida para a opinião pública e para a oposição.

Esta erosão introduz um elemento de instabilidade que vai atormentar o sucessor de Major. Administrar o conflito em um partido acostumado a brigas seccionais e fracionárias vai demandar as mais extremas habilidades políticas. Ao mesmo tempo, por mais hábil que possa ser, o sucessor de Major não poderá retornar o partido às velhas hierarquias e considerações que Thatcher eliminou.

Se outro líder viesse a substituir John Major nos próximos 12 meses, iria enfrentar a tarefa não invejável de criar uma agenda política ao mesmo tempo, eleitoralmente viável e aceitável para as principais facções dentro do partido. Iria confrontar uma dificuldade dupla, política e intelectual. Em termos políticos, o partido está esgotado, seu comportamento freqüentemente sugerindo que ele perdeu a vontade de dirigir. É difícil acreditar que possa se renovar pelo simples expediente de mudar outra vez de líder. As divisões na Europa persistirão, ainda que o colapso do federalismo europeu possa transformar o thatcherismo numa irrelevância.

A razão intelectual é mais profunda. Os conservadores não têm uma visão coerente das funções e dos limites das instituições de mercado. A posição fundamentalista, que enxerga o governo como o problema e os mercados como a solução para muitas questões, é uma herança do thatcherismo tardio e está por baixo do grande número de privatizações, que ninguém quer e que não trará benefícios perceptíveis para ninguém. É também a filosofia que inspira as demandas da Direita thatcherista para a redução do Estado do Bem-Estar para uma rede de segurança mínima contra a pobreza. Esta visão doutrinária não consegue lidar com os riscos reais da era pós-socialista, que são a desolação das comunidades por forças de livre mercado e o espectro do aumento do desemprego produzindo uma *underclass* cada vez maior e cada vez mais marginalizada. A filosofia mais antiga do One Nation Toryism compreendeu os perigos colocados pelas forças de livre mercado, mas foi desacreditada pela associação com o corporativismo estagnado dos anos 1970. Como resultado, o conservadorismo britânico atual não tem nada substancial a dizer sobre a tarefa política da época, que é reconciliar o dinamismo subversivo das instituições do mercado com a necessidade humana de enraizamento local e formas fortes e profundas de vida em comum. Quaisquer conservadores se perdem em uma nostalgia que é perigosa ou constrangedora – como quando o primeiro-ministro falou das velhas senhoras andando juntas de bicicleta pelos gramados da aldeia – ou afirmam que não há conflito entre os mercados e as comunidades. Esta foi uma declaração feita pelo reaganismo, com resultados que são observados na patologia do individualismo individual – crime epidêmico e desolação urbana. Não é uma visão que atraia o eleitorado britânico.

O dilema dos conservadores é que eles herdam uma ideologia neoliberal simplista totalmente em desacordo com o espírito e as necessidades dos anos 1990. Reviver as tradições da preocupação com a comunidade e com a estabilidade social será incrivelmente difícil, em parte porque foram derrotadas dentro do próprio partido, e em parte porque as mudanças econômicas e sociais tornaram a antiga visão da Grã-Bretanha arcaica e irreal. Os esforços para apoiar as políticas neoliberais na economia e na previdência com uma retórica de religião e valores familiares, do tipo feito por Michael Portillo, não são eleitoralmente dignas de crédito. Talvez o governo acredite que a sua falta de qualquer visão digna de crédito que corresponda às vidas reais dos eleitores não importa, contanto que a recuperação econômica seja mantida. Isto é quase certamente uma ilusão, pois a percepção do público sobre a competência econômica do governo foi abalada pela saída forçada da Grã-Bretanha do Mecanismo da Taxa de Câmbio, e ela não conseguirá o crédito mesmo que sua recuperação seja mantida.

Os eleitores britânicos são um grupo céptico. Eles não têm interesse nas cruzadas no estilo americano em busca da virtude. Importam-se mais com as instituições conservadoras que conhecem e que, para eles, parecem funcionar – como o Bart's Hospital – do que em reproduzir um passado vitoriano imaginário. Menos que tudo eles se importam com as políticas doutrinárias do liberalismo econômico que não lidam com a necessidade humana comum de segurança na vida cotidiana. O fato é que os tories são cada vez mais considerados um partido que não sabe o que quer conservar na Grã-Bretanha, e está eventualmente preparado para abolir instituições e práticas há muito estabelecidas em prol de uma teoria econômica duvidosa.

A perspectiva é que a iniciativa política seja tomada pela oposição, apelando para os instintos conservadores genuínos do eleitorado, e os próprios tories passem para a oposição, talvez por uma geração.

Guardian, 4 de outubro de 1993

2 Um desafio à antiga ordem

A eleição do próximo líder trabalhista pretende ser o momento mais decisivo na política britânica desde que Margaret Thatcher tornou-se líder da oposição em 1975.

A sucessão de Thatcher para a liderança tory inaugurou o longo período de hegemonia da Nova Direita na Grã-Bretanha, cujas conseqüências vemos em cada área da vida nacional. Uma década e meia de políticas neoliberais deixou-nos com o poder centralizado em quangos e instituições tradicionais de todos os tipos, predominantemente esvaziados de legitimidade. A principal instituição de qualquer sociedade estável, a família, tem sido submetida a todos os estresses da mudança econômica não-direcionada, deixando-a fragmentada e sem recursos em comunidades elas próprias fragilizadas e impotentes pela ação de uma forma de política pública em que a vida social é reduzida a uma série de mudanças.

Um resultado claro do esvaziamento das comunidades e das formas sociais tradicionais pelo individualismo direcionado pelo mercado tem sido um nível de criminalidade há gerações sem paralelos na Grã-Bretanha. Também está claro que não tem havido melhora geral no desempenho econômico da Grã-Bretanha. Os negócios britânicos têm tido que atuar num contexto de uma força de trabalho cada vez menos especializada, infra-estrutura esfacelada e uma administração macroeconômica grotescamente incompetente por parte do governo. O resultado da longa hegemonia da ideologia do mercado foi uma aceleração do declínio econômico britânico, mesmo quando as forças do mercado devastaram as comunidades.

O colapso em câmera lenta da Nova Direita na Grã-Bretanha cria uma oportunidade política histórica para o Partido Trabalhista. Será que ele vai agarrá-la completando o processo de modernização iniciado mais de uma década atrás?

O novo líder do Partido Trabalhista vai enfrentar uma situação, na Grã-Bretanha e no mundo, radicalmente diferente daquela enfrentada pelo Partido Trabalhista em qualquer época em sua história. A população trabalhadora da Grã-Bretanha está vivenciando um nível de insegurança econômica desconhecido em sua história, que se estende bem além da classe trabalhadora tradicional e atinge profundamente as vidas das pessoas de colarinho branco e das profissões liberais. Esta nova situação proporciona aos ideais trabalhistas tradicionais uma relevância política bem além do eleitorado tradicional do Partido Trabalhista. O medo do desemprego e da doença, e a necessidade de serviços públicos eficazes e de formas de vida em comum, são hoje virtualmente ubíquos na Grã-Bretanha. Ao mesmo tempo, as instituições de planejamento econômico e provisão social que o Partido Trabalhista criou durante o período pós-guerra são, em muitos aspectos, falhos como modelos para o futuro. A herança de Beveridge, que garantiu uma estrutura decente de provisão social para uma geração na Grã-Bretanha, foi adaptada para um padrão de vida familiar que há muito deixou de existir. A atual mixórdia de benefícios à carência de recursos comprovada não visa efetivamente à necessidade real nem serve para promover o senso de cidadania universal.

Mais importante, o antigo modelo pós-guerra do pleno emprego é falho como um guia para proporcionar uma sobrevivência satisfatória aos milhões que carecem dela atualmente na Grã-Bretanha. É necessário um pensamento totalmente moderno no novo relacionamento entre a manutenção do emprego e a renda básica em uma economia cujo dinamismo transforma a própria idéia da segurança no emprego numa ilusão. Como uma estratégia, a estrutura do Estado do Bem-Estar pós-guerra é uma posição demasiado conservadora para ser adotada pelo Partido Trabalhista, por um lado, porque grande parte dessa estrutura foi destruída pelos tories, por outro, porque ela não mais satisfaz as necessidades humanas mais urgentes do nosso tempo.

Modernizar a política trabalhista para satisfazer as necessidades que temos hoje não é um movimento para a Direita. Certamente, o Partido Trabalhista pode correta e adequadamente afirmar estes valores conservadores dignos de comunidade e família que os tories abandonaram em sua conversão ao individualismo liberal irrestrito. Em considerável extensão, estes foram os valores que inspiraram o socialismo ético antes que a ação coletiva e as instituições do governo nacional se tornassem sinônimas. A visão ética que expressam freqüentemente, mas nem sempre cristã em sua origem, aponta o autodesenvolvimento individual e a ação coletiva não como concorrentes, mas como interligados e se apoiando mutuamente.

O projeto modernizador do Partido Trabalhista é hoje a ameaça política mais poderosa à continuação da hegemonia da Nova Direita na Grã-Bretanha. Não há força política mais temida pelos tories do que os modernizadores do Partido Trabalhista, pois eles dão expressão ao desejo mais profundo do eleitorado de um governo economicamente competente que se importa com o bem-estar do povo. Se o Partido Trabalhista estiver preparado para concluir seu projeto de modernização em sua escolha de um novo líder, isso vai mudar decisivamente, e talvez de maneira irreversível, o equilíbrio da iniciativa política a seu favor. Outra condição da regra tory seria a remoção dos últimos obstáculos à desolação continuada das comunidades pelas forças de mercado não direcionadas. É em parte para impedir tal nêmesis que o Partido Trabalhista deve vencer a próxima eleição. Na verdade, grande parte do trabalho que um governo trabalhista vai enfrentar ao subir ao poder será uma tarefa de salvação e recuperação, para reparar a destruição das instituições britânicas pelas políticas neoliberais. Mas também terá que lidar com o maior problema da época – conciliar as demandas de uma economia de mercado eficiente e dinâmica com os imperativos humanos de eqüidade e segurança. Se o Partido Trabalhista estiver pronto para pensar corajosamente, mais uma vez, sobre as políticas necessárias para atingir estes objetivos, então tem toda a perspectiva de inaugurar um novo arranjo na política britânica que, diferentemente da hegemonia da Nova Direita, será aberto, pluralista e autocrítico.

Para responder aos novos dilemas que enfrentamos, o Partido Trabalhista deve estar disposto a eleger um líder que seja firme em seu compromisso com a mudança. Será que o Partido Trabalhista vai eleger Tony Blair como seu próximo líder, pondo assim um fim na hegemonia da Nova Direita?

Guardian, 9 de junho de 1994

3 Matando o Leviatã

Se o Partido Trabalhista voltar ao poder após a próxima eleição geral, sua principal herança dos conservadores será a constituição radicalmente desequilibrada, criada por quase duas décadas de centralismo tory. Em uma série de medidas abrangendo o enfraquecimento de instituições intermediárias de todo tipo, a quase destruição do governo local e a criação do Quango State, sucessivos governos tories desmantelaram o arranjo constitucional pós-guerra na Grã-Bretanha, assim que desfizeram o acordo social que surgiu do Relatório Beveridge. O resultado dessa estratégia tory dicotômica foi o Estado britânico mais centralizado em sua história em tempo de paz, com as instituições de livre mercado abrigadas pelo aparato autoritário de um outro aparato governamental quase inexplicável. É este Leviatã, construído para atender aos objetivos tories e governado por uma nova classe de nomenclaturistas tories, que um governo trabalhista recém-chegado vai herdar. Qual será a estratégia do Partido Trabalhista com relação a este legado político da política econômica neoliberal?

Os conservadores constitucionais do Partido Trabalhista gostam de pensar no Estado britânico como um instrumento neutro da política pública que eles podem usurpar e direcionar para seus próprios propósitos. Se isso fosse realmente verdade, seria um erro sério nas atuais circunstâncias. A estrutura centralista atual do Estado britânico é um produto do projeto da Nova Direita, construído expressamente para tornar irreversível o deslocamento do poder das instituições democráticas para as instituições de mercado. Buscado em quatro governos tories consecutivos, o projeto tory afastou definitivamente as instituições em que estava incorporado o acordo pós-guerra na Grã-Bretanha. Em conseqüência disso, um retorno ao *status quo* anterior a 1979 – que é o único objetivo coerente dos imobilistas constitucionais do Partido Trabalhista – não é uma opção histórica real. Nas formas que o Partido Trabalhista vai herdar, as ins-

John Gray

tituições de governo na Grã-Bretanha estão não apenas totalmente em desacordo com a visão pluralista que inspira o novo pensamento trabalhista; elas vão impedir a cada passo políticas que promovam os valores tradicionais de eqüidade e serviço público do Partido Trabalhista. Conseqüentemente, nesta conjuntura histórica na Grã-Bretanha, a reforma constitucional não é – como as *chattering classes* tories gostariam de nos fazer acreditar – uma questão marginal, concernente apenas a alguns idealistas da classe média. É uma precondição vital de políticas que promovem melhoras duradouras na vida da grande maioria das pessoas.

O Partido Trabalhista está comprometido com uma série de políticas que percorrerão alguma distância até conseguir restabelecer o equilíbrio de poder em favor do cidadão comum, como a incorporação na lei britânica da Convenção Européia dos Direitos Humanos. Por mais úteis e realmente essenciais que possam ser essas políticas, elas ainda estão bem longe da devolução maciça dos poderes do governo central, que é necessária para as burocracias dominantes dos Quangos retornarem à responsabilidade democrática e à devastação do governo local na Grã-Bretanha restaurada. É de fundamental importância que os planos de devolução do Partido Trabalhista considerem a transferência para novas instituições democráticas na Escócia, no País de Gales e nas regiões de real poder e responsabilidade, não somente para os impostos e os gastos, mas para as formas de instituições previdenciárias e para a política relacionada à saúde e à educação. O compromisso com o pluralismo institucional expresso em todas as áreas da nova abordagem do Partido Trabalhista à política implica que as formas de serviços públicos irão variar legitimamente, segundo as tradições e as condições das pessoas às quais elas existem para atender.

As novas instituições previdenciárias que necessitamos, por exemplo, que são inclusivas, habilitadoras e reagentes às escolhas e aos julgamentos dos cidadãos comuns, não surgirão sob a égide das instituições políticas centralizadas na Grã-Bretanha, que negam a abertura e impedem a diversidade. Mas essas novas formas também não vão ser criadas pela transplantação para a Grã-Bretanha de instituições e políticas que incorporem o projeto centralizador na Europa. Na verdade, a devolução ascendente dos poderes do governo para as instituições da União Européia é precisamente o inverso do que é agora necessário. A criação de novos expedientes de governo e burocracia, no molde das instituições européias existentes, em que o poder é exercido sem a responsabilidade pública e a serviço de políticas de harmonização que não consideram as necessidades e culturas locais e regionais, está em desacordo com o principal projeto do Partido Trabalhista de pluralismo institucional. Temos atualmente na Escócia instituições educacionais e legais separadas e distintas, e na Irlanda do Norte dispositivos eleitorais diferentes daqueles que prevalecem no resto da Grã-Bretanha. Por que as formas dos serviços públicos, e dos sistemas eleitorais, dos governos regionais em toda a Grã-Bretanha devem ser similarmente diversas?

Políticas de reforma constitucional desse tipo não podem ser implementadas sem um mandato público claro – um fato que se reflete no compromisso do Partido Trabalhista com um referendo sobre a devolução de poderes para a Escócia. A devolução para o País de Gales, e mais ainda para as regiões inglesas, só funcionará se responder a uma necessidade pública manifesta. Além disso, a promoção de devolução em grande escala vai exigir coragem e recursos por parte do Partido Trabalhista. Por que o Partido Trabalhista deve assumir o grande risco político de implantar políticas devolucionárias radicais que devem restringir os poderes de Westminster e que podem – porque o caso de "West Lothian" surge da possível super-representação de membros escoceses do parlamento – reduzir permanentemente sua presença lá? O risco provocado por um governo trabalhista que deixa o aparelho do Estado tory intacto é que, com seus maiores propósitos frustrados pelas estruturas neocorporativistas que os tories construíram, será percebido como fraco e ineficaz.

Sua nova abordagem econômica em particular poderia nestas circunstâncias ser vulnerável a mercados que atuam sobre a crença de que a estrutura política que incorpora é refém dos destinos alterados de uma maioria parlamentar precária. Este é de fato o cenário imaginado por um corpo cada vez mais influente de opinião tory, que está pronto para apoiar alguns anos de governo trabalhista de tal modo que seja capaz de pressionar mais com o projeto neoliberal, quando o Partido Conservador tiver sido capturado encampado na oposição por facções ainda mais doutrinárias. A questão sobre esta estratégia de derrotismo revolucionário é que ela expressa *o cenário tory para o Partido Trabalhista*. Em um notável contraste, a estratégia trabalhista deveria ser emancipar a maioria democrática social britânica e marginalizar para sempre os ideólogos neoliberais que governaram a Grã-Bretanha – e, no processo, levaram à falência grande parte da indústria britânica – durante uma década e meia. O risco de um governo trabalhista que negligencia a reforma constitucional por questões pragmáticas e de sustento do gerenciamento econômico é o de perder a confiança tanto dos eleitores quanto dos mercados, e assim deparar com este cenário tory.

Por todas essas razões, é fundamentalmente importante que as intenções e prioridades do Partido Trabalhista sobre a reforma constitucional não sejam deixadas na prateleira para que abruptamente se faça uso delas quando forem impostas à agenda pelos imperativos de um parlamento dividido, ou calmamente recolocadas na prateleira no caso de o Partido Trabalhista conseguir uma maioria de trabalhadores. O objetivo de combinar um compromisso sincero com instituições de mercado dinâmicas, com a preocupação com uma vida em comum integrada e harmoniosa, não pode ser atingido sob a influência das instituições dominantes do neocorporativismo tory. Uma estrutura estável da política econômica, durante mais de uma década ou uma geração, é necessária para reparar o dano infligido pelos anos de hegemonia tory. Para o Partido Trabalhista agarrar a chance que sem dúvida, agora existe de garantir um período de estabilidade em que sua visão pluralista possa encontrar uma incorporação institucional duradoura, precisa, como uma questão de urgência, voltar suas costas para o imobilismo constitucional e iniciar um debate nacional sobre a deformação do Estado britânico em um monstro dominado pela imoralidade, devastador e descuidado.

Guardian, 3 de outubro de 1994

4 Suicídio do Leviatã

Os anos 1980 permaneceram longo tempo moribundos. Foram dominados por um único projeto: o projeto Thatcher de limitação do governo, liberação dos mercados e criação de uma cultura empresarial na Grã-Bretanha. Este foi o projeto herdado pelo governo de Major, que buscou realizá-lo com uma consistência mecânica que expressava com precisão sua incapacidade para gerar um pensamento novo sobre os problemas dos anos 1990. O projeto Thatcher foi agora definitivamente abandonado, com sua passagem marcada pelo fracasso dos planos de privatização de Michael Heseltine para os Correios, e a política do governo foi deixada totalmente sem leme. No entanto, o real significado do fim da era Thatcher na política britânica é muito mais profundo do que sua importância como o ponto em que o governo de Major entrou numa fase de declínio irreversível. Na perspectiva mais ampla da história, este será visto como o momento em que o projeto Thatcher se autodestruiu, eliminado pelas forças econômicas e sociais que ele próprio liberou. Especialmente, será visto como o momento em que a ironia suprema do thatcherismo tornou-se politicamente visível – a ironia de um projeto que, pretendendo criar na Grã-Bretanha um governo limitado que permanecesse à distância da economia e desse um fim aos relacionamentos corporativistas conspiratórios dos anos

1970, em vez disso criou um Estado corporativista próprio, uma rede de novas instituições em que as forças do mercado ficaram subordinadas a interesses pessoais e partidários. Nesta perspectiva mais ampla, o efeito autoderrotista do projeto Thatcher foi centralizar o poder em um Quango State que serve aos interesses de uma oligarquia irresponsável e autoperpetuador. O resultado nos anos 1990 da política econômica liberal dos anos 1980 foi um regime de pobreza privada e imoralidade pública.

Esta é a verdadeira importância do debate atual sobre a imoralidade – o fato de ela levantar uma profunda suspeita pública de que, nos últimos quinze anos, as instituições do Estado britânico ficaram tão deformadas que nenhuma distinção clara ou confiável pode ser feita entre aqueles que pretendem ser servos politicamente imparciais do interesse público e aqueles que servem aos interesses do Partido Conservador e dos membros do governo conservador. É o reconhecimento desta preocupação disseminada que compeliu os governos a estabelecerem o Comitê Nolan – um ato que já mostra sinais de conduzir a grandes e imprevistas mudanças nos acordos constitucionais britânicos. A criação do Comitê Nolan, por mais bem-vindo que seja, não vai reforçar o atual acordo constitucional na Grã-Bretanha. Ao contrário, marca uma nova fase em sua decadência, pois a crise do conservadorismo pós-thatcherista não só desnuda o governo de Major de sua autoridade, mas ao mesmo tempo esvazia o novo Estado britânico que foi construído para incorporar o projeto thatcherista neoliberal de sua legitimidade.

O declínio terminal da autoridade do governo de Major tem suas raízes nas heranças paradoxais e contraditórias do thatcherismo. Ele não pode ser adequadamente entendido, a menos que tais raízes sejam entendidas. A sra. Thatcher subiu ao poder com o apoio das mudanças tecnológicas e econômicas que marginalizaram a classe trabalhadora industrial na Grã-Bretanha, o que enfraqueceu fatalmente a base eleitoral tradicional do Partido Trabalhista. Sua genialidade política está em perceber que existia um novo eleitorado econômico na Grã-Bretanha – um grupo social que não mais aceitava sua antiga identidade de classe trabalhadora e cujas aspirações eram individualistas e orientadas em torno da escolha do consumidor e das liberdades privadas. Parte da atual crise do conservadorismo na Grã-Bretanha surge do fato de que as mesmas forças que destruíram as antigas identidade e cultura da classe trabalhadora estão agora destruindo inexoravelmente a cultura e a identidade da classe média. O governo de Major aumentou a erosão da base eleitoral tradicional dos conservadores, identificando-se com as mudanças direcionadas pelo mercado que estão destruindo a segurança do antigo modo de vida da classe média. As antigas culturas de classe que sustentaram a fidelidade política na Grã-Bretanha durante gerações estão agora se dissolvendo – e as próximas vítimas dessa transformação serão quase certamente os conservadores, que tanto fizeram para acelerá-la.

Os primeiros sinais da autodestruição do conservadorismo thatcherista provavelmente emergiram de meados para o fim da década de 1980. Neste auge do triunfalismo neoliberal, os membros do Partido Conservador começaram seu declínio precipitado, e foram plantadas as sementes de suas dificuldades financeiras endêmicas. O florescimento das associações privadas que a ideologia e a política neoliberal patrocinaram tinha, como sua sombra, o declínio das fidelidades coletivas, particularmente para com os partidos políticos. Isso sugere que foi na época de sua inconteste hegemonia política que a base social do conservadorismo thatcherista começou a ser corroída, e seus problemas de base tornaram-se intratáveis. É contra este pano de fundo que o atual debate sobre a imoralidade na vida política britânica deve ser entendido – um fato tacitamente reconhecido pela declaração de Lord Nolan de que as atribuições do seu comitê nos padrões da vida pública devem incluir referência à fundação de partidos políticos na Grã-Bretanha. É difícil acreditar que a opacidade que caracteriza a fundação de partidos na Grã-Bretanha de hoje sobreviva ao processo de escrutínio que o Comitê Nolan iniciou.

É igualmente difícil imaginar as formas atuais do Quango State sobrevivendo intactas nos próximos anos. Não se trata apenas de elas serem instituições corporativistas precisamente do tipo que a ideologia neoliberal em si condena. São também uma lembrança contínua de que o poder anônimo está sujeito a ser corrompido. Mesmo que a grande maioria dos nomeados do quango sejam pessoas de considerável probidade, permanece a desconfiança popular de que o poder e os recursos que eles comandam serão por vezes usados para propósitos de interesse próprio. Tal atitude pública também não é acidental. O poder exercido sem escrutínio público não pode ser legitimado no clima cultural dos anos 1990, em parte devido à institucionalização da confiança articulada na teoria dos "good chaps" do governo na Grã-Bretanha não ser mais popularmente crível ou aceitável. Os políticos e funcionários públicos de hoje enfrentam uma opinião pública moderna, céptica e experiente em como se defender em um ambiente urbano violento, que não vai se satisfazer com garantias de probidade que dependem de uma cultura de confiança no governo. Essa cultura foi uma vítima da corrupção do éthos institucional, que pode vir a se provar o legado mais duradouro dos anos 1980.

Ao destruir a cultura pública da confiança no governo na Grã-Bretanha, os arquitetos neoliberais do Quango State Tory podem, no fim, ter realizado um ato perverso de serviço público. Eles tornaram insustentável a constituição pré-moderna que os tories herdaram em 1979. Tornaram o novo acordo constitucional um resultado quase inevitável da próxima eleição geral. Certamente, não é fácil acreditar que a nossa presente Constituição, com seus remanescentes de privilégio hereditário e sua confiança em uma cultura, desacreditada e baseada na classe, de deferência para com a autoridade, será renovada sem reformas em uma sociedade que tem tido sua modernidade incessante e brutalmente golpeada pela política neoliberal. A vitalidade do atual debate sobre a imoralidade não é, como o governo gostaria de acreditar, uma criação da mídia. É um testemunho da duvidosa sensibilidade modernista que a política neoliberal dos anos 1980 ajudou a formar na Grã-Bretanha dos anos 1990. Será uma das maiores ironias da história se, na erradicação da antiga cultura de classe da qual dependia o conservadorismo britânico, as políticas neoliberais dos tories tiverem criado um eleitorado que vai consignar ao esquecimento o Leviatã que criaram.

Guardian, 7 de novembro de 1994

5 Grande fenda atlântica

A dissociação dos Estados Unidos das nações da União Européia está agora inequivocamente em andamento. Este é o real significado dos conflitos sobre política na Bósnia – conflitos que vão bem além da guerra na ex-Iugoslávia, além até da perspectiva de a Otan ser irreparavelmente prejudicada como conseqüência do continuado unilateralismo na política externa americana. Tais acontecimentos são sintomas de uma divergência entre os Estados Unidos e a Europa – em suas economias, suas formas de vida social e suas culturas públicas – que é profunda, está aumentando e muito provavelmente será irreversível. A Europa e a América têm há muito tempo seguido caminhos de desenvolvimento diferentes, guiados por diferentes concepções da sociedade e do papel do governo. Suas diferenças foram mascaradas por uma geração ou mais pelo interesse comum que tinham em derrotar o nazismo e reagir ao perigo iminente do expansionismo soviético. No período pós-comunista, essas diferenças tendem a se aprofundar cada vez mais.

O fim da Guerra Fria e o enfraquecimento do poder de Clinton nas recentes eleições intermediárias puseram em movimento forças poderosas, que esclarecem muito bem como as culturas da Europa e da América diferem radicalmente. Nos próximos anos, quase inexoravelmente, a distância cultural entre a Europa e os Estados Unidos vai se ampliar, tornando a cooperação entre eles cada vez mais difícil. A cooperação não será nem um pouco menos importante, pois a América e a Europa terão interesses vitais em comum para o futuro previsível. Isso não é remediado pela retórica atlanticista vazia e ultrapassada de valores comuns que continua a dominar o discurso público britânico. O que é necessário na Grã-Bretanha é na verdade uma percepção clara dos valores distintamente europeus que não compartilhamos com os americanos.

A dissociação atualmente em andamento ocorre no contexto de diplomacias conflitantes sobre uma guerra dos Bálcãs, mas suas raízes estão na força crescente de uma ideologia americana de excepcionalismo que chegou para inspirar cada aspecto da vida nos Estados Unidos. Segundo esta visão de mundo americana, os Estados Unidos não são – o que parecem ser para o restante do mundo – um país como qualquer outro, com sua própria mistura de potencialidades e fragilidades, mas uma experiência única, que é o modelo para uma civilização universal. Todos os outros países e culturas são no máximo aproximações pobres do modelo americano, na pior das hipóteses lançando-lhe ameaças. O legalismo e o moralismo crônicos da política externa americana, que identificam os valores americanos com aqueles de toda a humanidade e – exceto em questões de comércio – não possuem nenhuma concepção coerente do interesse nacional, como aquele que tem sido tradicionalmente entendido na Europa, originam-se diretamente desta ideologia universalista. O mesmo acontece com a disposição americana para enxergar todo conflito, em qualquer parte do mundo, do prisma nebuloso de seus próprios traumas étnicos e culturais.

Certamente, tais características da política externa americana estão longe de ser novas. Foram exemplificadas no projeto de Woodrow Wilson de renovar os velhos Estados da Europa continental depois da Primeira Guerra Mundial, segundo os princípios americanos de autodeterminação. A novidade é a combinação de uma afirmação agressiva da superioridade moral americana com uma desorientada estratégia de esquerda por meio do afastamento de seu inimigo ideológico soviético. É esta combinação instável que faz a política externa surgir do novo nacionalismo americano – o nacionalismo de demagogos como Newt Gingrich – tão perigosamente imprevisível.

O que também é novo é o abrangente colapso na América da confiança nas instituições do governo. Os Estados Unidos, pela iniciativa de um Congresso dominado pelo livre mercado e pela Direita religiosa, estão agora engajados em uma experiência que na verdade não tem paralelo em nenhum outro país – a de tirar do governo toda a responsabilidade pelo bem-estar da sociedade ou pela proteção das comunidades, e confinar suas funções a uma essência repressiva que tem a ver com a manutenção da lei e da ordem e a inculcação de alguns valores nacionais supostamente básicos. Os prognósticos para esta experiência americana no darwinismo econômico e no fundamentalismo moral são ruins. O projeto reaganiano de usar as instituições da justiça criminal dos Estados Unidos como um instrumento de manobra social deixou a América com um índice de encarceramento cinco vezes maior que o da Grã-Bretanha e 14 vezes o do Japão, e um nível de violência criminal desconhecido em qualquer outro país avançado. As cidades americanas deixaram de ser assentamentos humanos duradouros e estão se aproximando da condição de estados de natureza. O consenso cultural falhou em todas as importantes instituições americanas, especialmente na educação. Os Estados Unidos não possuem mais nenhuma cultura comum reconhecível ou uma classe política que possa falar em nome dessa cultura. Estão agora tão envolvidos na balcanização, em interesses conflitantes e em grupos culturais e étnicos opostos que a reivindicação de qualquer administração para falar ou agir em prol de uma maioria americana só pode evocar incredulidade ou desconfiança. Inevitavelmente, o caos das instituições americanas reflete a incoerência da própria cultura americana. Na verdade, os Estados Unidos atualmente carecem de um governo no sentido em que ele é entendido nos países europeus.

O projeto fundamentalista de renovar a "civilização americana" é, nestas circunstâncias, uma receita para a guerra cultural e para o colapso social. A ascendência renovada da Nova Direita na vida política americana só vai fragmentar mais o que restou aí das comunidades e acelerou o processo dos Estados Unidos rumo à ingovernabilidade. Mesmo que, como é mais do que provável, ela não consiga retirar os direitos previdenciários da classe média americana, e não consiga restabelecer uma concepção de vida familiar que não tem nenhuma relação com a maneira como a maioria das famílias americanas vive atualmente, o triunfo político do novo projeto fundamentalista da Direita americana marca o fim dessa mais antiga tradição do liberalismo na América, em que sua cultura política estava ligada à da Grã-Bretanha e da Europa.

Dada a crescente distância da cultura e da sociedade americanas daquela de qualquer país europeu, as esperanças abrigadas pela Esquerda britânica para o projeto Clinton foram sempre um exercício de ilusão. A crença daqueles da direita neoliberal britânicos, de que a queda do clintonismo é um presságio para o destino de um Governo trabalhista na Grã-Bretanha, vai se mostrar não menos enganosa. A implosão continuada dos Estados Unidos, suas selvagens oscilações entre a introversão cultural e a intervenção messiânica, e seu provável deslize nas próximas décadas para uma espécie de brasilianização, são importantes para os europeus, ainda que como evidências do declínio do modelo americano de individualismo irrestrito.

Esses sinais do declínio americano devem ser vistos como uma advertência contra nosso desprezo pelas realizações culturais européias em favor da quimera do mercado totalmente livre. Eles devem fortalecer nosso compromisso com o projeto europeu de reconciliar a escolha individual e as instituições de mercado dinâmicas com a harmonia social e as comunidades duradouras. E devem estimular o desenvolvimento de um projeto pós-federalista para as instituições européias, agora que está claro que uma Europa inclusiva não pode ser construída sobre um plano federal. Acima de tudo, no entanto, o espetáculo do declínio americano e da separação lenta, hesitante, porém inexorável, da América da Europa, deve encorajar a opinião pública em todos os partidos na Grã-Bretanha a fazer a escolha que até agora tem evitado tão consistentemente fazer – aquela entre sermos um posto avançado de uma fictícia civilização atlântica e o nosso destino real como nação européia.

Guardian, 12 de dezembro de 1994

6 Reinventando o SNS

A revolução administrativa tory está em andamento. Enquanto segue em frente, está transformando totalmente as instituições britânicas. Em um exercício de criação de políticas pela inércia intelectual, um governo moribundo está se impulsionando com medidas que estendem o projeto thatcherista de marquetização às funções essenciais do Estado britânico. Tendo transferido muitas das responsabilidades do governo local para quangos anônimos, e remodelado nossas instituições intermediárias segundo uma concepção primitiva e anacrônica do gerenciamento de negócios, os tories estão agora se recusando a participar das responsabilidades essenciais do Estado com as novas agências do governo que não são responsáveis por ninguém.

Nisto estão apenas conduzindo para sua próxima fase uma política, da qual eles já fizeram uma primeira tentativa no Serviço Nacional de Saúde – a política de dar fim a instituições que há muito vêm trabalhando com sucesso em uma base de ética profissional e um senso de serviço público, e substituindo-as por novas estruturas administrativas, freqüentemente inspiradas por uma cultura nomenclatural de privilégio e segredo. As novas instituições que estão sendo criadas pelos tories não são as de uma economia de mercado dinâmica, mas de um Estado Corporativo. No SNS, a política tory criou um aparelho burocrático de mercados internos que é dispendioso e ineficiente, desvia os recursos escassos do cuidado do paciente e ameaça a autonomia das profissões médicas. Em uma medida razoável, a experiência tory de impor as forças de mercado ao SNS pela ação de uma revolução administrativa vinda de cima tem sido um absoluto fracasso. O Partido Trabalhista, que é razoavelmente cordial com o mercado em muitas áreas da política, será inteiramente justificado caso se comprometa a reverter as reformas de mercado tories no serviço de saúde. Na verdade, abandonar as estruturas administrativas atuais do SNS e devolver o poder e a iniciativa aos médicos e a seus pacientes pode se mostrar um elemento vital no projeto de modernização do Partido Trabalhista.

A estratégia dos tories de fragmentação do SNS e sua reconstituição em estruturas administrativas bem distanciadas de qualquer tipo de supervisão democrática ou auto-regulação profissional é consistente com a administração tory em muitas outras áreas da política pública. Entre as muitas novas instituições criadas pelos tories estão as agências Next Steps – como a Agência de Benefícios, o Serviço Penitenciário e a Agência de Apoio à Criança – que não estão sujeitas a nenhuma forma de escrutínio ou responsabilidade parlamentar efetiva, não obstante, logo empregarão quatro entre cinco servidores civis. Estas novas agências ilustram uma das ironias mais óbvias do thatcherismo: que um projeto clínico, para o qual a "dequangificação" já foi um mantra, tenha resultado em uma quangocracia. Mas a ironia da história em curso no fracasso contínuo do neoliberalismo na Grã-Bretanha é mais profunda, e também mais cruel. Se o thatcherismo algum dia tivesse uma justificação histórica, seria como uma reação às instituições corporativistas corruptas dos anos 1970, em que uma coalizão triangular de governo, empregados e sindicatos compartilhavam entre si o espólio de uma economia estagnada e declinante. Mas o resultado de uma década e meia de política neoliberal foi a construção na Grã-Bretanha de uma nova forma do Estado Corporativo – uma espécie de *corporativismo de mercado*, em que uma proporção crescente dos recursos econômicos da nação é antecipadamente apropriada por uma classe gerencial em expansão encarregada da tarefa de supervisionar o mercado interno. Esta nova classe gerencial dispõe de enormes recursos, e exerce um imenso poder sobre as vidas individuais, sem estar sujeita às disciplinas da democracia ou dos mercados reais e – mesmo quando ela é composta, como freqüentemente é, de pessoas decentes que se esforçam para realizar uma tarefa impossível – sem a orientação de nenhum éthos profissional estabelecido.

Em parte alguma o corporativismo de mercado tory foi mais destrutivo do que no Serviço Nacional de Saúde. Vale a pena uma reflexão sobre a política tory no SNS, ainda que como uma lição objetiva em tolice ideológica. Segundo qualquer padrão internacional, o antigo e não-reformado SNS foi a história de um sucesso considerável. Estava longe de ser perfeito, mas em um mundo imperfeito ele foi bem-sucedido na prestação de uma boa assistência à saúde para toda a população britânica, a um ótimo custo-benefício, em termos de proporção da renda nacional – bem abaixo da metade daquele da assistência médica americana, da qual dezenas de milhões de americanos são excluídos. Além disso, e talvez decisivamente, o SNS era entendido pelo povo britânico, que nele confiava. Não há, nem nunca houve, nenhuma demanda popular para sua reforma. Na verdade, há uma profunda inquietação pública sobre seu desmembramento. No serviço de saúde, o impacto da administração tory tem sido promover o que um editorial do *British Medical Journal* chamou de "a ascensão do stalinismo no SNS", uma cultura de desconfiança e intimidação em que os médicos e outros profissionais da área da saúde estão impedidos de falar sobre a subordinação de seu julgamento clínico às demandas da eficiência estatisticamente medida, por exemplo, por medo de serem acusados de pôr em risco o interesse competitivo dos trustes em que eles atuam. Há aqui, e em toda parte, nas novas estruturas do SNS, um claro conflito entre os novos imperativos da competição e o éthos tradicional das profissões médicas. Ao impor às instituições experimentadas e familiares do antigo SNS um esquema grandioso de reformas de marquetização, cujo resultado final foi os tories terem provado mais uma vez que perderam o interesse pela continuidade das instituições – que é sua única *raison d'être* íntegra – ainda que dificilmente eles pudessem imaginá-lo.

Há, portanto, uma conjectura conservadora pressionadora – certamente, uma conjectura que não se espera que os tories de hoje sequer entendam – para restaurar o antigo SNS, por ser a instituição fundamental em que a assistência à saúde é proporcionada na Grã-Bretanha. Mas há um argumento radical igualmente poderoso para reduzir o aparato dos hospitais do monopólio e dos GP *fundholders** que está fraturando e distorcendo a prática da medicina no SNS. Uma garantia natural da boa assistência médica, livre e universal em sua natureza, foi corretamente considerada pelo governo trabalhista de 1945 como uma precondição para a transformação da Grã-Bretanha de uma sociedade com desigualdades de classes em uma sociedade de cidadania comum. As formas de desigualdade que os bretões devem enfrentar hoje são diferentes em muitos aspectos daquelas enfrentadas pelo governo trabalhista do pós-guerra, e não são bem conduzidas pelas políticas que aumentam os poderes das insti-

---

* Médicos clínicos gerais do SNS britânico que controlam seu próprio orçamento. (N.T.)

tuições do Estado. Hoje podemos ver que as instituições de mercado robustas e adaptáveis são um instrumento indispensável para melhorar o bem-estar da grande maioria, devendo ser fortalecidas em toda a economia e em toda área da política pública onde aumentem o bem-estar. Entretanto, onde, como no SNS, o mercado comprovadamente não consegue atender às necessidades humanas que o serviço existe para satisfazer, o projeto modernizador ajuda mais abolindo-o e recriando um serviço administrado por julgamentos de necessidade médica.

Na situação atual – ou queda – o SNS é uma instituição híbrida. Conserva algumas características que derivam de sua incepção, mas estas estão sendo cada vez mais corroídas pelas instituições administrativas e pela cultura que o corporativismo de mercado tory tem imposto sobre ele. O Partido Trabalhista vai nos prestar um enorme serviço – que vai destacar o abismo entre suas políticas e sua perspectiva, e aquelas dos tories, e, assim fazendo, colherá para si um dividendo eleitoral substancial – caso se comprometa firmemente a abolir as estruturas de mercado que deformaram o SNS, e desse modo nos devolver uma das instituições mais bem-sucedidas e legítimas que a Grã-Bretanha já possuiu.

Guardian, 3 de janeiro de 1995

7 Escavando a essência

A idéia de comunidade é um símbolo potente das perdas culturais dos anos 1980. As políticas da Nova Direita deixaram como conseqüência uma série de instituições enfraquecidas e expectativas abaladas. Desde o Bart's Hospital até o serviço civil, as instituições anteriormente inspiradas por um éthos de compromisso profissional foram eventualmente desmanteladas ou submetidas a uma cultura imatura de contrato e gerencialismo. Depois de serem assentamentos humanos duradouros que abrangeram gerações e evocaram fortes lealdades, as cidades tornaram-se intersecções de hóspedes temporários, esvaziadas ao cair da noite pelo temor do crime. Desde a provisão de pensão até o cuidado de longo prazo para o idoso, as expectativas em que as pessoas construíram suas vidas foram abruptamente destruídas. As vidas de trabalho das pessoas estão dominadas pela desconfiança de seus empregadores e pelo medo de perderem para sempre a segurança no emprego. Em virtualmente todas as áreas da vida, a confiança nas instituições da Grã-Bretanha se esvaiu. O legado da política da Nova Direita não é uma nação em paz consigo mesma, mas uma cultura de ansiedade e suspeita.

Contra este pano de fundo de crescente insegurança, a idéia de comunidade adquiriu uma ressonância poderosa no discurso público. Visa justamente ao individualismo de mercado dos anos 1980 como uma fonte importante da Grã-Bretanha desonrada e desgastada que vemos diante de nós nos anos 1990. Mas o que a idéia de comunidade significa para a política pública? Uma característica notável da onda recente de comunitarismo tem sido sua carência de propostas políticas concretas, e sua dependência de uma retórica moralista e às vezes reacionária de responsabilidade pessoal. Há pouca coisa na literatura comunitarista dirigida às fontes econômicas da decadência das comunidades – que trate da realidade da insegurança no emprego ou da pobreza endêmicas que atualmente afligem até mesmo muitos que estão trabalhando. Em vez disso, grande parte do discurso comunitarista na Grã-Bretanha faz eco às ansiedades americanas sobre a falência da família e – como se isso tivesse alguma implicação definida para a política – desenvolve uma agenda fundamentalista para a restauração da família "tradicional". Essa agenda americana para a política está totalmente deslocada na Grã-Bretanha. Nossas famílias, como nossas vidas em geral, estão mais improvisadas e fragmentadas do que costumavam estar; mas – como mostrou a pesquisa da Fundação Joseph Rowntree – somente 7% das crianças vivem com mães que nunca foram casadas, e estamos longe do abrangente colapso da família que tem ocorrido em muitas partes dos Estados Unidos.

A falência da família é bastante real na Grã-Bretanha. Mas o aumento da fragilidade das nossas famílias não pode ser dissociado das pressões impostas sobre elas pelas políticas econômicas que colocam a flexibilidade da mão-de-obra acima de qualquer consideração social. Será por acaso que a Grã-Bretanha, que tem o mais elevado índice de divórcio da Europa, também tem a maior mobilidade de mão-de-obra? Há, ao contrário, uma íntima – e não surpreendente – correlação entre individualismo econômico e instabilidade familiar. Como os casamentos serão duradouros se precisam de duas rendas para satisfazer suas necessidades, e os dois parceiros estão sujeitos às incessantes demandas por mobilidade no emprego? Negligenciando esta conexão vital, comunitaristas americanos – como Amitai Etzioni, cujo livro *The Parental Deficit* tem tido alguma influência em partes da Esquerda na Grã-Bretanha – mostram sua semelhança com os libertaristas americanos, como Charles Murray, que defende a eliminação do apoio da previdência social às famílias com apenas mãe ou pai. Eles estão de acordo em reverenciar o livre mercado enquanto lamentam seus efeitos corrosivos sobre a vida familiar. Este diagnóstico americano, que aceita o individualismo de mercado sem questionamento ou crítica, enquanto reivindica a restauração de uma forma de vida familiar que acabou para sempre, não ajuda a avançar o discurso ou as políticas públicas na Grã-Bretanha.

O pensamento comunitarista até agora fez muito pouco para esclarecer as ameaças reais às comunidades. Estas agora vêm principalmente da globalização da vida econômica – do livre comércio global e da mobilidade global e praticamente instantânea do capital, que tornaram a sobrevivência de toda comunidade mais dependente do que jamais antes da história das flutuações do mercado mundial. O debate político e a opinião pública ainda não perceberam como são profundos e de longo alcance os efeitos da globalização em nossas vidas. Ela já abalou o acordo sobre a distribuição da renda conseguido na Grã-Bretanha por gerações de negociação salarial. A liberdade das companhias para se moverem para países onde a mão-de-obra é barata, e a abertura cada vez maior dos mercados para importações destes países, destruiu efetivamente o poder de barganha de mão-de-obra em grande parte da indústria. O resultado foi um rápido crescimento nas desigualdades salariais, com as rendas dos trabalhadores não especializados sendo reduzidas a níveis que tornam sustentar uma família algo além das possibilidades de números crescentes de pessoas. Ao mesmo tempo, a globalização tem acelerado o ritmo em que as novas tecnologias estão acabando com os empregos em escritório e de nível intermediário. A classe média estará entre os perdedores nesta competição global, pois está sendo pressionada para novas formas de insegurança e pobreza. Os vencedores serão os poucos que comandam o capital, que investem globalmente para o lucro máximo, ou que possuem talentos excepcionais que, por serem raros, implicam um maior reconhecimento.

A globalização está prestes a destruir as comunidades e a pôr em risco a coesão da sociedade como um todo. Estimula uma pequena elite cujos interesses econômicos não coincidem e podem até conflitar com aqueles do restante da sociedade. Desenterra os mercados de suas culturas básicas, corta-os do sustento de qualquer local ou região particular, e nivela os diferentes modos de vida em que os seres humanos expressam suas diferentes identidades. A globalização obriga as comunidades a se adaptarem o melhor possível às mudanças provocadas pelo mercado – ou então perecer. Acima de tudo, afasta os mercados de qualquer forma de controle político ou responsabilidade popular, e assim fecha às comunidades qualquer possibilidade de proteger seu sustento e seus modos de vida dos destinos imprevistos do mercado mundial. Aceitar a globalização da economia é, na verdade, tornar a sobrevivência das comunidades de toda parte condicional às mudanças em um mercado mundial que não se importa nem um pouco com a estabilidade das sociedades, à qual ele existe para atender.

Na Grã-Bretanha, o debate sobre a comunidade foi impedido por uma ortodoxia do livre mercado que aceita a globalização como uma tendência inexorável, à qual é despropositado tentar resistir, e trata as propostas para limitar o livre comércio como além dos limites do discurso respeitável. Mas o entendimento comum sobre a globalização é uma relíquia dos anos 1980 que está mal adaptada para enfrentar – ou mesmo perceber – os novos dilemas dos anos 1990. O pensamento comunitarista que evita desafiar essa visão de mundo extinta se arrisca a se tornar marginal e logo irrelevante, à medida que as crises que assomam vão revelando cada vez mais claramente o poder das forças do mercado global para destruir e devastar as comunidades em que os seres humanos em toda a sua história encontraram significado e identidade.

Guardian, 8 de março de 1995

8 O lado triste do ciberespaço

As novas tecnologias e os mercados globalizados que nos últimos anos fizeram tanto para corroer as comunidades locais estão atualmente gerando comunidades de um tipo totalmente novo – as comunidades virtuais da internet. As comunidades da internet são diferentes de quaisquer outras que os seres humanos tenham conhecido antes e – a crer em seus defensores visionários – são uma grande melhora em relação a elas. As pessoas se unem às comunidades virtuais da internet por opção, não como resultado dos acidentes de nascimento ou da história. Elas são livres para se comunicar umas com as outras sem revelar seu sotaque, gênero, etnia ou religião. Não há discriminação na anarquia salutar da internet. Suas hierarquias são funcionais, fluidas e efêmeras, suas comunidades intencionais e consensuais, e as pessoas podem sair delas a qualquer momento. Na internet, as interações humanas não estão mais atravancadas com as trivialidades das nossas identidades locais e corporais. Formadas não no terreno gasto e superpovoado da Terra, mas no éter incorpóreo do ciberespaço, as comunidades virtuais da internet satisfazem as necessidades humanas de comunicação e de pertença, sem impor nenhuma restrição, deveres e responsabilidades exigidos pelas comunidades tradicionais. A comunidade virtual é a comunidade com custo zero.

A bíblia da internet, e a voz autêntica da sua visão de mundo, é a nova revista *Wired*. Para qualquer um interessado na tecnologia e na cultura da internet realmente não há necessidade de ler outra coisa. A capa do primeiro número britânico da *Wired* exibe uma citação do pensador e ativista radical do século XVIII, Tom Paine, que resume a estimativa consistentemente otimista do potencial emancipatório das novas tecnologias: "Temos o poder de começar o mundo outra vez". É tentador rejeitá-lo como propaganda de venda, mas é bem mais do que isto. Os editores da *Wired* estão vendendo mais que uma revista – estão vendendo uma utopia. Trata-se, se você preferir, de uma utopia de designer, criada para pessoas que acreditam em dificuldades técnicas e não em moralidade ou política, que acham que a tecnologia pode nos capacitar para evitar as difíceis escolhas e a longa distância que enfrentamos na luta para proteger nossos ambientes humanos e naturais. Há muitas destas pessoas.

O apelo da utopia da comunidade virtual vem em parte dos poderes mágicos que ela atribui à tecnologia. Mas no mundo real da história humana as novas tecnologias nunca criam novas sociedades, resolvem problemas imemoriais ou acabam com a escassez existente. Elas simplesmente mudam os termos em que os conflitos sociais e políticos são apresentados. Os usos aos quais são colocadas as novas tecnologias dependem da distribuição de energia e do acesso aos recursos, e do nível de desenvolvimento cultural e moral da sociedade. Nós *sabemos* que as novas tecnologias não são em si libertadoras. Alguém precisa ser lembrado de que a repressão na Praça Tiananmen foi filmada com câmeras de vídeo? Ou que a Guerra do Golfo não poderia ter sido travada sem simulação por computador e bombas inteligentes? Será que os tecnoutopistas da revista *Wired* são de fato tão inocentes da história que estão condenados a repeti-la?

O perigo das novas tecnologias é que, juntamente com uma ideologia tecnoutópica, elas serão usadas para nos distrair da pobreza e do isolamento crescentes em nossas vidas cotidianas. As comunidades virtuais são substitutos medíocres para as comunidades que estamos rapidamente perdendo. Nas escolas e nos bairros, nas ruas e nos locais de trabalho, as conversas humanas têm uma profundidade de significado insondável que nenhum computador consegue simular. A miragem da comunidade virtual serve para nos reconciliar com o crescente desamparo das instituições sociais e dos lugares públicos em que ocorrem estes encontros não programados. Se as cidades estão desoladas e as escolas estão atacadas pelo medo, se evitamos estranhos e crianças como ameaças à nossa segurança, refugiarmo-nos na liberdade vazia do ciberespaço pode parecer uma libertação. Mas viver grande parte das nossas vidas neste espaço significa abandonar parte do que nos torna humanos.

Somos quem somos devido aos lugares em que crescemos, aos sotaques e amigos que conseguimos casualmente, às responsabilidades que não escolhemos, mas que de alguma forma aprendemos a enfrentar. As comunidades reais são locais reais em que as pessoas criaram raízes e estão dispostas a se estabelecer com as responsabilidades do viver junto. A fantasia da comunidade virtual é que podemos desfrutar dos benefícios da comunidade sem suas obrigações – sem o esforço diário para manter intactas as delicadas conexões humanas. As comunidades reais podem suportar tais cargas porque estão fixadas em determinados lugares e evocam lealdades duradouras. No ciberespaço em que as comunidades virtuais são formadas, no entanto, não há lugar algum onde possa se desenvolver uma sensação de lugar, e não há como ser forjada a solidariedade que sustenta os seres humanos durante os tempos difíceis.

Podemos rejeitar a oferta das comunidades da internet de nos livrar das restrições não escolhidas da vida local. A visão de uma comunidade virtual global repete os erros dos anos 1980 em sua negligência arrogante da necessidade humana de ligações duradouras e de formas de vida em comum. As novas tecnologias vão nos servir melhor se as tratarmos como dispositivos modestos, instrumentos por meio dos quais protegemos o que é importante para nós. Eles podem ajudar as comunidades existentes a se renovar e facilitam às novas – comunidades reais, não virtuais – se formar. Subordinar dessa maneira as novas tecnologias às necessidades das comunidades reais vai demandar escolha coletiva ativa. A internet pode ser uma anarquia que funciona, mas não é uma democracia responsável. É necessário um debate público que se concentre nos custos e nos riscos das tecnologias da informação – por exemplo, as ameaças que elas constituem à privacidade. O pior resultado – também o mais provável – será aquele em que os usos das novas tecnologias são decididos não pela deliberação pública informada, mas pelos imperativos descontrolados do mercado.

A ilusão da comunidade virtual está em sua sugestão de que podemos de algum modo escapar do nosso ambiente terreno perigoso e frágil, com suas sociedades divididas e conflitos inconciliáveis, para a liberdade leve do éter. Será outra das ironias da história se formos aquietados pela utopia da comunidade virtual para aceitar a destruição pelas novas tecnologias comandadas pelo mercado do que resta das comunidades onde as pessoas sempre viveram. Pois já podemos ver o fim da estrada para essa utopia na realidade da pobreza pós-moderna – no espetáculo dos telefuncionários solitários amontoados sobre seus computadores, presos nas ruínas das cidades desertas, consolando-se de que a armadilha em que estão presos é um novo tipo de liberdade global.

Guardian, 10 de abril de 1995

9 Vítimas do carrossel

O aumento do desemprego nos países industrializados avançados é apenas uma sombra lançada por uma tendência mais profunda – o declínio da instituição do próprio emprego. Tornou-se um lugar-comum dos anos 1990 estarmos agora, quase todos nós, correndo o risco de ficar "desempregados" – removidos da força de trabalho por políticas "redutoras" que eliminam camadas inteiras de emprego das organizações, substituindo-as por novas tecnologias de informação ou pela "terceirização" de empregados contratados.

Mesmo que não seja ainda conclusivamente apoiada pelas medidas estatísticas convencionais de mobilidade da mão-de-obra, esta percepção comum do aumento da insegurança no emprego na década de 1990 tem uma base sólida na nossa experiência. O que ela revela é nosso bem fundamentado medo de que, uma vez que percamos a segurança no emprego, jamais consigamos readquiri-la. Nosso destino pode não ser o daqueles condenados ao desemprego de longo prazo, cujas vidas são um exercício de paciência. Mas, uma vez que tenhamos caído do carrossel que carrega a população minguada daqueles que ainda têm empregos tradicionais, seremos impelidos a passar o restante de nossas vidas de trabalho em emprego de tempo parcial ou contratado, prestando serviços específicos ou executando projetos especiais. Vamos nos tornar parte de uma massa sempre crescente de mão-de-obra eventual composta de pessoas absorvidas de todas as ocupações e classes. É a erosão da manutenção do emprego na economia de trabalho, mais até que a ameaça do desemprego, a responsável pela profunda sensação de um risco econômico pessoal aumentado nos anos 1990. Mas as causas desta mudança são mal entendidas e o debate público sobre suas implicações – que pressagiam uma transformação em toda a nossa cultura de trabalho que estamos mal equipados para enfrentar – está apenas começando.

Em livro desafiador e oportuno, *The End of Work: The Decline of the Global Labour Force and the Dawn of the Post-Market Era*, Jeremy Rifkin declara que o crescimento explosivo de novas tecnologias da informação está direcionando o deslocamento de uma cultura do trabalho baseada nos empregos antiquados para uma cultura baseada em uma força de trabalho contingente, "ainda em tempo". Para os empregadores de hoje, uma força de trabalho permanente é um item dispendioso em seu inventário que, em condições de intensa competição global, eles não podem mais se permitir. Quando puderem, adotarão tecnologias que substituem a mão-de-obra e, onde isso ainda não for possível, farão todo o possível para substituir os funcionários regulares da sua força de trabalho por funcionários contratados. Seguindo tais políticas, os empregadores estão, quer queiram quer não, pondo um fim à era do emprego em massa.

Nos Estados Unidos, como mostra Rifkin, este processo está bem avançado. Já resultou na agência de empregos temporários Manpower, que se tornou o maior empregador isolado do país, com bem mais de meio milhão de pessoas em seus registros. A substituição do trabalho pela tecnologia está ocorrendo a um ritmo rápido em toda a economia americana. Está acabando com nossos empregos, não só na manufatura, mas também na administração intermediária, em bancos e bibliotecas, e na agricultura. Essas mudanças não são apenas um dobre fúnebre para a classe trabalhadora, mas também significam a ruína para muitas profissões. Se Rifkin estiver correto, estaremos diante de um desenvolvimento sem paralelos na história econômica – a destruição tecnológica dos empregos em toda a extensão da atividade econômica.

A análise de Rifkin certamente será rejeitada como apocalíptica pelo entendimento comum de todas as partes. Vai invocar períodos anteriores da história econômica para afirmar que, a longo prazo, as novas tecnologias criarão tantos empregos quanto destruírem. Além disso, mesmo que, em nossas condições, estes não sejam empregos do tipo ultrapassado, o entendimento comum vai insistir em que a nova vida flexível do trabalho eventual pode ser satisfatória e até mesmo – no jargão administrativo de inúmeros redutores – "capacitante". O que tais respostas convencionais omitem é a nova instabilidade na divisão da mão-de-obra que já operou profundas mudanças na cultura do trabalho. A combinação da tecnologia da informação com as pressões de um mercado desregulado e cada vez mais global nas habilidades fez mais do que tornar a perspectiva de um emprego para a vida toda uma lembrança histórica. Destruiu a idéia de uma carreira ou vocação em que foi fundamentada a nossa cultura herdada do trabalho. A realidade que todos enfrentamos agora não é apenas, nem mesmo principalmente, que teremos que mudar de emprego com mais freqüência. É que teremos que mudar toda a nossa ocupação, talvez mais de uma vez, no decorrer de uma vida de trabalho. Estas mudanças estão prestes a causar um profundo e extenso impacto em toda a nossa cultura.

Em todas as sociedades ocidentais modernas os empregos têm sido há muito experimentados, não apenas como meios de se adquirir renda, mas também como a principal fonte da nossa identidade social. Entretanto, em conseqüência do fluxo em que a divisão do trabalho foi lançada pelas novas tecnologias, não podemos mais nos definir por referência a nenhuma ocupação isolada. Em um ambiente econômico em que as habilidades estão o tempo todo se tornando rapidamente obsoletas, a correspondência entre o desenvolvimento de uma carreira e as fases do ciclo de vida humana se deteriora. Somos então incapazes de apresentar qualquer narrativa coerente sobre nós mesmos, em que a nossa vida de trabalho acompanhe o ciclo do envelhecimento biológico. Nossas vidas tornam-se fragmentadas, informes e permanentemente provisórias.

Se Rifkin estiver pelo menos meio certo, o desafio imposto à política pública pelas mudanças no trabalho comandadas pela tecnologia que estamos testemunhando é bem maior do que é atualmente reconhecido, ou admitido, em qualquer parte do espectro político. As idéias democráticas sociais de retorno ao pleno emprego mediante repetidos *reskillings* provavelmente não serão muito menos ilusórias do que os esquemas neoliberais em que os trabalhadores "fixam seu preço para voltar ao emprego" em salários sempre mais baixos. Tampouco irão além de reduzir o crescimento do desemprego tecnológico. Precisamos de políticas que capacitem as pessoas para conduzir vidas significativas e produzidas em uma cultura econômica em que a instituição do próprio trabalho está cada vez mais obsoleta. As novas tecnologias tornam a vida flexível de certa forma inevitável para a maioria de nós. No entanto, só será humanamente tolerável e satisfatório se as políticas públicas forem adaptadas para as novas realidades da força de trabalho desempregada. Podemos, então, nos aproximar do ponto em que o nosso senso de identidade pessoal e auto-estima dependem tanto da nossa contribuição para a economia informal maior da família e da comunidade quanto da posse de um emprego permanente. Ou persistiremos em políticas que condenem aqueles sem trabalho a um desemprego permanente, procurando impeli-los a retornar a um mundo de empregos que está rapidamente desaparecendo?

Guardian, 27 de abril de 1995

10 O fim da Grã-Bretanha tory

O declínio contínuo do Partido Conservador representa mais que uma derrocada cíclica nos destinos eleitorais do partido político mais antigo do mundo. É um momento significativo na morte lenta da cultura política tory. Por uma rede penetrante e com freqüência quase invisível de afinidades e lealdades, e pela persistência das divisões de classe que perpetuaram a percepção do Partido Conservador como o veículo político de uma elite dirigente, os conservadores em toda a sua história criaram uma cultura pública do toryismo que garantiu seu lugar no poder como o partido natural do governo nacional. É esta cultura tory que – como resultado das políticas dos últimos 15 anos, e da grande oportunidade histórica, por parte do Partido Trabalhista, de agora suplantar os conservadores como o partido do governo – está agora inequivocamente morrendo.

Durante o longo e cansativo interregno dos anos 1990 nos acostumamos ao espetáculo de um governo sem leme, navegando no piloto automático neoliberal, enquanto suas políticas falidas são repudiadas reiteradamente pela opinião pública e por seus próprios defensores. Em retrospecto, a vitória apertada dos conservadores em 1992 foi apenas um breve intervalo em seu curso rumo ao desastre eleitoral. Os conservadores de hoje são as vítimas das forças econômicas e sociais que eles próprios liberaram nos anos 1980, forças que os mantiveram no poder durante mais de uma década, mas que agora estão prontas para engolfá-los, enquanto se esquivam, esgotados e frustrados, rumo a uma fusão eleitoral que uma mudança de líder – caso aconteça – não conseguiria evitar. Nem mesmo a substitição de John Major por Michael Heseltine conseguiu transformar a catástrofe em simples derrota – que é o máximo que qualquer estrategista conservador pode agora esperar.

A aniquilação da cultura política tory pelas políticas conservadoras ocorreu, em primeiro lugar, dentro do próprio Partido Conservador. O desdém ignorante e incompreensível dos governos Thatcher e Major pela identidade e continuidade de instituições há muito estabelecidas, e seu esbanjamento eventual em reformas administrativas crassas do éthos e da cultura que os inspiram, que quase destruíram o Serviço Civil e o SNS, realizaram uma devastação similar na organização partidária e na moral dos conservadores. Isso foi conseguido pelo desprezo sistemático que sucessivos governos conservadores dedicaram às autoridades locais – pilares institucionais do conservadorismo cívico e das virtudes comunitárias que eles diziam apoiar – sobrepujando-as e criando o *Quango State*. Ao criar o Quango State, os conservadores criaram, por sua vez, uma nova classe de nomenclaturistas que se compara, ou supera, em seu tamanho e nos recursos que controla, todo o corpo de funcionários locais eleitos na Grã-Bretanha. Exibindo dessa maneira seu desdém pela democracia local, os governos conservadores, ao mesmo tempo, exibiram seu desprezo por seus próprios conselheiros. Em seu próprio partido, como no país como um todo, as políticas conservadoras atuaram para enfraquecer ou destruir a confiança entre o povo britânico e suas instituições. O resultado é uma máquina partidária da qual não só estão retirando o apoio financeiro muitos daqueles da indústria que tradicionalmente a apoiavam, mas que está sendo abandonada por seus trabalhadores em todo o país.

Em suas relações com a cultura tory mais ampla de eleitores conservadores, o governo Major cometeu em toda parte o erro clássico das nomenclaturas, que é confundir a familiaridade conferida pelo poder com a estabilidade na sociedade subjacente. A última eleição geral encorajou a ilusão de que os beneficiários das políticas dos anos 1980 iriam suportar até um período prolongado de dificuldade econômica, contanto que pudessem ter a garantia de elevação das rendas reais. Entretanto, a experiência dos vários anos passados é que os eleitores estão tão, ou mais, preocupados com os riscos econômicos que eles e suas famílias enfrentam – riscos de perda de seus empregos e, em conseqüência, de suas casas –, quanto estão preocupados com suas rendas pós-impostos. Em uma inversão curiosa do processo de "emburguesamento" teorizado por psefologistas nos anos 1980, aumentar a insegurança no emprego e reduzir a eqüidade em seus lares empobreceu setores da classe média – mais especialmente muitos daqueles que mais se beneficiaram das políticas thatcheristas – colocando-os na mesma situação da classe trabalhadora preocupada com a erosão dos serviços de saúde e educação. Na verdade, 15 anos de políticas neoliberais produziram não uma era de equilíbrio burguês, mas uma classe média marginalizada e radicalizada, ativa em campanhas contra a construção de estradas e o transporte de animais vivos, e assombrada pelo medo do seu futuro econômico. Protegido em seu *bunker* em Whitehall, o governo não pode lidar com as preocupações quanto à segurança econômica e à qualidade ambiental, porque elas nem sequer são reconhecidas em sua ideologia de governo neoliberal.

Se o papel histórico do thatcherismo era ser um agente de modernização do *ancien régime* da Grã-Bretanha, então ele – de uma maneira brutal, não-intencional e paradoxal – cumpriu sua função. O resultado de 15 anos de radicalismo do livre mercado foi anular as deferências de classe e deslegitimar as instituições tradicionais que apoiavam a antiga cultura política tory. As pretensões dos conservadores a qualquer tipo de especialização no governo tornaram-se motivo de riso, e, se há ainda algum lugar em que um tory reivindique falar em defesa de uma elite cultural, é ali recebido por uma cultura popular experiente em se defender em um ambiente urbano violento como se fosse um exercício de campo.

O fato de não mais reivindicarem falar em nome da cultura nacional parece ser reconhecido vagamente até mesmo pelos próprios tories. É sintomático que, quando eles investem verbalmente contra a mais que tardia proibição do detestável esporte da caça à raposa, os tories comumente não usem mais a antiga linguagem da tradição, mas em vez disso empreguem a retórica liberal menosprezada dos direitos culturais da minoria. Defendendo o indefensável como um elemento no modo de viver do povo do país, os tories estão admitindo tacitamente que, nesta e talvez em muitas outras questões, eles não mais expressam a cultura compartilhada da maioria dos bretões. Provavelmente não estamos longe da emergência de uma espécie de multiculturalismo tory, em que as práticas e os privilégios que a opinião pública condena são representados como atributos de uma cultura minoritária ameaçada. Os homens severos e sem ilusões da Direita tory, antigamente de poucas palavras em seus sobretudos, tornaram-se apenas um grupo de pressão mais vocal. Nos destinos normais da vida política, o Partido Conservador provavelmente vai de algum modo se renovar, mesmo após o desastre, em uma forma que atualmente não conseguimos imaginar qual seja; mas a Inglaterra tory está tão bem quanto morta.

A trajetória conservadora nas eleições locais é uma justificação dramática da estratégia de Tony Blair do One Nation Labourism, em que os valores conservadores genuínos abandonados pelos conservadores estão associados às preocupações com a eqüidade e com a comunidade do Partido Trabalhista tradicional. A autodestruição do toryismo estabeleceu várias das condições necessárias para um período prolongado de governo trabalhista, sobre as quais Blair está sistematicamente construindo. Mas o legado conservador para um governo de Blair será uma classe média desiludida, explosiva e afirmativa. Serão as demandas de seus novos eleitores, mais do que a perspectiva remota do poder sindicalista ressurgente, que muito provavelmente testarão o valor de uma administração trabalhista emergente. Numa perspectiva mais ampla e mais longa, a principal tarefa de um governo trabalhista será a de moldar as instituições em que a sociedade fragmentada e plural que é a herança real tory pode encontrar muita coisa em comum para conseguir viver em paz consigo mesma.

Guardian, 15 de maio de 1995

11 Vitorianos camuflados

Os valores vitorianos voltaram à moda – mais uma vez. Foram introduzidos no discurso político britânico em 1983 por Margaret Thatcher, em uma tentativa de dar à experiência nos livres mercados que estavam então em andamento um respeitável pedigree histórico. Agora que essa experiência acabou, eles voltaram, desta vez como parte de outro empreendimento político – o de contar uma história que responde pelo fracasso ignominioso do projeto do livre mercado na Grã-Bretanha. Como os conservadores de hoje vão explicar o fato de que uma década e meia de políticas neoliberais não só fracassou em distribuir os bens na forma de renovação econômica, mas coincidiu com uma ascensão exagerada e constante do crime e da falência da família? Para os autores destas políticas, a resposta não pode ser que elas foram antes de tudo mal concebidas. A culpa deve ser da própria sociedade britânica – com nossa cultura nacional liberal, contrária ao conservadorismo radical, equipada com os recursos do Estado democrático mais centralizado do mundo, ela lutou em vão. Este é o subtexto do último pronunciamento de Margaret Thatcher sobre os valores vitorianos no segundo volume de suas memórias, que está prestes a ser lançado, em que ela prega um retorno à "moralidade cristã tradicional". Suas opiniões fazem eco àquelas expressas por outros conservadores, como Alan Duncan e Jon Patten, em seus últimos livros. Como se, do mesmo modo que os comunistas da Alemanha Oriental no escárnio de Bertold Brecht na época da repressão do levante dos trabalhadores em 1953, os conservadores britânicos fossem anunciar que eles haviam perdido a confiança nas pessoas e propunham eleger outras. A história que está sendo agora contada pelos conservadores sobre os últimos 16 anos é grotescamente absurda. Segundo eles, as políticas conservadoras foram aniquiladas, não pelo dano que infligiram à estrutura social e institucional da Grã-Bretanha, mas pelos valores liberais doutrinários, como estes foram propagados pela *intelligentsia* por meio das escolas e da mídia.

Esta é a mensagem da defesa mais sofisticada dos valores vitorianos disponível – *The De-moralization of Society*, de autoria da historiadora neoconservadora americana Gertrude Himmelfarb. O livro de Himmelfarb contém muita coisa sobre a história da época vitoriana, parte dela esclarecedora, mas seu empreendimento é político, não intelectual. É imputar a responsabilidade pelos problemas sociais contemporâneos ao liberalismo – em particular às doutrinas de relativismo moral que ela acusa os liberais de disseminar desde a década de 1960 – e defender o retorno a uma moralidade baseada na religião e na tradição. Apontando o liberalismo como a causa de nossos males, seu objetivo é freqüentemente incerto, em parte porque ela raramente confronta as enormes diferenças na história e na cultura que dividem a Grã-Bretanha e os Estados Unidos. É estranho invocar o liberalismo como a explicação pelo fracasso das políticas dos anos 1980. Pois estas políticas eram expressões do liberalismo em sua forma vitoriana mais primitiva e descomprometedora – o liberalismo do *laissez-faire* da Escola de Manchester, que desde então substituiu o conservadorismo tradicional na Grã-Bretanha. Talvez seja porque o conservadorismo, na tradição européia a que os tories um dia pertenceram, jamais realmente criou raízes nos Estados Unidos a ponto de um historiador americano poder ignorar a contribuição das políticas neoliberais para a erosão das instituições tradicionais na Grã-Bretanha. É igualmente estranho que Himmelfarb tenha reconhecido (em uma nota de rodapé) que em 1980 o índice de homicídios nos Estados Unidos fosse dez vezes o da Inglaterra, sem parar para perguntar que diferenças entre as duas culturas poderia ser responsável por esta enorme discrepância. Mas se ela tivesse parado para pensar, teria levado em conta o fato de que os Estados Unidos são não apenas a mais violenta entre as sociedades avançadas, mas também de longe a mais religiosa, enquanto a Grã-Bretanha está entre as menos propensas à violência criminal, assim como uma das menos religiosas. Esses simples fatos devem nos levar a rejeitar qualquer reivindicação geral sobre o relacionamento entre o declínio da crença religiosa e o aumento da criminalidade. Além disso, apontam para o aspecto montypithonista da noção de que qualquer coisa tão recôndita como o relativismo moral poderia ter efeitos sobre a reivindicação dos conservadores da sociedade atual. Se o relativismo moral significa algo, é que nossos valores derivam da nossa cultura. Esta é uma posição que tende a fortalecer a convenção social e a enfraquecer as reivindicações dos indivíduos – como é mostrado pelo exemplo das culturas do Leste Asiático, em que a moralidade "absolutista" do tipo cristão não é muito respeitada. Na verdade, é totalmente ridículo os conservadores culturais reivindicarem que as mudanças sociais que eles se apressam a condenar resultam da influência dos intelectuais liberais. Essas mudanças – acima de tudo as mudanças na forma da família, que são a principal fonte de pânico moral entre os conservadores – originam-se de crenças muito antigas e tendências há muito arraigadas nas sociedades ocidentais modernas. O aumento no índice de divórcio foi desencadeado pela convicção burguesa incutida de que o casamento e a família são veículos para a autorealização e para o amor romântico, juntamente com uma melhora nas oportunidades econômicas das mulheres, que remontam pelo menos à Primeira Guerra Mundial – aspectos da nossa condição que nenhuma cultura conservadora pode razoavelmente procurar alterar. E, se a família tem-se tornado mais frágil nos últimos anos, é leviano passar por cima do impacto de sua estabilidade quanto às políticas conservadoras que promoveram a mobilidade e a escolha individual sobre qualquer outro valor social.

A história que está sendo contada pelos conservadores sobre o fracasso da experiência neoliberal negligencia um fato muito abrangente e, para eles, muito desagradável, evidente após se assistir às novelas e aos programas de entrevistas – que "a moralidade cristã tradicional" não é para a maioria das pessoas na Grã-Bretanha de hoje sequer uma lembrança histórica. Ao mesmo tempo, é uma caricatura da nossa condição sugerir que a própria vida moral seja fraca entre nós. A verdade é que nós temos hoje as qualidades essenciais de uma cultura moral comum forte e profunda na Grã-Bretanha, mas seu conteúdo é rejeitado pelos conservadores culturais. Esta cultura comum é liberal com relação à sexualidade e ao casamento, e só está preocupada com a ilegitimidade e com as famílias com apenas pai ou mãe onde elas não são escolhidas e são prejudiciais aos interesses das crianças. Rejeita as crenças religiosas sobre o valor da vida humana e tende a ser favorável à eutanásia. Cada vez mais, parte não apenas dos valores cristãos, mas também do humanismo em sua preocupação com o bem-estar dos animais e com a integridade do ambiente natural, considerado não como um meio para os propósitos humanos, mas como bens em si. Encara a tecnologia e o desenvolvimento econômico com cautela, como meios e não como fins. Esta cultura comum nascente se expressa em poderosos movimentos novos contra a construção de estradas e a exportação de animais vivos – movimentos negligenciados pelos políticos conservadores de todos os partidos, mas criando recursos de energia e compromisso – sem falar na absoluta eficácia – de que os partidos políticos tradicionais evidentemente carecem. Foi este consenso emergente, juntamente com a incompetência e a imoralidade no poder, que destruiu o thatcherismo na Grã-Bretanha. A verdadeira lição dos "valores vitorianos" é que qualquer projeto político que ignore esta realidade corre o risco de se tornar uma peça cultural *kitsch*.

Guardian, 30 de maio de 1995

12 Viciados na liberdade tory

O ataque ao Estado por parte da Direita do livre mercado, que, durante toda a década de 1980, o visou como o principal inimigo da liberdade e do bem-estar humanos, recentemente se transferiu para um novo território em uma campanha em favor da legalização das drogas. Um número crescente de pensadores e políticos conservadores começou a defender a legalização da droga como um remédio para níveis crescentes de criminalidade, em que está implicado o uso de drogas. Entre muitos deles, a legalização da droga é proposta como mais um avanço no projeto de contração do Estado a um mínimo irredutível que eles têm buscado por mais de uma década e meia na política econômica. É difícil pensar em um projeto mais inadequado para os dilemas emergentes do século que se inicia. A suspeita libertarista do Estado expressa por essas propostas pode ter tido alguma justificativa no início do século XX, antes do colapso do comunismo, quando os governos se comprometeram com o planejamento central experimentado para direcionar a vida de povos inteiros. Isso é anacrônico e perigoso no fim do século, quando os Estados estão fragmentados ou se desintegrando em muitas partes do mundo, e surgiu uma nova forma de governo por parte do crime organizado cujo alcance é mundial.

O livro de Alan Duncan e Dominic Hobson, *Saturn's Children: How the State Devours Liberty, Prosperity and Virtue*, é um exemplo notável do conservadorismo radical que inspira estas novas demandas pela legalização das drogas. O livro é um envolvimento sério com questões fundamentais, contendo entre outras coisas uma exploração completa e criativa das possibilidades de uma Renda Básica como uma alternativa às instituições previdenciárias existentes. Não obstante, exemplifica o caráter de olhar retrospectivo do pensamento conservador contemporâneo, que está tão fixado no perigo da tirania em um mundo de Estados muito ampliados – o perigo do mundo em que vivíamos uma geração atrás – que não consegue perceber as ameaças à liberdade e ao bem-estar impostas pela desintegração do Estado e pela anarquia que põem em risco o mundo em que vivemos hoje.

Na nossa época, o Estado é uma instituição frágil e com freqüência impotente – uma instituição em retirada, não o monstro devorador da demonologia conservadora. O atraso no pensamento e na percepção, longe de estar confinado aos conservadores, permite que o principal desenvolvimento na história da última década – que é a fraqueza e a fragmentação dos Estados e a emergência de um novo tipo de anarcocapitalismo criminalizado, nos países pós-comunistas e em muitas partes do Terceiro Mundo – continue incompreensível. Mas não teremos possibilidade de entender o problema colocado pelas drogas ilegais se não entendermos como o colapso dos Estados criou um mundo anárquico em que as organizações criminais globalizadas comandam muitos dos recursos anteriormente sob o controle dos governos.

A falência real dos Estados em muitas partes do mundo resultou em um número crescente de nações, tribos e clãs sem Estado, que desempenham papel vital nas redes criminosas que controlam os suprimentos mundiais de drogas ilegais. Chechenos, albaneses do Kosovo, curdos, tamiles, ibos da Nigéria – estes e outros povos desfavorecidos recorreram ao tráfico de drogas em troca de uma vida precária. Às vezes competindo, mais freqüentemente em conluio, as máfias que operam entre estes povos são com freqüência os substitutos mais eficientes da autoridade política em territórios – como partes da ex-Iogoslávia – em que o Estado foi destruído pela guerra. Na Rússia pós-comunista, muitos dos bens anteriormente pertencentes ao Estado soviético passaram para o controle da Máfia via o processo de privatização da nomenclatura. Na América Latina, a corrupção e a intimidação de funcionários pelos cartéis de drogas comprovaram-se uma influência decisiva na política. Em cada um destes exemplos, o poder e os recursos passaram de Estados soberanos a organizações criminosas, que atuam como "Estados" onde as antigas autoridades políticas não mais existem, ou exercem um poder sobre eles onde ainda mantêm algum grau de efetiva autoridade. A verdade crucial que ainda está por ser revelada pelos defensores da legalização das drogas é que essa política não tem significado quando – como em muitas partes do mundo onde as drogas são produzidas – os Estados não mais existem ou foram tomados pelas máfias criminosas.

Os conservadores que defendem a legalização das drogas apontam que a necessidade de financiar o vício da droga é uma importante causa de crime, e que o preço das drogas vai cair dramaticamente se elas forem legalizadas. É verdade que algumas formas de crime provavelmente declinarão em incidência caso a droga seja legalizada, mas com muitas outras isto não ocorrerá, e algumas delas inclusive podem aumentar. As máfias internacionais atualmente envolvidas na produção e distribuição de drogas não deixariam de ser organizações criminosas, empregando a violência na busca do lucro. Quando o uso da droga pode em si atuar como uma causa de comportamento anti-social – como acontece com drogas como as anfetaminas e a cocaína, que podem provocar um estado de agressividade e paranóia em seus usuários –, seu papel no crime pode não diminuir, e até mesmo – pela possibilidade de um aumento significativo no consumo – aumentar.

Há um argumento irrefutável para a legalização das drogas em locais onde – como nos Estados Unidos, que é o mercado suprido pelos produtores de drogas do mundo afora – o abuso de droga é uma epidemia incontrolável, e provavelmente contribui para mais da metade dos vinte mil ou mais assassinatos cometidos a cada ano. Na América, a legalização das drogas é um plano bem fundamentado e desesperado, que só uma cultura pública de otimismo moralizador, que nega a realidade de seus problemas sociais insolúveis, impede de ser implantado. Na Grã-Bretanha, onde o problema das drogas é sério, mas ainda não está além do controle, há um argumento poderoso para descriminalizar algum uso de droga e adotar uma abordagem consistentemente terapêutica para os usuários, embora comprometendo mais recursos para a detecção do tráfico de drogas. Mas criar um livre mercado para as drogas na Grã-Bretanha, baseado no fato de que as máfias criminosas que atualmente as produzem e distribuem não podem ser legalmente controladas, como é defendido pelos libertaristas conservadores, significaria para a Grã-Bretanha a omissão do Estado em uma de suas principais responsabilidades – o controle do crime organizado. Seria um passo à frente rumo a uma sociedade fragmentada e dividida.

A nova ordem mundial anárquica de máfias sem um Estado, ou que dominam o Estado, emergiu como uma conseqüência não-intencional de políticas que enfraqueceram a autoridade de Estados soberanos. Mesmo o controle da força militar em muitas partes do mundo não está mais em algo reconhecível como Estados, porém disperso entre organizações políticas, tribos e clãs – um desenvolvimento que transformou a natureza da guerra. As economias anarcocapitalistas que substituíram o planejamento central em muitos países pós-comunistas podem comprovar não serem uma fase desenvolvimental em um caminho de convergência com as instituições ocidentais, mas um sistema estável que subsiste há gerações. No futuro previsível, grande parte do mundo será anárquico. Esta é uma perspectiva fatídica em uma época em que populações humanas inexoravelmente crescentes estão recriando com novas formas muitas das antigas carências malthusianas.

A evidência das novas máfias, que foram pioneiras em uma forma imprevista de globalização econômica após o colapso dos Estados, confirma o que muitos há bom tempo suspeitavam – que a condenação libertarista do Estado e a celebração do livre mercado é uma receita para a falência social e para a instabilidade política. Na Grã-Bretanha, apesar de suas deformações, o Estado tem sido afinal uma instituição civilizada. Abandonar os pobres e os desesperados em um mercado de drogas liberado seria a loucura final do individualismo radial. Os cantos de sereia que atualmente reivindicam a legalização das drogas devem ser combatidos por todos aqueles que buscam preservar o que ainda resta da herança de coesão social e governo civilizado na Grã-Bretanha.

Guardian, 19 de junho de 1995

13 Uma saída radical

Quando John Redwood anunciou sua candidatura à liderança, a guerra civil dentro do Partido Conservador passou para uma nova fase. Seu desafio audacioso a John Major não deixa espaço a dúvidas de que a Direita do partido exerce agora a iniciativa estratégica contra um remanescente cada vez mais defensivo e em posição mais desvantajosa dos tories tradicionais. O papel de Redwood na disputa da liderança conservadora significa algo ainda mais fatídico – a debandada iminente no Partido Conservador das forças remanescentes do One Nation Toryism. Seja qual for o resultado da proposta de Redwood e da própria disputa pela liderança, uma coisa é clara: a autoridade do vencedor como líder conservador vai depender da aceitação dos termos ditados pela Direita nacionalista do livre mercado. O resultado da disputa só pode ser mais uma radicalização decisiva do partido na direção estabelecida por Margaret Thatcher em 1979.

Durante todo o mandato de John Major como primeiro-ministro duas filosofias incompatíveis mantiveram um conflito intermitente e inconclusivo no Partido Conservador. Os herdeiros do thatcherismo procuraram defender, e estender, posições que ela adotou não apenas sobre as relações da Grã-Bretanha com a Europa, mas sobre a lei e a ordem, a política social e os gastos públicos. A visão do futuro nacional da Grã-Bretanha que esta filosofia da Nova Direita apresenta é aquela da sociedade britânica reconstruída em termos econômicos sobre um modelo individualista americano, mas em suas dimensões políticas mais amplas ele se assemelha mais ao nacionalismo da Antiga Direita na Europa continental. O resultado é uma miscelânea de Gingrich e Poujade que faz o thatcherismo parecer quase atual. Na verdade, a combinação de minimalismo sobre as responsabilidades econômicas e previdenciárias do governo com um compromisso com o Estado-nação, que é às vezes indistinguível da xenofobia é um desenvolvimento autêntico de temas thatcheristas. Mas os radicais da Direita tory atual levam as implicações destes temas para a política além do que fez a própria Thatcher quando ainda estava no poder. Nas relações da Grã-Bretanha com a Europa, o subtexto desta agenda da Nova Direita é uma ameaça de retirada da União Européia caso falhe a tentativa britânica de renegociar sua posição como membro. Na política interna, isso significa seguir a liderança da Direita americana e abraçar a política nociva dos valores familiares – pela qual Redwood teve um interesse passageiro, em 1993, em um ataque às mães solteiras – e de cortes de impostos populistas.

Esta é uma agenda para a política que dá as costas à preocupação com a coesão e com a continuidade que levaram os tories liberais – como Butler, Boyle, Macleod, Macmillan e Heath – a endossar o acordo pós-guerra. Ela rejeita totalmente o projeto europeu de uma economia social de mercado em favor de uma forma de excepcionalismo britânico – ou, cada vez mais, embora ainda a *sotto voce*, inglês. Na verdade, trata-se de uma agenda powellista, cuja dominância provavelmente resultará em uma sangria do partido semelhante àquela dos Wets nos anos 1980. Não só o toryismo liberal reformista, mas também o remanescente do antigo toryismo aristocrata e paternalista – o conservadorismo tradicional de Whitelaw e Hurd –, parece determinado a sobreviver como uma minoria cada vez mais marginal e impotente dentro do partido. Os principais tories do centro e da Esquerda do partido, como Kenneth Clarke e Michael Heseltine, vão perceber que têm pouca alternativa para aceitar os termos da tendência dominante nacionalista do livre mercado. O conservadorismo comunitário progressivo que sobreviveu como uma força moderada mesmo nos anos 1980 thatcheristas será extinto quando os exemplos do Contrato para a América libertarista de Newt Gingrich e a ressurgência da devastadora derrota eleitoral de um Partido Conservador Canadense reconstruído sobre um modelo gingrichista forem organizados para apoiar uma estratégia eleitoral do radicalismo da ala direitista.

Os riscos políticos do Partido Conservador em adotar uma agenda política radical da Nova Direita são, evidentemente, colossais. A desilusão do eleitor com o governo na Grã-Bretanha tem tudo a ver com a ligação popular com instituições como o Serviço Nacional de Saúde e com o ressentimento diante da ganância nos serviços de utilidade pública privatizados, e nada a ver com a rejeição do papel do próprio governo. Mais uma vez, o medo da exclusão da União Européia sempre será uma força eleitoral bem mais forte do que o descontentamento diante da perda da soberania. Se o Partido Conservador emergir da atual disputa pela liderança como um partido da Direita nacionalista neoliberal, isso confirmará que ele perdeu o domínio sobre a cultura política britânica. O resultado poderia ser uma geração oposicionista.

A indecisão estratégica dos anos de Major, em que o partido Conservador não conseguia compor sua mente coletiva, quer quisesse se livrar da agenda thatcherista quer aprofundá-la, terminou com uma ampla iniciativa da Direita. A candidatura de John Redwood significa mais do que um movimento em uma luta mortal pelo poder tory. O jogo final para o One Nation Toryism – e talvez para o Partido Conservador como o partido do governo – já começou.

Guardian, 27 de junho de 1995

14 Todos são perdedores

O voto de amanhã na disputa pela liderança tory, em que um cálculo do interesse próprio eleitoral vai esmagar qualquer outra consideração de quase todos os membros tories do parlamento, constitui para Michael Heseltine a última chance de se tornar primeiro-ministro. Se a disputa for para um segundo turno, será em parte porque um número suficiente do pequeno eleitorado exclusionário que decide esta questão acredita que as habilidades políticas de Heseltine ainda podem transformar a catástrofe anunciada para os conservadores na próxima eleição geral em uma mera derrota. A independência de Heseltine de princípios políticos firmes, seus talentos de oratória demagógica e seu domínio dos ardis mais obscuros da política são qualidades que atrairão membros conservadores do parlamento que estão desesperados diante das perspectivas do seu partido. Não será a posição de Heseltine no espectro da filosofia tory que vai colocá-los nesse jogo de desespero; será a convicção de que ele pode ser a última chance de eles se manterem em suas cadeiras.

No entanto, mesmo que apostar em Heseltine compensasse em termos de conservação das cadeiras, um cargo de primeiro-ministro para Heseltine não enfraqueceria significativamente a já existente influência repressora da Direita sobre o governo. No máximo, poderia adiar até depois da derrota eleitoral a próxima fase do conflito dentro do partido, cujo resultado provavelmente será seu total endosso pela Direita nacionalista do livre mercado.

A personalidade e a carreira políticas singulares de Heseltine contêm muita coisa que o recomendará àqueles membros conservadores do parlamento que acreditam que um voto para John Major aumenta o risco para suas cadeiras, e mais para a Direita do que parece à primeira vista. Ele pode declarar – e sem dúvida, se surgir a oportunidade, irá declarar – que tem sido uma figura central em algumas das políticas mais bem-sucedidas do início do thatcherismo. Sua reputação durante seu tempo no Ministério do Meio Ambiente de impulsionar a venda de prédios da prefeitura – e, durante algum tempo, o voto dos conservadores entre seus compradores – pode ser invocada para mostrar um compromisso com o principal ideal thatcherista de uma democracia da casa própria. Nas atuais circunstâncias, esse ideal pode ser facilmente traduzido para esquemas populistas de reconsideração do mercado habitacional, possivelmente baseado em uma "onda de crescimento" que teria o apelo adicional de destruir as finanças públicas de um governo trabalhista incipiente. Os ataques implacáveis de Heseltine ao unilateralismo trabalhista enquanto estava no Ministério da Defesa exemplificam uma obstinação com respeito à defesa nacional que é fundamentalmente tory. Na verdade, ele pode afirmar que jamais pertenceu à esquerda liberal "wet" do partido – uma afirmação que sua oposição mais recente a diminuir a idade legal de consentimento sexual dos homossexuais torna tudo absolutamente plausível. E, por mais malfeitas que possam ter sido na prática, as iniciativas de Heseltine de privatização do carvão e dos correios foram planejadas para conseguir a aprovação da Direita.

No entanto, a percepção comum dos tories sobre Heseltine como um oportunista é atualmente seu maior trunfo no partido parlamentar. Ela foi fortalecida pela pesquisa do *Economist/ MORI* de sexta-feira, que sugere que um partido tory liderado por Heseltine poderia perder mais de cinqüenta cadeiras menos marginais do que sob qualquer outro líder alternativo. Mas Heseltine continua sendo uma opção de alto risco para os tories. Será que ele não tem agora a persona pública de um veterano de guerra – sobre o unilateralismo, sobre a estratégia industrial – de que a maioria dos eleitores possa pelo menos se lembrar? É mais do que duvidoso que a combinação incongruente de Heseltine de um corporativismo antiquado e desacreditado com concessões táticas para a onda de privatização dos anos 1980 inspire os eleitores – especialmente os eleitores tories desesperados – nos ansiosos anos 1990. E como a questão inconciliável da Europa pode se tornar menos desastrosamente divergente para os tories sob a liderança de Heseltine? Nem mesmo suas formidáveis habilidades retóricas podem esconder o fato de que a integração européia mais próxima seja uma das coisas em que Michael Heseltine sempre acreditou – e no seu coração continua a apoiar. Será que o valor de Heseltine como um recurso eleitoral pode sobreviver ao espetáculo da ainda pior desunião tory na Europa?

É difícil imaginar Heseltine tendo capacidade para pôr fim às divisões fratricidas do partido parlamentar quando – ainda que injustamente – muitos dentro dele ainda o consideram responsável por matricídio. O risco político de Heseltine para o Partido Conservador é que, mais do que talvez qualquer outro tory sênior ainda ativo na vida política, ele carregue consigo a carga da história. Ele é uma lembrança perpétua dos eventos a que as atuais divisões dos tories devem remontar.

O dilema dos conservadores não pode ser resolvido por Heseltine, pois ele é um símbolo da história pela qual eles estão aprisionados. Em um delírio de pânico e desespero, os membros tories do parlamento podem expulsar John Major e optar por Heseltine como um último lance de cinismo político. Desse modo, eles não deixarão de ser um partido balcanizado cujas facções guerreiras já exibem uma cultura oposicionista e que – conscientemente ou não – agora anseia pela perda do poder como uma libertação das responsabilidades do governo; somente na oposição, a guerra declarada por Thatcher e seus seguidores das mais antigas e mais moderadas tradições do conservadorismo britânico – os One Nation Tories e os democratas cristãos – poderá ser conduzida a um fim. Dado o atual equilíbrio de forças no partido, a probabilidade é então de uma transformação do partido tory em um partido antieuropeu, mas cujas mais íntimas afinidades, ironicamente, são com os partidos nacionalistas reacionários da Europa continental. Nessa eventualidade, no entanto, a tarefa de remover o partido do buraco eleitoral em que eles serão enterrados por esse movimento para a Direita vai caber aos conservadores de outra geração. Seja qual for seu resultado, a atual eleição para a liderança será lembrada principalmente como um episódio da desintegração contínua dos tories como um partido do governo.

Guardian, 3 de julho de 1995

15 Democracia virtual

Ao tornar seu Congresso anual acessível on-line e estabelecer uma presença permanente na internet, o Congresso dos Sindicalistas (TUC) estabeleceu um exemplo que outras organizações de campanha, e todos os partidos políticos, serão compelidos a seguir. Uma das conseqüências mais evidentes da internet é o movimento para as formas eletrônicas de democracia. Ele é bem-vindo como um remédio para a alienação das formas tradicionais de representação política, e na verdade dos políticos, que tem engendrado movimentos poderosos de protesto e ação direta sobre questões como construção de estradas e bem-estar animal. A decisão tomada pelo Partido Trabalhista para tornar sua conferência de Brighton disponível na internet expressa a convicção – ou a esperança – de que abraçar esta nova tecnologia vai capacitá-lo a penetrar na cultura da juventude que está no presente perigosamente afastada de todas as instituições políticas. Isso reflete outra crença – mais prática – de que o sucesso nos Estados Unidos de dissidentes como Newt Gingrich e Ross Perot, que incorporaram a democracia eletrônica no arsenal das estratégias políticas populistas, tem lições a dar à vida política da Grã-Bretanha.

A esperança de que a democracia eletrônica atravesse o abismo cada vez maior entre as classes políticas e o eleitorado, que suspeita que as elites políticas são impotentes nas questões que decidem a qualidade da vida diária, é uma miragem. É um exemplo de uma ilusão recorrente de nossa cultura de que novas tecnologias possam transformar nossas vidas quando o esforço político fracassou. Expressa uma má interpretação da cultura mais recente que está se desenvolvendo na Grã-Bretanha, que é cética com relação às determinações técnicas para os problemas sociais, como o é da eficácia, nas atuais circunstâncias, dos tipos tradicionais de ação política. As esperanças políticas atualmente investidas na internet sugerem que o seu papel na nossa cultura não é o de uma nova tecnologia – um subproduto da combinação do PC e do telefone – mas de uma nova ideologia.

A ideologia da internet tem suas origens no Atlântico, onde os conservadores são missionários fanfarrões da alta tecnologia, e é deixado a cargo de um bando minguado de liberais cépticos mostrar que os pobres não podem comer *laptops*. Nos Estados Unidos, a ideologia da internet é um amálgama familiar de futurismo tecnoutópico com anarquismo libertário que tem profundas raízes na cultura pública da América de desconfiança do governo. Apesar de sua proveniência distintamente americana, a ideologia da internet conseguiu encontrar um nicho na Grã-Bretanha, onde ela inspira uma intensa subcultura de usuários e entusiastas. O sabor reconhecidamente americano da ideologia da internet pode muito bem ser responsável pelo desempenho comparativamente pobre na Grã-Bretanha de sua principal expressão, a revista *Wired*. É impossível não enxergar a carreira da *Wired* até aqui como mais uma evidência de que as duas culturas que ela abrange – a britânica e a americana – estão se separando. A visão de mundo da internet a que a *Wired* se dedica provavelmente vai permanecer extremamente marginal na Grã-Bretanha – não devido a nenhuma superioridade no cepticismo ou na ironia que os britânicos gostam de clamar para si, mas devido a uma ligação que compartilhamos com outras culturas européias de lugares e coisas mundanas, ligação esta que a ideologia da internet de inspiração americana rejeita como repressiva e atávica.

As declarações feitas pela *Wired* em prol da internet expressam esperanças que não são diferentes daquelas evocadas por avanços anteriores na tecnologia da informação – tais como a televisão, a fotocopiadora e o videocassete. Estas novas tecnologias estavam imbuídas com o poder de tornar a tirania insustentável e a democracia irresistível. Mas é a irresponsabilidade das instituições que afeta suas vidas diárias – e não a indisponibilidade da videoconferência – que convence as pessoas de que os partidos políticos tradicionais já não falam para elas. Tornar estas instituições responsáveis requer um trabalho político árduo e uma cultura política vigilante – bens que a internet não pode suprir.

A ilusão de que as novas tecnologias da informação vão atuar para renovar a democracia não constitui o que é realmente distintivo na ideologia da internet. As liberdades fundamentais na visão de mundo da internet não são na verdade liberdades políticas. São liberdades das restrições e limitações que acompanham a vida em ambientes delicados e sob risco. Ao contrário das comunidades virtuais do ciberespaço, os assentamentos humanos reais estão localizados em lugares particulares, cada um com sua própria história e sua paisagem única. Estes ambientes locais – para a maioria de nós, cidades – são facilmente danificados ou destruídos, e estão incorporados em um ambiente global que a atividade humana pode agora degradar rápida e irreversivelmente. São estruturas altamente perecíveis que necessitam de constantes reparos para serem transmitidas intactas às futuras gerações.

A ideologia da internet compreende estes ambientes locais como restrições à nossa liberdade. Sua visão de uma cultura globalizada é intolerante com os deveres cívicos e políticos exigidos na sustentação dos ambientes e das comunidades locais. Certamente, não há razão inerente por que as novas tecnologias das comunicações não possam ser atreladas ao serviço da conservação ambiental. Mas a visão de mundo da internet é inóspita para a própria idéia de que limites insuperáveis são impostos à liberdade humana por viver em um ambiente físico frágil. É ainda mais resistente ao pensamento de que somos definidos por nossas histórias e ligações locais. A nova liberdade virtual oferecida pela ideologia da internet é, na verdade, a liberdade destas condições imemoriais da vida humana.

Na Grã-Bretanha, parece provável que a cultura da internet vai permanecer tão marginal, e talvez tão efêmera, quanto aquela que cresce em torno do vôo espacial tripulado por homens. Os sites das missões espaciais já evocam menos interesse do que aqueles das pirâmides. Similarmente, em muito menos do que uma geração, a internet vai provocar mais bocejos abafados do que controvérsia apaixonada. Por toda a sua aura de novidade futurista, a visão de mundo da internet remonta a uma cultura de otimismo tecnológico que, pelo menos na Grã-Bretanha, está irrecuperavelmente ultrapassada.

A cultura que está atualmente crescendo à nossa volta, e é expressa em novos movimentos sociais de protesto, está ligada à beleza da vida mortal, terrena. Não é hostil à tecnologia, mas não é tentada por promessas de outra utopia tecnológica. Prefere os riscos de criar um lar entre coisas mortais e expostas do que a segurança mortal do éter. A visão da liberdade do mundo das coisas cotidianas evocada na ideologia da internet é uma espécie de sonhar acordado, em que as pressões e as obrigações se fundiram. Este sonho lúcido de liberdade virtual está em desacordo com a corrente mais forte da cultura pública emergente, que é a sensação dos vínculos que nos unem à natureza e uns aos outros.

As tecnologias da internet serão daqui em diante parte permanente de nossas vidas. Nenhum projeto poderia ser mais desesperadamente utópico do que uma tentativa neoludita de impedir seu fluxo. Mas é vital que nosso uso das novas tecnologias das comunicações não seja governado pela ideologia da internet que atualmente as cerca. Devemos rejeitar as novas liberdades que os missionários da internet oferecem e em vez disso nos comprometer em proteger a liberdade mundana que desfrutamos em nossos ambientes locais. Estas liberdades – liberdades cotidianas de andar nas ruas sem medo e também as liberdades democráticas de desafiar as instituições cada vez mais anônimas que governam nossas vidas – estão em risco em toda parte.

Guardian, 15 de setembro de 1995

16 Cultura da contenção

Os conservadores têm sempre se representado como guardiães da lei e da ordem, mas só nos últimos anos tornaram-se o partido do encarceramento em massa. Nisto, como em muitas outras coisas, estão seguindo o exemplo dos Estados Unidos. Uma grande experiência está em andamento na América, tão ambiciosa e absurda como a Proibição. Nos Estados Unidos, o encarceramento está sendo usado, em uma escala desconhecida em qualquer outro país democrático, não como um último recurso no tratamento de transgressores, mas como virtualmente a única instituição remanescente que pode adiar a falência social. Por meio de seus discursos, de seu prometido White Paper e de suas excursões diligentes para conhecer as prisões "supermáximas" norte-americanas, Michael Howard deixou claro, além de qualquer dúvida razoável, que ele considera o modelo carcerário americano um dos que podem e devem ser reproduzidos na Grã-Bretanha.

Procurando competir com a experiência americana do encarceramento em massa, os conservadores são guiados por um instinto seguro. Quando a coesão social é corroída por políticas que promovem os livres mercados independentemente do seu impacto nas comunidades e nas famílias, as sanções informais da opinião pública deixam de ser restrições efetivas ao comportamento criminoso e anti-social, e restam somente as sanções legais. Destas, o encarceramento, excluindo totalmente os transgressores da sociedade, é de longe o mais atrativo para os conservadores de hoje. Desde 1992, a população carcerária da Grã-Bretanha aumentou em quase 30% (com resultados de superpopulação e problemas disciplinares dos quais os funcionários das prisões têm repetidamente se queixado). Esta expansão da população carcerária da Grã-Bretanha ocorreu como uma questão de política, não como resultado de uma inesperada explosão do crime. Quando as comunidades são abandonadas e as famílias fragmentadas, o que se pode esperar que detenha os infratores além da ameaça da prisão? Aqui, como nos Estados Unidos, o regime dos livres mercados está criando uma cultura do encarceramento como sua principal defesa contra as desastrosas conseqüências da destruição de suas principais instituições sociais.

O exemplo americano é elucidativo em relação ao que estaria guardado para nós se os esquemas de Michael Howard algum dia se concretizassem. No fim de 1994, pouco menos de cinco milhões de americanos estavam sob várias formas de restrição legal, como "sursis" ou condicional. *Um milhão e meio* destes estavam encarcerados em prisões estaduais, federais e locais. Na Califórnia, os prisioneiros já são mais de 1% da população. Um número desproporcionalmente alto dos presos em todo o Estado americano é composto de jovens negros. O número de americanos presos está condenado a aumentar ainda mais, quando as leis dos "three strikes" forem aplicadas aos transgressores habituais, e entrarem em vigor novas leis exigindo que os internos cumpram a integralidade de suas sentenças. Em comparação, a população carcerária atual da Grã-Bretanha, mesmo após sua maciça expansão desde 1992, é em torno de 52.400 – um número que poderia aumentar em mais vinte mil caso fosse implementada a proposta do secretário do Interior de importar as leis americanas dos "three strikes". Um efeito colateral curioso e triste da experiência da América com o encarceramento como uma forma de planejamento social é o envelhecimento rápido da população carcerária, que – começando com uma base muito baixa de internos com mais de cinqüenta anos de idade – está gerando um número crescente de alas penais geriátricas, onde pessoas idosas perdidas e confusas se despedem miseravelmente de suas vidas. Se estas políticas forem reproduzidas na Grã-Bretanha, poderemos aguardar a Direita tory declarando que as instalações expandidas para os idosos e enfermos em nossas prisões justificam mais cortes nos orçamentos de assistência à comunidade?

Encarar o Grande Encarceramento da América como fundamentalmente um equívoco na política penal seria um erro crasso. É uma resposta lógica às conseqüências socialmente desestabilizadoras do capitalismo revolucionário. O efeito das políticas radicais do livre mercado dos anos 1980 iria romper os frágeis vínculos da comunidade na América urbana e abandonar ao próprio destino as pessoas das cidades do interior. O impacto das políticas gingrichitas nos anos 1990 é aumentar o risco econômico de virtualmente todos os americanos, ao mesmo tempo que dilacera a rede previdenciária que proporcionou um mecanismo de proteção para os mais pobres e mais vulneráveis. O "rebaixamento" ou o "atraso" das corporações, em que todas as camadas de funções foram eliminadas, aumentaram a insegurança no emprego de milhões, em uma época em que as rendas horárias reais de mais de dois terços de americanos caíram durante quase vinte anos. No atual clima econômico americano, permanecer no trabalho implica tolerar uma vida de permanente mobilidade e um salário declinante. Ao mesmo tempo, a competição globalizada está tornando uma proporção crescente da força de trabalho americana economicamente supérflua, mesmo com salários no nível da pobreza.

Fundamentalmente, os americanos estão expostos a este clima de insegurança econômica crônica sem o apoio proporcionado, na Europa e na Ásia, por famílias atuantes e por um fundo de poupança pessoal, que tem sido progressivamente corroído pelas demandas incessantes de um "mercado de trabalho flexível". O efeito manifesto do capitalismo revolucionário americano tem sido o "atraso" das instituições sociais básicas que formam a base da economia – não apenas a corporação comercial, mas cada vez mais também o município e, acima de tudo, a família. Onde não foi arrancada, a infra-estrutura social e familiar da América conseguiu enfraquecer e desmoronar, como uma carga que o mercado desregulado não consegue mais carregar.

Na Grã-Bretanha, como nos Estados Unidos, o atraso das instituições sociais por mercados não contidos e a emergência de uma cultura do encarceramento seguem juntos. Um resultado das políticas da Nova Direita tem sido a exclusão da economia produtiva de uma proporção de famílias cada vez maior. Em 1979, menos que uma em 12 famílias britânicas não tinha membros trabalhando, enquanto hoje um número surpreendente de uma em cinco famílias está sem trabalho. Muitos daqueles que estão trabalhando ganham muito pouco para conseguir formar uma família. Mesmo quando não cria uma *underclass* desempregada, o capitalismo revolucionário "rebaixa" as famílias, sujeitando-as às pressões de rendas declinantes e a uma incessante mobilidade ocupacional. Isso tem acontecido em cidades como Swindon, onde uma cultura de mobilidade estilo americano emergiu combinando baixos níveis de desemprego com níveis muito elevados de falência familiar. Nesses lugares vemos as políticas econômicas da Nova Direita estimulando uma sociedade de temporários e estranhos, em que toda ligação e todo relacionamento são descartáveis, e instituições duradouras, incluindo a família, são insustentáveis. Temos aqui a contradição fundamental da política da Nova Direita – entre o radicalismo desestabilizador das forças de mercado que foram emancipadas de toda restrição política e famílias e comunidades estáveis de qualquer tipo. Devido ao fato de o regime dos livres mercados ter desintegrado estas instituições sociais básicas, sobre as quais o controle do crime sempre dependeu fundamentalmente, ele agora é impelido a partir para a experiência do encarceramento em massa.

Encarcerar números cada vez maiores de transgressores é sem dúvida uma política penal ruim, e faz pouco ou nada para controlar o crime, mas sua importância vai bem além de nossas prisões tumultuadas. É uma sombra negra lançada por uma perigosa utopia – a utopia do livre mercado. Na Grã-Bretanha, novas prisões-modelo, construídas segundo o projeto americano, devidamente privatizadas e administradas por uma agência executiva dos Next Steps, são um sinal adequado da política da Nova Direita em sua fase final. Quando o primeiro-ministro fala de valores familiares e senhoras idosas andando de bicicleta pelos campos da aldeia, será bom nos lembrarmos das colônias penais ampliadas da América, com suas turmas de detentos renovadas e seus sistemas de segurança monitorados por computador, e a expansão populacional de almas supérfluas.

Guardian, 20 de novembro de 1995

17 O fechamento do supermercado da natureza

O conflito que está rachando a Liga Contra os Esportes Cruéis indica o que pode se comprovar de uma mudança permanente na concepção das relações dos seres humanos com animais que inspiram a nossa cultura. Como a Royal Society for the Prevention of Cruelty to Animals (RSPCA) e virtualmente todas as outras organizações para o bem-estar dos animais na Grã-Bretanha, a Liga Contra os Esportes Cruéis abriga grupos rivais, apresentando políticas e estratégias que expressam filosofias divergentes e conflitantes. Cada vez mais, os tradicionalistas que fazem campanhas em prol do tratamento humano aos animais estão sendo superados por movimentos mais radicais cujos objetivos abrangem a libertação dos animais do controle opressivo por parte dos humanos. Esta divisão ampliada dentro do movimento do bem-estar animal reflete uma mudança cultural maior e mais profunda, em que a nossa convicção herdada do lugar privilegiado da espécie humana no esquema das coisas, que era um elemento central tanto na religião tradicional quanto no humanismo do Iluminismo, está sendo abandonada, particularmente pelos jovens, e nosso impacto sobre o ambiente natural frágil está começando a condicionar nossa maneira de pensar sobre todas as outras questões. Uma mudança dessa magnitude está prestes a ter implicações para a vida política que serão desconfortáveis para os conservadores culturais de todos os partidos.

Nesta perspectiva mais ampla, a comoção na Liga Contra os Esportes Cruéis é um pequeno choque sísmico, desencadeado por lentos movimentos subterrâneos na sociedade britânica. Certamente não é uma questão que diga respeito apenas ao bem-estar animal. O conflito mais recente da Liga foi ocasionado por comentários feitos por seu diretor, Jim Barrington, em *The Field*, revista que abriga praticantes de esportes sangrentos, em que ele pareceu amainar a oposição da Liga à caça à raposa. Ele declarou que a proibição da caça à raposa, em vez de abolir algumas de suas práticas mais cruéis, como o uso de terriers para desenterrar nossas raposas, criaria uma classe descontente de pessoas no campo, para as quais o esporte era um veículo de sua cultura e tradição. Este argumento, que tem uma notável semelhança com muitas declarações do recém-formado Countryside Movement, vai convencer poucos no atual clima do debate público britânico. Exemplifica uma espécie de multiculturalismo conservador, em que as práticas tradicionais aversivas para o bom senso da grande maioria são defendidas como integrantes do modo de vida de uma minoria cultural. A importância política de um recurso usado pelos defensores de esportes sangrentos de uma retórica liberal dos direitos da minoria, que no passado eles desprezaram e ridicularizaram, é porque eles percebem – corretamente – não poder mais esperar que suas atividades sobrevivam tendo como base qualquer forma de deferência social. As grandes mudanças econômicas dos anos de Thatcher tiveram, como uma de suas poucas conseqüências benignas não-intencionais, uma transformação na composição social dos conservadores, como aquela em que não se pode mais confiar nem mesmo no partido Tory para defender as tradições comumente identificadas com uma cultura de classe extinta. É esta mudança na composição social do Partido Conservador e da Grã-Bretanha como um todo, mais ainda do que a iminência de um governo trabalhista, que condena a defesa dos esportes sangrentos que Jim Barrington, o Countryside Movement e outros prepararam. O conselho dado por seus conselheiros ao Príncipe de Gales – se é possível acreditar nas reportagens recentes dos tablóides – de que ele deve considerar abandonar os esportes sangrentos e definidamente não se deixar fotografar iniciando neles seu filho Harry, incorpora uma avaliação inteligente dos riscos de a monarquia estar se aliando a um modo de vida que pertence ao passado.

A caça à raposa, como outros esportes sangrentos, é uma prática repulsiva não mais defensável. Deve ser banida. Ao mesmo tempo, os esportes sangrentos não são de modo algum nossa pior ofensa ao bem-estar dos animais. São apenas um aspecto do nosso relacionamento herdado com outras espécies animais, contra o qual a cultura pública emergente da Grã-Bretanha já se voltou decisivamente. Sabemos pelas pesquisas Gallup que 78% dos bretões opõem-se ao transporte de animais em caixotes de carne, e que mais de 50% querem a proibição do experimento doloroso em animais. Além disso, os protestos públicos contra a exportação de animais vivos estão há décadas entre as formas mais eficazes e bem-sucedidas de ação direta. Estas não são, como freqüentemente se declara, fundamentalmente manifestações de alienação política, em que a energia cívica bloqueada das pessoas que não podem mais se identificar com as classes políticas estabelecidas – os jovens, os excluídos e setores da classe média inglesa angustiada – está direcionada para alvos bastante simbólicos. São sinais de um redirecionamento real e contínuo da preocupação moral pública. Estamos testemunhando um afastamento da preocupação com as outras espécies animais e com o ambiente natural como simples meios para a satisfação de propósitos humanos e uma apreciação dos animais como criaturas cujo bem-estar independe de nós, ainda que estejamos unidos a eles como fios interligados na rede da vida na Terra.

O pensamento convencional do tipo que ainda domina nos principais partidos políticos encara a natureza como uma espécie de supermercado que é prudente manter bem estocado. As políticas do conservadorismo, quando consideradas, são entendidas como exercícios na administração criteriosa de um ambiente que existe para atender a fins humanos. O bem-estar dos animais, embora regularmente aumente as malas postais dos membros do parlamento, é visto como uma questão humanitária marginal aos principais interesses da vida política. Este pensamento convencional e ultrapassado é desmentido pela evidência da opinião pública e pelos conflitos e divisões que destroem as principais organizações para o bem-estar dos animais. O fato é que os grupos mais radicais dentro destas organizações são atualmente os mais representativos do sentimento público. Isto não quer dizer que o público apóie o uso da violência por parte de movimentos extremistas de libertação animal, o que evidentemente – e corretamente – ele não faz. Nem significa que estejamos prestes a aceitar teorias dos direitos dos animais em que a camisa-de-força do legalismo contemporâneo é esticada para abarcar as vidas de outras espécies. O que isso nos sugere é que a antiga visão antropocêntrica do mundo que herdamos do cristianismo e do Iluminismo, em que os interesses humanos têm prioridade automática sobre aqueles de todas as outras coisas vivas, não mais inspira a vida ética comum na Grã-Bretanha. Em vez disso, a cultura pública é cada vez mais pautada por uma preocupação com a renovação do ambiente natural que compartilhamos com outras espécies, e por um medo de que nosso impacto coletivo na Terra possa estar degradando-a irreversivelmente.

É difícil acreditar que tais preocupações permanecerão para sempre à margem da política britânica atual. O fim da visão de mundo antropocêntrica, como um elemento dominante na nossa cultura, afeta inevitavelmente a maneira como pensamos sobre uma série de outras questões, desde a eutanásia e a política populacional até o controle de novas biotecnologias. Adotar políticas mais favoráveis ao ambiente quase sempre tem o seu preço, e às vezes exigirá escolhas difíceis. É vital que estas escolhas sejam o tema de debates políticos esclarecidos. Até agora, no entanto, nestas questões, os políticos estão bem atrás do público, tanto em conhecimento quanto em preocupação. A menos que nossos políticos aprendam a articular nossa cultura pública real, em que a preocupação com o ambiente e com o bem-estar dos animais é uma preocupação central, a própria vida política se arrisca a ser sempre mais marginal para um grupo cada vez maior de pessoas.

Guardian, 19 de dezembro de 2005

18 O Partido Trabalhista como conseqüência da democracia social

O partido que primeiro formular um projeto pós-thatcherista para a Grã-Bretanha estabelecerá a agenda política para uma geração. Mas só no último ano e meio esse projeto começou a adquirir uma forma definida. As profundas mudanças nas instituições e na cultura britânicas realizadas durante quase duas décadas de thatcherismo marginalizaram irreversivelmente os projetos que competiram com ele em seu apogeu. A tarefa que o Partido Trabalhista está enfrentando não é salvar o que puder do naufrágio. É moldar um sucessor eficiente para o thatcherismo e criar um novo arranjo político na Grã-Bretanha. Isto não pode ser feito sem amplas políticas que aceitem que o acordo político pré-Thatcher desapareceu para sempre.

O fato político da época é o fim da democracia social. De acordo com as mudanças ocorridas na economia global e na tecnologia, as políticas thatcheristas derrubaram totalmente as políticas democrata-sociais em que o acordo pós-guerra da Grã-Bretanha estava incorporado. As experiências da França de Mitterrand no início dos anos 1980 e da Suécia no início dos anos 1990 sugerem que qualquer tentativa de retornar a essas políticas seria abortada pela mobilidade internacional do capital financeiro. De todo modo, a sociedade britânica mudou profundamente para que uma reversão desse tipo fosse uma opção real. Na prática – com freqüência não há dúvida de que inconscientemente – o thatcherismo era um projeto modernizador. Seu efeito foi destruir a cultura clássica da deferência, em que repousava o *ancien régime* britânico. É pelo fato de esta cultura de classe não existir mais na Grã-Bretanha que podemos ter certeza de que o One Nation Toryism do velho estilo – que na verdade pressupõe duas nações, uma praticando a *noblesse oblege* na outra – está agora em meio a seu jogo final. Estas mesmas mudanças tornaram as instituições do Estado do Bem-Estar paternalistas do pós-guerra, e os níveis de impostos necessários para sustentá-las, eleitoralmente insustentáveis. O recurso dos sistemas fiscal e previdenciário para propor uma redistribuição igualitária – uma estratégia fundamental dos governos democrata-sociais na Grã-Bretanha e em grande parte da Europa – é agora efetivamente impedido pela resistência do eleitor e pela mobilidade global do capital.

Os fatos e tendências que impedem qualquer retorno à "normalidade" pré-Thatcher na Grã-Bretanha destruíram a democracia social em toda a Europa. A esperança de que a democracia social possa ser revivida no âmbito das instituições européias é uma ilusão. O modelo de Rhine do capitalismo que foi tão bem-sucedido na Alemanha pós-guerra está se curvando sob a pressão da unificação e da competição global intensificada. Isto não significa – como declara a Nova Direita – que deva adotar as práticas do capitalismo americano; sem dúvida vai se renovar de uma forma modificada. A verdade é que a Grã-Bretanha não pode buscar a salvação pela extensão do modelo de Rhine pela Europa. Não é razoável esperar que os problemas da economia britânica sejam resolvidos reformulando-a – mesmo que isso fosse possível – em um modelo alemão que está ele próprio em fluxo e crise. Não temos outra opção senão tentar reformar a variedade de capitalismo que herdamos na Grã-Bretanha para torná-lo mais bem-sucedido e receptivo às necessidades humanas vitais.

A cultura econômica que será herdada por um governo trabalhista foi deformada por uma política neoliberal de negligência. A política da Nova Direita baseou-se na idéia de que a coesão social era um subproduto automático do sucesso econômico e a eqüidade uma ilusão perigosa. O resultado desta política foi uma sociedade fragmentada e cada vez mais empobrecida. A lição da experiência perniciosa com o governo da Nova Direita é que a longo prazo não há equilíbrio entre eficiência econômica e coesão social. As políticas econômicas que negligenciam a coesão social não funcionam. Desde 1979, o número de famílias desempregadas na Grã-Bretanha, à parte os pensionistas, aumentou de uma em doze para quase uma em cinco. Esta *underclass* crescente de famílias excluídas da vida em sociedade é substancialmente um produto das políticas da Nova Direita. Há famílias presas em uma cultura neoliberal de dependência em que a pobreza e a ausência de especialização foram institucionalizadas. Seria um erro importante do Partido Trabalhista, herdando esse legado de negligência, supor que a renovação econômica pode ser conseguida sem profundas reformas na previdência e na educação. As operações de uma economia de mercado dinâmica só serão aceitas como justas pelo público se o mercado for controlado ou excluído em muitas de nossas instituições usuais. O SNS deve ser excluído da prática de competição do mercado. Não será confiável enquanto seus recursos forem alocados segundo as exigências contábeis dos quase-mercados burocráticos, ao invés de serem alocados segundo os julgamentos das necessidades médicas.

Na educação, equiparar os recursos com os julgamentos habituais de eqüidade tem implicações que serão profundamente incompatíveis para muitos democrata-sociais. Em uma situação em que as desigualdades de renda têm aumentado muito, proibir ou desencorajar formas de seleção meritocrática nas escolas do Estado só pode reproduzir o sistema educacional *two-nation* que coloca a Grã-Bretanha separada de qualquer outro país europeu. A minoria abastada cada vez mais optará por colocar seus filhos em escolas particulares, reforçando assim a simbiose de uma cultura de classe semi-acabada com um antielitismo brando de Esquerda que tem desempenhado papel nocivo no declínio econômico da Grã-Bretanha. Os democrata-sociais que rejeitam a seleção meritocrática estão se unindo em uma distribuição social de habilidades e oportunidades que está se tornando cada dia mais injusta. Eles devem reconhecer que há um conflito de igualdades – entre seu objetivo de maior igualdade de oportunidade e sua oposição igualitária à seleção nas escolas.

Não há *status quo ante* ao qual o Estado do Bem-Estar possa retornar. O resultado da política da Nova Direita tem sido tornar a pobreza ainda mais penosa e irremediável, em vez de aliviá-la ou evitá-la. O futuro de longo prazo para as instituições previdenciárias não pode ser sustentar as ruínas do acordo de Beveridge. Deve ser proporcionar aos princípios de autoprovisionamento que Beveridge expressou uma nova incorporação. Embora tenha muitos aspectos que não podem ser reproduzidos na Grã-Bretanha, o Central Provident Fund, em Cingapura, é um exemplo elucidativo de um esquema em que as pessoas fazem provisão para suas próprias necessidades por meio de uma instituição comum, administrada pelo Estado, em que eles mantêm a propriedade de suas contribuições individuais. Entretanto, nenhuma dessas reformas da Previdência tem chance de funcionar se não contiver um sucessor digno de crédito para as políticas de pleno emprego do pós-guerra. Reintegrar o desempregado no mundo do trabalho será o teste mais difícil para qualquer sucessor do thatcherismo e da democracia social.

À medida que se aproxima de seu fim, a experiência da Nova Direita na Grã-Bretanha não deixou nada semelhante a um *status quo* que um governo trabalhista pudesse herdar. Em vez disso, destruiu o acordo do pós-guerra tanto em suas dimensões econômicas quanto em suas dimensões constitucionais – sem colocar nada em seu lugar. A eleição geral da qual estamos nos aproximando é mais que uma mudança de governo. É provável que signifique, na política britânica, um divisor de águas mais profundo do que aquele marcado pela vitória de Margaret Thatcher em 1979. A diferença é que o *ancien régime* que Thatcher herdou e do qual se apropriou está agora corroído e desprovido de legitimidade. É difícil vislumbrar como o legado de negligência que o Partido Trabalhista vai enfrentar poderá ser tratado com sucesso nas estruturas frágeis de seu edifício em ruínas. Uma condição política fundamental de um acordo estável pós-Thatcher é que a nova Direita seja permanentemente direcionada para as margens da política britânica. Como isso pode ser garantido, enquanto o Partido Conservador permanecer uma força nacional poderosa, pronta para ser apropriada por seus extremistas em seguida à derrota eleitoral? Uma mudança nos arranjos eleitorais atuais para um sistema de representação mais proporcional teria como resultado mais previsível um aumento decisivo na probabilidade de uma divisão final no Partido Conservador – impedindo assim, provavelmente para sempre, o retorno do governo da Nova Direita na Grã-Bretanha. A conclusão é inevitável. A precondição de um acordo político duradouro pós-thatcherista é a reforma eleitoral.

Guardian, 29 de janeiro de 1996

19 A natureza reage

A primeira crise sobre a integridade sanitária da carne bovina britânica ocorreu alguns meses depois do décimo aniversário das explosões em Chernobyl. As duas fusões que ocorreram em 26 de abril de 1986 na estação nuclear de Chernobyl, a 115 km da capital ucraniana Kiev, criou uma coluna de fumaça de gás e partículas radioativas, com 1,5 km de altura, que se fez sentir até em países distantes como a Suécia e a Grécia. A grande área em torno de Chernobyl permanece deserta e permanecerá inabitável durante vários séculos. Os efeitos de longo prazo deste acontecimento sobre a saúde humana e o ambiente natural ainda não foram calculados com precisão. São sem dúvida extremamente importantes. As tentativas oficiais soviéticas de minimizar sua gravidade foram um fator fundamental no estímulo às demandas pela *glasnost* (abertura no governo) e pela independência ucraniana, que desencadearam o colapso da própria União Soviética.

A crise da saúde pública que pode resultar de ligações entre a "doença da vaca louca" (BSE) e a doença de Creutzfeldt-Jakob (CJD) em humanos tem repercussões e implicações tão profundas quanto aquelas de Chernobyl. Obriga-nos a reconsiderar a cultura do domínio tecnológico da natureza que herdamos de épocas anteriores. Obriga-nos a questionar se é inteligente continuar tratando a natureza – a terra, as outras espécies e até a nossa herança genética humana – como apenas um conjunto de recursos a serem explorados a serviço de nossas atuais carências. Ainda é aceitável que, quando surgem as evidências dos riscos de nossas intervenções nos processos naturais, os governos devam consistentemente pender para o lado do otimismo tecnológico? Ainda não há um exemplo esmagador de uma política genuinamente conservadora – uma política guiada pela prudência e pelo respeito à natureza, em vez da confiança infundada nos poderes da tecnologia?

Resta pouca dúvida de que parte da responsabilidade por nossa crise atual recai nas políticas thatcheristas de desregulação que, durante grande parte dos anos 1980, permitiram que o gado fosse alimentado com carne proveniente de carneiros contaminados com *scrapie*. As políticas da Nova Direita ordenam considerações de longo prazo da saúde pública e da integridade do ambiente de saúde pública e da integridade do ambiente muito antes dos riscos atuais ao lucro comercial. O poder imenso dos lobbies da agricultura e da alimentação na Grã-Bretanha indicavam que as políticas neoliberais na Grã-Bretanha nos anos 1980 estavam propensas a defender os interesses do produtor em vez da segurança da população. A dificuldade atual do governo é, de muitas maneiras, resultado direto de um conflito fatal entre o poder dos lobbies do produtor e a ideologia antigovernista comprometida em minimizar o risco ambiental. O pensamento da Nova Direita escarnecia diante da preocupação com o ambiente, negava as responsabilidades ecológicas do governo e visava a privatizar o risco ambiental transferindo a responsabilidade para o mercado. Nesse clima era fácil confundir os riscos que não são quantificáveis com aqueles insignificantes. O risco à saúde humana causado pela transmissão de patógenos portadores de doenças em espécies animais para a espécie humana não era, e não é, exatamente quantificável; mas dada a enormidade do risco da possibilidade de uma epidemia de CJD, não é de modo algum insignificante. Durante o período thatcherista, nunca houve a oportunidade de ser adotada uma política de prudência, visando a evitar ou minimizar esses riscos incalculáveis, porém catastróficos. A atual ameaça à saúde pública talvez seja apenas uma das muitas heranças nocivas dos anos 1980 que teremos de enfrentar nos próximos anos.

Não obstante, seria um erro pensar que a responsabilidade pelos riscos ambientais que estamos enfrentando caiba apenas ao thatcherismo. Uma ameaça maior à saúde humana surge da hiper-industrialização da agricultura e da arrogância tecnológica que invade toda a nossa cultura. A agricultura hoje é uma indústria que está no auge da intervenção tecnológica nos processos naturais. Ela incorpora, mais ainda que a maioria da indústria manufatureira tradicional, a crença moderna de que a terra é feita de matérias-primas sobre as quais a criatividade tecnológica deve operar. Não ocorreu a ninguém que alimentar com proteína animal o que a natureza criou para ser uma espécie herbívora poderia ser perigoso? Mas mesmo tal ato de insensatez é menos arrogante do que as políticas para a criação genética de espécies animais que estão agora na agenda científica e comercial. A industrialização da agricultura é apenas um incidente em um projeto muito maior de subjugar a natureza aos desígnios humanos. Será totalmente fantasioso considerar a ameaça de um importante surto de CJD um sintoma da rebelião da natureza contra a arrogância humana?

Grande parte da nossa cultura é ainda inspirada pela crença antropocêntrica de que a espécie humana independe da natureza. Esta crença está na raiz de algumas das mais admiráveis realizações modernas. Erradicamos algumas doenças infecciosas e, em algumas partes do mundo, eliminamos a fome e as piores formas de privação. Estes sucessos encorajaram a expectativa de que os limites naturais colocados sobre nós pela escassez e pela mortalidade podem ser progressivamente superados. Eles apóiam a convicção de que não há problema humano que não seja solúvel pela criatividade tecnológica. Há muitos sinais de que essas esperanças são arrogantes. A tuberculose e outras doenças infecciosas estão retornando sob formas extremamente resistentes aos antibióticos. A fertilidade masculina está declinando, aparentemente como uma conseqüência de mudanças que realizamos, mas ainda não começamos a entender, no nosso ambiente cotidiano. A busca de uma agricultura intensiva pelo desenvolvimento de cultivos de alto rendimento produziu monoculturas excepcionalmente vulneráveis a doenças. Nestes, e em outros exemplos, o projeto moderno de construir uma tecnosfera em que a espécie humana está livre da dependência da terra está enfrentando os limites impostos pela natureza. É como se a própria terra estivesse resistindo à nossa tentativa de transformá-la em um acessório aos propósitos humanos.

Não podemos anular o progresso tecnológico dos últimos séculos. Nem devemos tentar fazê-lo, pois praticamente tudo o que vale a pena nas sociedades modernas vem daqueles que não mais vivem no limiar da subsistência – uma realização que só o avanço tecnológico possibilitou. A lição a ser extraída da perspectiva de uma epidemia de CJD não é o ludismo. É que devemos respeitar o mundo natural do qual mais dependemos e investir menos as nossas esperanças no projeto de transformá-lo pelo uso da tecnologia. As práticas agrícolas que não tratam os animais como criaturas vivas, mas como reuniões de genes e proteínas manipuláveis, devem ser reformuladas. Os projetos de engenharia genética que propõem alterar as espécies – incluindo a espécie humana – para o benefício comercial ou mesmo humanitário devem ser encarados com desconfiança. Os benefícios potenciais das novas tecnologias devem sempre ser pesados em contraposição aos seus riscos. Devemos estar prontos a assumir o lado da cautela.

Uma política genuinamente conservadora desse tipo vai contra a natureza de muita coisa boa na nossa cultura. É facilmente caricaturada como uma aversão irrazoável ao risco. As evidências da história recente sugerem que irrazoável é a utopia tecnológica. A menos que moderemos nossas esperanças na tecnologia, os desastres da última década serão repetidos, talvez em uma escala maior. Seria um triste parecer sobre a capacidade humana de aprender com seus erros se, dez anos depois de Chernobyl, falhássemos em observar a advertência contra a arrogância humana que esse desastre, e aquele que pode estar se desenrolando na Grã-Bretanha, expõe para nós.

Guardian, 26 de março de 1996

20 Não com um estrondo

O jogo final dos tories começou. A rejeição por parte de John Major, durante a visita do chanceler Kohl à Grã-Bretanha em abril de 1996, de demandas da ala direitista para impedir antecipadamente que a Grã-Bretanha se unisse a uma moeda européia única será lembrada como um momento definidor na abolição do conservadorismo. A observação do primeiro-ministro de que em um referendo sobre o assunto uma maioria do eleitorado votaria contra a união é uma admissão de que ele é atualmente um refém de seu próprio partido sobre tal questão, em vez de um avaliador da opinião pública britânica. Uma pesquisa vazada de membros do "Grupo dos 92" da ala direitista dos tories, revelando que mais de cem deles estão se preparando para disputar a próxima eleição geral para se oporem a uma moeda européia única e instituírem um referendo abrangente sobre as relações da Grã-Bretanha com a União Européia, sugere que o Partido Conservador está na iminência de uma cisão histórica. A estratégia de John Major de transpor as divisões dentro do seu partido na Europa sempre foi manter uma política de corte firme e ambigüidade inalterável. Essa estratégia já fracassou. O efeito da intervenção política brilhantemente executada de Sir James Goldsmith só pode ser acelerar um rompimento da coalizão conservadora que está há muito atrasada. Mas qualquer divisão no partido tory será sobre muito mais coisas do que a política sobre a Europa. Será uma divisão dos caminhos entre tendências irreconciliavelmente opostas do pensamento e da prática da ala direitista. Irá assinalar inequivocamente o fim de qualquer coisa que se assemelhe ao toryismo tradicional. Também significará a desintegração da máquina política tory que governou a Grã-Bretanha pela maior parte dos últimos 150 anos.

As questões de doutrina política ou história estão atualmente longe das mentes dos membros tories do parlamento. A sobrevivência eleitoral é a preocupação dominante, e o pânico absoluto é a emoção prevalecente. Aqueles que estão propondo fazer campanha para a eleição geral sobre um manifesto eurocéptico dissidente, o fazem em um último esforço para salvar suas cadeiras. Este é um jogo de desespero baseado no mais fraco dos cálculos. Provavelmente ninguém imagina que adotar uma agenda radicalmente eurocéptica possa agora adiar a derrota dos conservadores. O objetivo dos rebeldes da ala direitista é impedir uma derrota que eles não podem mais evitar que se torne uma catástrofe em grande escala. Eles temem uma destruição cataclísmica, seguida de uma década ou mais na oposição, semelhante àquela que engolfou os tories em 1906, depois que o primeiro-ministro Arthur Balfour fracassou em superar suas divisões sobre a Reforma Tributária. Ao mesmo tempo, muitos rebeldes da ala direitista receberam bem a derrota, como uma libertação de uma liderança partidária que eles desprezam e contra a qual eles se desgastaram desde que a sra. Thatcher foi derrubada em 1990. A partir daquele momento, o interesse estratégico da Direita tory favoreceu a derrota eleitoral.

Desde a surpreendente vitória de John Major em 1992, a derrota eleitoral dos conservadores realmente foi indispensável à estratégia da Direita, se não por outro motivo, porque outra derrota tornaria John Major inexpugnável. O risco do derrotismo revolucionário da Direita é que ele estimula nos eleitores a percepção de que o Partido Conservador perdeu a vontade de governar e ele próprio tornou-se ingovernável. Uma vez que esta crença se aloja na mente pública – como aconteceu com o Partido Trabalhista nos anos 1980 – uma catástrofe eleitoral é praticamente inevitável.

Os cálculos desesperados que atualmente são lugar-comum entre os membros tories do parlamento não são apenas respostas à perspectiva da derrota. São testemunhos do colapso da cultura tradicional tory em que a lealdade do partido era mentida em prol do poder. Isso foi suplantado por uma cultura de faccionalismo e guerra ideológica. A coalizão conservadora entre os

One Nation Tories, cujo objetivo político é a estabilidade social, e os neoliberais, que elevam o livre mercado acima de todas as outras instituições sociais, fracassou. A disputa obstinada dos conservadores em toda a Europa é em parte um sintoma deste fracasso. Mas é também uma expressão da exaustão do pensamento conservador. Nenhuma das facções que lutam atualmente pelo controle dos destroços tories decantados tem respostas sérias para as perguntas que mais perturbam a Grã-Bretanha moderna tardia. Como o movimento irreversível rumo à globalização irá se tornar mais receptivo às necessidades humanas duradouras? Como as forças da destruição criativa na economia de mercado podem se reconciliar com a coesão social? O pensamento conservador atual não tem nada útil a dizer sobre estes dilemas.

A Direita tory rejeita a União Européia como um grilhão no Estado-nação soberano. Está também comprometida com um governo mínimo que nada faz para impedir as atividades do livre mercado global. Homens da ala direitista, como John Redwood, ainda não perceberam que a soberania nacional significa pouco quando as políticas econômicas dos Estados soberanos podem ser vetadas pelo movimento global livre do capital. Nem perceberam que os mercados desregulados são potentes destruidores das formas tradicionais de vida social. A manobra vil da semana passada sobre as propostas de Lord Mackay para reformar a lei do divórcio foram em parte movimentos iniciais na luta pela sucessão dos tories. Eles também evidenciam que a Direita ainda tem de entender que a escolha e a mudança não podem ser promovidas em toda a economia, mas contidas na vida familiar. Os remanescentes da Esquerda tory não são menos saudosistas. Sua ligação com um modelo democrata-cristão da Europa não contém nenhum novo pensamento sobre os problemas que estão sendo enfrentados pelas instituições européias. Os One Nation Tories ainda não se envolveram com a questão de qual deverá ser o papel do governo após a derrubada do acordo pós-guerra. Eles não pensaram em como reagir aos efeitos irreversíveis do thatcherismo.

Não devemos esperar que os tories dividam-se escrupulosamente em dois partidos rivais inspirados por filosofias claramente definidas. Um longo período de rivalidades amargas, uma guerra mortal e uma longa passagem de membros conservadores do parlamento desmoralizados para outros partidos é um cenário mais plausível. Haverá um duradouro deslocamento do poder dentro do corpo principal dos conservadores e, como conseqüência disso, ele vai se tornar um partido totalmente neoliberal e nacionalista. Esse partido não é elegível na Grã-Bretanha, a menos que o Partido Trabalhista também se divida na área crucial de seus negócios com a União Européia. A questão da União Monetária Européia (EMU) permanece a mais potencialmente não-administrável que qualquer governo britânico tem enfrentado desde a Segunda Guerra Mundial. Só por essa razão, o jogo final dos tories está longe de terminar. Tudo o que podemos ter certeza sobre ele é que não vai terminar com um estrondo.

Guardian, 1º de maio de 1996

10
Começos

> O amanhã é fácil, mas o hoje é desconhecido.
> John Ashberry,
> *Self-portrait in a Convex Mirror*
> [Auto-retrato num espelho comum]

É lugar-comum dizer que a nossa se tornou uma cultura de términos. Vivemos entre as ruínas dos projetos da era moderna. Elas se estendem por toda a paisagem onde devemos encontrar nossos propósitos. Permanecem em qualquer visão clara daquilo em que o mundo está se tornando. Os eventos mais sem precedentes dos últimos anos são interpretados como estágios no caminho para a modernidade no mundo todo. Não percebemos os primórdios obscuros de um mundo pós-moderno, escondido nas sombras dos projetos fracassados da modernidade. Entender o presente torna-se mais difícil para nós em razão das heranças não examinadas do passado. Procuramos compreender o interregno ambíguo entre a modernidade tardia e o início do período pós-moderno, invocando modos de pensar que pertencem ao mundo moderno que estamos deixando para trás. Um desses modos de pensar é o pós-modernismo. Certamente nos perderemos se tomarmos como nosso guia para o mundo pós-moderno emergente as atitudes *fin-de-siècle* dos pós-modernistas. Eles não têm nada a nos ensinar sobre a maneira como podemos aprender a viver em um mundo que contém novos limites à esperança de progresso que inspirou a era moderna. É melhor arriscarmos pensar em nosso caminho pelo presente até agora imprevisto.

Desconfio que durante as próximas décadas testemunharemos muitos finais surpreendentes. Estamos mal preparados para um mundo que se esquiva dos modos de pensar que herdamos do período moderno. Todas as escolas predominantes do pensamento contemporâneo esperam que a modernização em todo o mundo reproduza as instituições e os valores das sociedades "ocidentais" contemporâneas. Esperam que os Estados pós-comunistas assimilem os modelos ocidentais que já estão instáveis e cujos próprios futuros estão incertos. Não parecem ter percebido os movimentos antiocidentais poderosos surgidos há muito nos regimes ocidentalizantes como os da Turquia e da Itália. Ou, se perceberam tais desenvolvimentos, estes são explicados como regressões ou lapsos de uma tendência histórica cuja força continua inexorável. Nessas expectativas convencionais do pensamento ocidental, aplica-se a filosofia da história do Iluminismo que foi defendida por Marx, Mill, Spencer e Hayek, em que a modernidade ocidental era imaginada como o destino final de toda a humanidade. Essa filosofia não nos ajuda a criar novas instituições em que culturas que permanecerão fundamentalmente diferentes poderão coexistir em paz. É, na verdade, um programa para a adoção universal de instituições modernas semi-extintas, como o Estado-nação soberano e o livre mercado. É uma ironia que as políticas dos Estados ocidentais pretendam se integrar com as sociedades não-ocidentais em uma ordem do mundo moderno justamente no momento histórico em que está inequivocamente em plena marcha a dissolução das crenças e das práticas mais características da modernidade.

Considere-se a menos esperada transformação histórica do nosso tempo – o colapso soviético de 1989-1991. No "Ocidente" (se é que o "Ocidente" significa algo agora), a ruína do poder comunista tem sido interpretada como o triunfo do "capitalismo democrático".[1] Mas a desintegração da União Soviética não foi – como às vezes pareciam acreditar os conservadores e neoliberais triunfalistas – um sucesso da diplomacia ou da política de privatização ocidentais. Ao contrário, foi o fracasso espetacular na Rússia e em seus domínios de uma ideologia do Iluminismo, distintamente *ocidental*. Pensar nos eventos que ocorreram na Rússia durante 1989-1991 nos termos banais e decepcionantes do discurso neoconservador, como a extensão para a Rússia dos valores e das instituições "ocidentais", é absolutamente não perceber sua novidade radical.[2] Aqueles que o fazem não conseguem ver nem o que terminou, nem o que pode está começando na Rússia. Não enxergam que, mesmo que o colapso soviético tenha banido do mundo um grande projeto ocidental para uma civilização universal, ele também atuou para acelerar uma fusão nas sociedades ocidentais que derivaram qualquer identidade cultural que possuíssem da reconhecida hostilidade da União Soviética. O resultado é que não há mundo estável de instituições ou valores ocidentais em que as sociedades pós-comunistas possam razoavelmente ser integradas. É difícil pensar em uma perspectiva história mais ilusória do que a do colapso soviético resultando, à maneira de Fukuyama, na adoção universal de "valores ocidentais".

---

[1] Para uma crítica interessante, embora às vezes hiperbólica, da "ocidentalização" e de "o Ocidente", ver *The Westernization of the World: The Significance, Scope and Limits of the Drive towards Global Uniformity* (1996), de Serge Latouche.

[2] Tentei teorizar a novidade do colapso comunista em meu artigo "Totalitarianism, Reform and Civil Society". Ver meu *Post-Liberalism*, Capítulo 12.

Os primórdios do mundo após o fim da era moderna já podem ser pressentidos. Nós os vemos emergindo das sombras dos projetos fracassados da modernidade. Mas esses começos chegam até nós obscurecidos por vestígios do passado, um dos quais é o pós-modernismo. O principal efeito do pensamento pós-modernista tem sido obscurecer nossa visão quando atravessamos o fim do período moderno. A maior parte desse pensamento não faz um esforço real para teorizar o presente. É inspirado por aspectos da principal tradição intelectual ocidental que são menos úteis, e na verdade mais perigosos, para nós. Um desses é o universalismo – a fé metafísica de que os valores ocidentais locais são dominantes para todas as culturas e povos. Essa fé ocidental estava expressa no projeto socrático de exame da vida, no compromisso cristão com uma redenção de toda a humanidade, assim como no projeto do progresso do Iluminismo rumo a uma civilização humana universal. Ela é fundamental na principal tradição intelectual das sociedades "ocidentais" – uma tradição que é renovada no projeto pós-modernista de desconstrução das culturas de toda parte. Supondo que uma condição pós-moderna seja o destino histórico de todas as sociedades, os pós-modernistas se agarram a uma narrativa ocidentalizante da modernidade. A verdade é que a fragmentação da visão de mundo que tipifica as sociedades ocidentais modernas tardias pressupõe um compromisso cultural profundamente assentado na verdade universal. Em sociedades que nunca abrigaram esse compromisso, como o Japão, o perspectivismo não é uma manifestação de crise cultural. É uma maneira natural de olhar para o mundo. Do mesmo modo, só em regimes universalistas decadentes, como os Estados Unidos, esse "relativismo" torna-se uma doença local incurável. O pensamento pós-modernista nos impede de enxergar que a modernidade é um incidente em uma ou algumas histórias, não em uma história universal ilusória.

Outra herança da principal tradição ocidental é o humanismo. O pensamento pós-modernista consagra, e assim livra de questionamento, as esperanças e ilusões peculiares do humanismo, que prometem a domesticação da natureza por uma civilização única, universal. Os pós-modernistas entendem o mundo natural como uma construção cultural. É claro que se justifica inteiramente os pós-modernistas rejeitarem o entendimento fundamentalista da ciência, em que ele é um espelho da natureza. Estão certos em insistir em que não há uma maneira em que o mundo deva ser representado, e em negar que a investigação científica seja o árbitro supremo de todas as formas de conhecimento humano. Mas há muitas maneiras em que o mundo não pode ser representado, e o pensamento humano não pode alterá-las. Esses limites sobre o modo como o mundo pode ser fielmente apreendido pelo pensamento humano são negados pelas representações pós-modernistas da natureza (incluindo a natureza humana) como uma construção totalmente cultural. A Terra é então vista como uma extensão da consciência e da atividade humana, e não como uma restrição fundamental na vida dos homens e de outras espécies animais. Desse modo, é reproduzida uma antiga tradição humanista ocidental que está agora muito desgastada.

Uma concepção humanista das relações do homem com a Terra, e com o próprio homem, é aquela em que os seres humanos são privilegiados sobre outros animais em seu lugar no mundo como locais únicos de verdade, significado e valor. Todas as principais crenças e ideologias ocidentais – e, nesse aspecto, o islã pertence ao "Ocidente" – são variedades de humanismo. Todas elas – cristianismo, marxismo, os muitos tipos de liberalismo, a fé positivista dos fundamentalistas científicos – não pensam no homem como apenas a espécie animal atualmente dominante. Todas santificam alguma atividade humana – seja a da adoração religiosa, seja a da filosofia, seja a da investigação científica –, isto é, capacitam os homens a transcender as restrições de sua ancestralidade animal. Todas proclamam que a Terra é um recurso a serviço do empreendimento humano – quer como um instrumento para a realização da emancipação humana, quer como um local para a incorporação de valores distintamente pessoais. Essa é uma característica integrante da "civilização ocidental", em suas tradições greco-romanas e judaico-cristãs interligadas, permaneça ou não essa civilização explicitamente teísta.

Um auto-entendimento humanista é primordial na tradição intelectual ocidental. É peculiarmente inadequado às realidades e aos dilemas da era pós-moderna emergente. Não tem nele nada do senso de limites que é vital para vivermos em equilíbrio com a Terra e em paz uns com os outros. Na área decisiva das nossas relações com nosso meio ambiente, o pensamento pós-modernista nada contém que neutralize a arrogância humana. O pós-modernismo é o humanismo em uma forma tardia e radical; ele entende o mundo natural como uma criação do pensamento humano. São negados os limites impostos às nossas potencialidades e esperanças pela dependência da Terra por parte dos homens e de outras espécies animais. A Terra não tem vida própria que possa derrotar a arrogância de sua espécie animal brevemente dominante. Para os pós-modernistas, a face em mutação da natureza é uma imagem refletida do pensamento e da atividade humanos, e não uma realidade independente. No pós-modernismo também não existe esta história de natureza humana.[3] Somos o que imaginamos ser. Diferentemente de qualquer outra espécie animal, somos livres para nos desconstruir e reinventar, infinitamente e sem limites. Não somos, como evidentemente são outros animais, parasitas efêmeros alojados na pele de nosso hospedeiro planetário.

Somos uma espécie autocriada, cujos vínculos com a Terra podem ser rompidos, e criados de novo, pela vontade humana e

---

3 Talvez a mais poderosa afirmação recente da visão pós-modernista da natureza (incluindo a natureza humana) como uma construção cultural vá ser encontrada em *Philosophy and the Mirror of Nature* (1980), de Richard Rorty. Para uma crítica de alguns aspectos do pós-modernismo de Rorty, ver meu "Enlightenment's Wake", em *Enlightenment's Wake*, p.169-78.

pelo desenvolvimento do conhecimento científico. Não estamos em nenhum sentido inalteravelmente ligados por nossos passados evolucionário e histórico. Podemos incorporar quaisquer formas culturais ou políticas que consigamos vislumbrar. Os únicos limites impostos às esperanças humanas são aqueles que vêm da pobreza da imaginação humana. Os limites naturais da vida na Terra só são reconhecidos para serem transcendidos por novas tecnologias que fazem da Terra um objeto de desejo humano. Escassez, contingência e mortalidade não são marcas de finitude em nós mesmos e na Terra. São obstáculos a serem superados. Nossas histórias não impõem limitações insuperáveis às ambições humanas. Exercendo nossa vontade e nossa imaginação, podemos – nessa fantasia pós-modernista – nos livrar das cargas do passado.

Essa maneira de pensar não pode nos ajudar a coexistir em paz apesar de nossas diferenças insolúveis. Não pode lidar com a real necessidade da era pós-moderna, que é a de instituições comuns em que diferentes culturas, comunidades e modos de vida podem coexistir em paz. Em vez disso, somos encorajados a esperar por um mundo em que todas as nossas esperanças (conflitantes) possam ser satisfeitas. Essa é a fantasmagoria humanista que o pós-modernismo renova. Seu principal efeito é bloquear o nosso entendimento do que é realmente novo no início do período pós-moderno. As idéias humanistas continuam a inspirar quase todas as correntes do pensamento contemporâneo, não só o pós-modernismo. Elas fortalecem os projetos políticos defeituosos que estreitam e escurecem os horizontes das sociedades modernas tardias do mundo todo.[4] Começaremos a enten-

---

4 Para uma crítica poderosa tanto dos projetos da Esquerda quanto da Direita, ver Anthony Giddens, *Beyond Left and Right: The Future of Radical Politics* (1994). Deve ser percebido que Giddens não compartilha a minha opinião de que, não obstante os absurdos do pensamento pós-moderno, algumas sociedades e Estados contemporâneos mostram sinais de uma condição pós-

der nossas circunstâncias e perspectivas quando entrarmos no início da pós-modernidade, e talvez as enfrentemos um pouco melhor quando abandonarmos os projetos que o humanismo apoiou. Em nosso contexto histórico, os projetos políticos da modernidade – quer de esquerda, quer de direita – são irrelevantes ou hostis às nossas necessidades. Certamente, não podemos destruir nossas histórias, em que tais projetos foram finalmente fundamentais. Podemos aprender a pensar nesses projetos como pertencendo a um passado de cujas cargas não podemos nos livrar, mas que possamos talvez esperar aliviar.

O projeto de esquerda da emancipação universal em uma civilização cosmopolita está em desacordo com uma época em que a autoridade foi drenada das ideologias do Iluminismo eurocêntrico, e em que nenhuma cultura ocidental está afirmando suas diferenças de nós e uma da outra. Além disso, o projeto emancipatório da esquerda é hostil aos limites colocados às esperanças humanas pelo lugar do homem no mundo natural. Ao mesmo tempo, os projetos da direita são todos destroços da modernidade. O objetivo de tornar o mundo seguro para o "capitalismo democrático", que é a missão da direita norte-americana e da Nova Direita em toda parte,[5] é uma sobrevivência do período moderno inicial. O objetivo da Nova Direita de um livre mercado global é uma reinvenção anacrônica do projeto do *laissez-faire* de meados do século XIX. Como o Estado-nação soberano, o livre mercado é uma das construções políticas mais prototipicamente modernistas, e um subversor de todo tipo de comunidade tradicional. Confrontado com a dissolução das comunida-

---

moderna emergente; ele acredita que essas sociedades estão se aproximando de uma condição de "alta modernidade". Sobre esta e outras questões relacionadas, ver seu *The Consequences of Modernity* (1990).

5 Para uma exposição simples deste projeto, representado como um exercício em filosofia da história, ver *The End of History and the Last Man* (1992), de Francis Fukuyama.

des tradicionais pelo livre mercado, o pensamento conservador do nosso tempo tornou-se uma repetição do liberalismo do século XIX em sua forma mais primitiva. Juntamente com outras confecções da ideologia norte-americana, o capitalismo democrático globalizado é um híbrido atávico do Iluminismo com o cristianismo pelagiano. É o consenso humanista moderno tardio, em sua forma mais banalizada. O ecologismo, um dos fios do pensamento atual que se imagina estar menos absorvido pelo pensamento convencional e pelo passado, não apresenta alternativa para esse consenso humanista. Em todas as variedades padronizadas, a teoria verde permanece um *pot-pourri* de esperanças do Iluminismo e nostalgias românticas. No pensamento político, estamos longe da época de fins e começos em que vivemos. Somos governados por utopias modernas extintas.

Há pouco pensamento político hoje que se esforce para entender o presente. Parece não haver projeto político que reconheça que a era moderna, com suas ilusões prevalentes da conquista da natureza e do progresso rumo a uma civilização universal, realmente chegou ao fim. O pós-modernismo não é um esforço para entender o presente, mas uma projeção das esperanças e dos medos do Iluminismo que pertencem ao passado. Todo o pensamento político contemporâneo é uma variação do projeto do Iluminismo ou das reações românticas ou fundamentalistas a ele. Entretanto, o que mais precisamos é colocar o Iluminismo atrás de nós e o encararmos, como encaramos a Renascença ou a Reforma, de uma perspectiva de distanciamento histórico. Somente então aceitaremos que todos os projetos do Iluminismo tornaram-se agora becos sem saída.

John Gray

A natureza, a ciência e os objetivos do progresso

> O progresso celebra vitórias pírricas sobre a natureza. O progresso faz bolsas de pele humana.
> Karl Kraus,
> *Half-truths and One-and-a-half truths*

Um aspecto da nossa condição é apresentado pelos limites impostos à atividade humana pela própria Terra. A expansão das populações humanas, com a disseminação de tecnologias industriais pelo mundo afora, já está alterando de tal maneira o clima da Terra que ameaça um transtorno sério da vida econômica e social humana, e põe em risco o bem-estar de muitas outras espécies. Seria até mesmo possível que a estabilidade da biosfera só pudesse ser conseguida agora por uma redução catastrófica no número de seres humanos. Mas, embora isso freqüentemente seja atribuído à especulação apocalíptica, o pensamento verde padrão impede consistentemente a possibilidade de as concepções contemporâneas de progresso entrarem num conflito final com as condições de estabilidade para a biosfera como um todo. Aceitar essa possibilidade subverte o princípio humanista de que o progresso das nossas espécies não possa ameaçar a integridade da Terra. É o momento de questionar esse axioma humanista.

Não há harmonia preestabelecida entre o bem-estar humano e a conservação da Terra. Revelar essa verdade proibida é ir contra o pensamento ambiental e ecológico prevalente. O pensamento verde convencional afirma que não pode haver conflito final entre os interesses de nossa espécie e a integridade do meio ambiente. Não é difícil constatar por que o pensamento ecológico prevalente deve adotar tal posição. Em todas as suas variedades padrão, o pensamento verde é uma espécie de humanismo iluminista. O projeto pelo qual ele é inspirado é a emancipação humana universal, e não a conservação do meio ambiente que os homens compartilham com outras espécies. A possibilidade de que esses dois projetos possam nem sempre coincidir em suas implicações para a prática é muito ameaçadora para ser contemplada pela maior parte dos pensadores ecológicos. Um conflito entre eles pode facilmente criar dilemas insolúveis. É pouco proveitoso que homens e mulheres práticos observem que as demandas do bem-estar humano podem estar em desacordo com as de outras espécies animais. Afinal, a política pública é criada e implementada por seres humanos. É pouco provável que uma medida que não prometa um benefício aos homens consiga alguma atenção.

Se pode haver uma divergência fundamental entre os interesses humanos e a proteção da Terra, então a causa da Terra pode bem ser uma causa já perdida. Como os homens agora dominam o ambiente em que todas as outras espécies precisam lutar para sobreviver, seus interesses serão inevitavelmente desalojar os membros dessas outras espécies quando houver um conflito. É claro que isso não significa que o bem-estar humano venha a ser promovido. A extinção de incontáveis outras espécies pelo crescimento das populações humanas pode provavelmente pressagiar a extinção da espécie humana. Essa é a conclusão de Richard Leakey, quando ele considera o efeito que os homens têm tido em provocar a sexta grande extinção das espécies. A espécie humana já está vivendo no tempo emprestado do "débito da extinção". Se – como parece inteiramente plausível – o argumento de Leakey é bem fundamentado, então podemos já ter atingido o fim do empreendimento humano. A integridade da Terra pode talvez ser preservada, mas apenas à custa da catástrofe para os seres humanos. Nesse caso, o Fim antecipado pelos pensadores apocalípticos entre os verdes já ocorreu; entretanto, quase ninguém percebeu.

Essas talvez sejam conclusões muito tristes. Mas explorar as perspectivas abertas por elas pode não ser um exercício totalmente inútil. Se há uma divergência entre o bem-estar humano e a integridade da Terra, é pelo menos imaginável que ela poderia ser reduzida por uma política inteligente. No entanto, para essa política ser ao menos uma possibilidade remota, o pensamento proibido de que as ambições humanas podem conflitar com a integridade do ambiente deve ser perseguido até o fim. Quando fazemos isso, não encontramos muito conforto em nossas reflexões. Mas nos livramos das ligações humanistas que turvam o pensamento claro sobre nossas relações com outros animais e com a Terra. Essas ligações humanistas nada podem fazer para diminuir o dano à Terra da qual os homens, juntamente com inúmeras outras espécies com as quais a compartilhamos, finalmente dependem para sua sobrevivência e desenvolvimento.

As correntes dominantes do pensamento contemporâneo sobre questões ambientais têm como seus produtos finais esquemas utópicos em que as esperanças humanas de progresso são concretizadas à custa da subordinação de todo o planeta ao controle humano. Todas essas visões de controle planetário são ilusórias. Pressupõem instituições de governo global e fontes de sabedoria cultural que não existem. Como observa com propriedade James Lovelock,

> De uma perspectiva gaiana, todas as tentativas de racionalizar uma biosfera subjugada pelo homem estão condenadas ao fracasso como o conceito similar de colonialismo benevolente. Todos presumem que o homem é o dono deste planeta – se não seu proprietário, pelo menos seu arrendatário.[6]

Na prática, o controle ou a administração dos recursos da Terra por instituições globais provavelmente geraria uma devastação ecológica ainda pior do que a destruição casual de espécies, ambientes e culturas humanas que a Terra sofre atualmen-

---

[6] *Gaia: A New Look at Life on Earth* (1979), p.145, de James Lovelock. Ver também o livro de Lovelock, *The Ages of Gaia: A Biography of Our Living Earth* (1989).

te. Qualquer divergência entre as exigências de estabilidade ambiental e as aspirações humanistas seria estabelecida, infalivelmente, em favor das últimas. Essa é a lógica do controle planetário. A Terra torna-se um instrumento das esperanças humanas. A natureza pode, e deve, ser desfeita e refeita pelos homens. Não estamos longe do projeto terrível de humanização da natureza que era fundamental no marxismo clássico e funcionou como a inspiração doutrinária para o ecocídio soviético.[7] Esse mesmo projeto permanece integrante tanto do projeto do Iluminismo liberal quanto do pós-modernismo.

Se acalentarmos esperanças humanistas, não vamos buscar instituições sociais ideais, em que a Terra é transformada em objeto da vontade e das esperanças humanas. Em vez disso, pensemos mais uma vez em como o impacto da atividade humana em outras espécies e na Terra que compartilhamos com elas pode ser moderado. Isto não significa sacrificar o bem-estar humano quando ele entra em conflito com aquele de outras formas de vida. Significa criar políticas e instituições em que esse conflito possa ser evitado ou moderado. Muitas esperanças modernas, embora de modo algum todas, de progresso são em princípio possíveis, *contanto que os números de seres humanos sejam reduzidos e haja uma mudança em grande escala para tecnologias de baixo impacto*. Considere-se a agricultura – uma das maiores e mais comumente negligenciadas ameaças à ecosfera.[8] Precisamos cultivar a terra para

---

[7] Ver *Ecocide in the USSR: Health and Nature under Siege* (1992), de Murray Fesbach & Alfred Friendly, Jr.

[8] Como observou inteligentemente Lovelock, "As coisas que fazemos ao planeta não são ofensivas nem constituem uma ameaça geofisiológica, a menos que as façamos em uma escala muito grande. Se houvessem apenas 500 milhões de pessoas na Terra, quase nada do que estamos fazendo agora ao nosso ambiente perturbaria Gaia. Infelizmente para a nossa liberdade de ação, estamos nos aproximando dos oito bilhões de pessoas, com mais de dez bilhões de ovinos e bovinos, e seis bilhões de aves domésticas... A má agricultura provavelmente é a maior ameaça à saúde de Gaia" (*The Ages of Gaia*, p.178-9).

produzir alimento para as populações humanas. Isso envolve, inexoravelmente, o uso para propósitos humanos de parte do solo, da flora e da fauna da Terra. Não envolve tornar a Terra o objeto de uma perigosa experiência biológica de cujo resultado depende o suprimento de alimento para os homens. Isso não precisa significar impor aos animais o sofrimento omitido que acompanha um estilo de vida totalmente contrário às leis da natureza. Certamente não precisa abranger intervenções genéticas perigosas na vida vegetal e animal, cujo efeito, a médio prazo, é necessitar de outras intervenções para manter a hiperprodutividade e prevenir novas doenças, que é a armadilha em que a Revolução Verde na agricultura nos aprisionou.[9] O apelo de ajustes técnicos, como a Revolução Verde, está em sua combinação de otimismo científico com aparente custo-benefício. Mas poderíamos alimentar as populações humanas, de maneira mais confiável e com um impacto ambiental bem menor, por métodos agrícolas semi-orgânicos que são menos intensivos no uso da tecnologia do que nossos atuais agronegócios hiperindustrializados. Esse é apenas um exemplo dos muitos que podem ser apresentados, em que podemos aliviar o destino humano pelo uso de tecnologias mais brandas e menos hostis à Terra.

No entanto, só podemos melhorar o destino humano por esses meios se estivermos prontos para ser proativos no controle do crescimento das populações humanas. O maior risco até agora à Terra e às formas de vida não-humanas que ela sustenta vem do crescimento descontrolado da população humana. É claro que quase todo pensamento contemporâneo nega a realidade do problema da população humana. Ou, em conformidade com o humanismo iluminista, afirma que esse problema é totalmente solucionável por reformas de instituições e práticas sociais injustas. Assim, declara-se que a melhora nas circunstâncias eco-

---

9   Sobre isto, ver *The Trap, The Response*, e *Counter-culture*, v.6 (1996), de Goldsmith.

nômicas das mulheres, a evolução no controle pelas mulheres de sua própria fertilidade, e uma redução na insegurança econômica das famílias produzirão juntos uma "transição demográfica" positiva. A suposição básica dessas declarações é que o nível resultante da população humana será indefinidamente sustentável. Pressupõe-se que o nível da população humana originado do planejamento familiar – o controle pelas mulheres de sua fertilidade, de modo que limite sua prole segundo seus desejos e os desejos de seu parceiro – coincidirá com o número ideal que é o objetivo da política populacional. Nada corrobora tal suposição. É simplesmente o axioma humanista geral do qual o bem-estar humano e a integridade da Terra não podem fundamentalmente divergir, aplicado à área crucial dos números humanos.

É melhor reconhecer simplesmente, com Garrett Hardin[10] e muitos outros, que o planejamento familiar e o controle populacional são empreendimentos diferentes. Em muitos contextos importantes eles vão coincidir ou se justapor. As políticas que permitem que as mulheres controlem sua própria fertilidade pelo acesso irrestrito à contracepção e ao aborto, juntamente com políticas que permitam às pessoas exercer a escolha sobre sua maneira de morrer por meio da eutanásia voluntária, são fundamentais para o bem-estar humano. São também, em quase todos os contextos do mundo real, políticas que diminuem o impacto destrutivo de muitos seres humanos sobre outras espécies animais e sobre a Terra. Mas é altamente improvável que sejam suficientes para diminuir o crescimento da população humana de tal modo que o impacto ambiental da espécie seja indefinida-

---

10 Ver, de Garrett Hardin, *Living within Limits: Ecology, Economics and Population Taboos*, capítulo 24, e "Birth Control versus Population Control", especialmente a seção sobre "Post-Darwinian policy: a step yet to come", p. 258. Ver também os livros de Hardin, *Stalking the Wild Taboo* (2.ed., 1978); *Promethean Ethics: Living with Death, Competition and Triage* (1980); e, para uma afirmação canônica inicial dos pontos de vista de Hardin, *Nature and Man's Fate* (1961).

mente sustentável. (Isso é verdade, qualquer que venha a ser a população humana ideal.) A preocupação com as outras espécies e com a biosfera como fins em si, e não apenas como recursos para o bem-estar humano, requer políticas para o controle do número de seres humanos. Essas políticas são também justificadas porque apenas uma população humana menor que a que existe agora pode razoavelmente esperar uma qualidade de vida sustentavelmente elevada.

As políticas para o controle populacional enfrentam a oposição de fundamentalistas religiosos de todos os tipos. São também rejeitadas por humanistas – como Karl Marx, Herbert Spencer, F. A. Hayek e seus muitos seguidores atuais – que concordam com a fé moderna de que a virtuosidade tecnológica humana sempre superará o esgotamento dos recursos naturais. (John Stuart Mill é uma exceção magnífica entre os humanistas, pois sempre reconheceu que suas esperanças de progresso para a espécie humana dependiam do controle de seus números. Além disso, com um esplêndido pouco caso por sua teoria do valor utilitarista oficial, ele atribuía um valor intrínseco à vida selvagem.)[11] Em seu antropocentrismo habitual, os seguidores do Iluminismo e das religiões fundamentalistas estão de acordo. Hoje, pode-se razoavelmente considerar que não existe em parte alguma um segmento de opinião importante que defenda o controle da população humana em prol da preservação de outras formas de vida com as quais compartilhamos o planeta.

Se o naturalismo científico nos proporciona uma consideração profunda do animal humano, isso não deve ser particularmente surpreendente. A teoria darwiniana dá pouco apoio à esperança de que as populações humanas atuem no sentido de controlar seus membros. A crença de que os homens limitarão o crescimento de suas populações para proteger outras espécies

---

[11] Discuti as antecipações das preocupações ecológicas contemporâneas de Mill em *Beyond the New Right*, p.140-2.

expressa um entendimento mais humanista do que darwiniano das possibilidades humanas. Há uma aguda dissonância entre o entendimento do comportamento humano por parte da teoria darwiniana e a concepção pré-darwiniana do homem preservados no humanismo iluminista. Em sua aplicação à política populacional, a clara implicação da visão darwiniana é que a questão será decidida pelo meio malthusiano clássico. Essa é a visão de Angus Martin, um dos poucos autores que escrevem sobre temas ecológicos, que levou às últimas conseqüências a visão darwiniana do homem:

> O homem é um animal. Talvez possamos agora apreciar mais integralmente a importância dessa declaração. O crescimento populacional do homem origina-se de dois fatores. O primeiro (que ele compartilha com todos os outros animais) é que a seleção natural favorece os indivíduos que criam mais filhos: aqueles que atingem a maior superprodução. O segundo, específico dele, é que sua superprodução vive e se reproduz devido ao seu controle temporário dos índices de mortalidade. O resto da história é apenas esperar que a mortalidade o alcance.[12]

Mas mesmo lidando com malthusianos, uma correção gaiana provavelmente não impedirá outros danos irreparáveis causados à Terra pela atividade humana.

O destino da ciência como uma instituição cultural nas sociedades modernas tardias parece ser reforçar o entendimento instrumental das relações do homem com a Terra. Nas culturas tradicionais, pré-científicas, um relacionamento equilibrado com o meio ambiente foi mantido pelas práticas animistas em que foi afirmada a unidade dos homens com outros animais e com a Terra. O impacto da ciência moderna, como o do cristianismo, tem sido o de destruir essas crenças e práticas tradicionais. Além

---

12 Ver *The Last Generation: The End of Survival?* (1975), p.42, de Angus Martin.

disso, uma vez acabado, um relacionamento animista com a natureza não pode ser recuperado. O presente fatal da ciência moderna é uma visão desencantada do mundo. Essa visão carrega consigo uma perda cultural irrecuperável. Também remove, sem substituir, as restrições culturais pré-científicas à exploração humana da natureza. O impacto da ciência como a única instituição cultural dominante remanescente nas sociedades modernas tardias é reforçar a fusão do niilismo com o humanismo, que é sua real visão de mundo inspiradora.

Certamente, esse é raramente um projeto consciente de ideólogos científicos. Seu entendimento da ciência é primitivo, e na verdade pré-científico. A concepção da ciência preferida de um ideólogo da ciência, como Richard Dawkins, é patentemente pré-darwiniana. Uma perspectiva darwiniana sugeriria que o crescimento da ciência deve ser explicado em termos do aumento no controle do ambiente que ele permite às nossas espécies, em vez de nos termos platonistas, cristãos e humanistas de uma busca da verdade. Os fundamentalistas científicos combinam uma adesão formal à ortodoxia neodarwiniana com a fé do Iluminismo de que o conhecimento científico pode conseguir que o homem refaça o edifício construído às pressas da sociedade humana. Mas um naturalismo darwiniano consistente destrói todas essas possibilidades.

Essa é uma dissonância que até mesmo os pensadores darwinianos mais sutis acharam insolúvel. Jacques Monod escreveu que se o homem aceita a mensagem da ciência,

> o homem deve finalmente acordar de seu sonho milenar e descobrir sua total solidão, seu isolamento fundamental. Ele deve compreender que, como um cigano, vive nos limites de um mundo estranho; um mundo que é surdo à sua música e tão indiferente às suas esperanças quanto a seu sofrimento ou a seus crimes.[13]

---

13 Ver *Chance and Necessity* (1974), p.201, de Jacques Monod.

Mas Monod também escreve como se o homem – talvez exercendo a liberdade da vontade a ele atribuída nas visões de mundo religiosas que a ciência destruiu – pudesse *escolher* buscar a verdade. Bastante corretamente, ele observa que "As sociedades 'liberais' do Ocidente ainda apóiam, e apresentam como uma base para a moralidade, uma mistura repugnante de moralidade judaico-cristã, progressismo científico, crença nos direitos "naturais" do homem e pragmatismo utilitarista". Mas Monod prossegue defendendo uma "ética de conhecimento" – um compromisso com a verdade como ela é revelada pela ciência, que ele relaciona, de um modo um tanto obscuro, com o socialismo. Esse é, na verdade, um humanismo sem bases; de todo modo é de maneira bastante duvidosa consistente com a consideração radicalmente mecanicista e reducionista do homem, que Monod toma do darwinismo e ele próprio defende religiosamente.[14]

Em uma linha de argumentação similar à de Monod, E. O. Wilson observou, sem dúvida corretamente, que "o final decisivo desfrutado pelo naturalismo científico virá de sua capacidade de explicar a religião tradicional como um fenômeno totalmente material".[15] Ele não considera como um entendimento rigorosamente naturalístico da atividade humana poderia se aplicar à ciência. Parece que sua visão da ciência, e portanto do homem, é aquela humanista, metafísica e fundamentalmente religiosa que o próprio naturalismo científico destrói. Cabe aqui a pergunta de Nietzsche:

> A pergunta "Por que a ciência existe?" conduz de volta ao problema moral: em geral, qual é o propósito da moralidade, se a vida, a natureza e a história são "não-morais"? ... é sempre uma crença metafísica em que se apóia a nossa crença na ciência ... o ateu e o antimetafísico ainda tiram o nosso ardor da conflagração inflama-

---

14 Ibidem, p.159.
15 Ver *On Human Nature* (1979), p.201, de E. O. Wilson.

da por uma crença que tem um milênio de idade, a crença cristã, que era também a crença de Platão, de que Deus é a verdade, que a verdade é divina.[16]

A visão dos fundamentalistas científicos de que a ciência capacita o acesso singularmente privilegiado à verdade sobre o mundo pertence a essa fé metafísica e religiosa. É difícil reconciliar com os resultados da investigação científica, como o darwinismo. Em uma perspectiva consistentemente darwiniana, a ciência buscará a verdade somente à medida que a verdade serve aos interesses humanos – em especial, os interesses na sobrevivência e no controle pragmático do ambiente. Como muita coisa mais no humanismo iluminista, a visão fundamentalista da ciência é autodestrutiva. É destruída pela própria investigação científica.

Escrevendo antes da formulação da hipótese de Gaia, o jogador e conservacionista John Aspinall observou que talvez somente uma correção gaiana nos números humanos pode preservar o que resta da Terra não-humana: "Alguns de nós somos agora levados a crer que uma democatástrofe será uma ecobonança. Em outras palavras, o reajustamento de uma população em uma escala planetária de quatro bilhões para algo na natureza de duzentos milhões seria a única solução possível para a sobrevivência de nossa própria espécie e do ecossistema que nos alimenta ...". Ele percebe que uma "democatástrofe" pode carregar consigo grande parte das populações não-humanas da Terra:

> A próxima grande morte pode durar um milênio, mas durante ele, e na verdade antes dele, quem sabe quantas muitas gerações de plantas, e aves, e animais selvagens serão destruídas? Os seguidores de Gautama Buda, os judeus-cristãos, os discípulos de Maomé e de Marx podem todos aguardar com interesse algum milênio

---

16 Ver *Joyful Wisdom* (1960), livro 5, n.344, p.279, de F. Nietzsche.

distante, mas não os amantes da Terra. A questão que eles enfrentam é escatológica. O que ficará para trás? O mundo sobrevivente deve ser um mundo diminuído; na pior das hipóteses, em um declínio irreversível, apocalíptico; na melhor, um mundo selvagemente mutilado, até mesmo desmembrado.

Aspinall conclui:

> A pesquisa médica deve investir no aborto, no infanticídio, na eutanásia e no controle da natalidade ... A escolha que está diante de nós é uma vida qualitativa para duzentos milhões de humanos na perpetuidade, em um paraíso parcialmente restaurado, ou uma contagem regressiva quantitativa para o Armagedon em um planeta saqueado, com a maior parte de seus recursos devastada. O fato de ainda podermos ter uma escolha ou uma chance pode ser em si uma ilusão.[17]

O mérito da visão de Aspinall é que ela entende que um compromisso com a Terra é uma aposta. Nada em nosso conhecimento científico do homem subscreve esse jogo. As políticas que visam a proteger as coisas da Terra como fins em si vão contra a natureza de alguns dos mais fortes imperativos biológicos do homem. Isso não significa que um compromisso com a Terra não tenha base na natureza dos seres humanos. Pode expressar a necessidade humana de contato com o mundo não-humano que E. O. Wilson chamou de *biofilia*.[18] Essa é a necessidade que é sa-

---

[17] Ver *The Best of Friends* (1976), p.132-4, 139, de John Aspinall. Ver também do mesmo autor, *Random Thoughts on the Human Animal* (1967). O pensamento de Aspinall é de importância considerável, não apenas por seu repúdio inflexivelmente consistente ao antropocentrismo, mas também porque mostra que uma reorientação fundamental das nossas relações com os animais não precisa incorporá-los nas práticas legalistas modernas dos direitos.

[18] Ver, de E. O. Wilson, *Biophilia* (1984), e seu grande livro, *The Diversity of Life* (1992), especialmente p. 348-51.

tisfeita pelos relacionamentos com animais, por encontros com a vida selvagem e pelas tentativas de muitas pessoas urbanas de recriar uma pequena zona rural em suas vidas. É, evidentemente, apenas uma necessidade humana, facilmente deslocada da urgência pelos apelos insistentes de outras necessidades com uma conexão mais direta com a sobrevivência, e com freqüência entorpecida por uma longa civilização. Uma agenda pós-humanista para a conservação da Terra é, na verdade, uma aposta nessa necessidade humana.

Essa aposta é mais do que provavelmente uma aposta de perdedor. A probabilidade deve ser que a destruição da natureza pelos homens não será impedida pelo pensamento ou pela atividade humanos, mas pela própria natureza. Se for impedida, será por uma correção gaiana do lugar do homem entre outras formas de vida na Terra. A importância da idéia de Gaia em tal conexão é como uma declaração científico-mitopoética da total dependência do homem da rede da vida na Terra. Como disse Lovelock,

> Gaia, como eu a vejo, não é uma mãe apaixonada tolerante com as más condutas, nem alguma donzela frágil e delicada ameaçada pelo homem brutal. Ela é severa e forte, sempre mantendo o mundo aquecido e confortável para aqueles que obedecem às regras, mas implacável na destruição daqueles que as transgridem. Seu objetivo inconsciente é um planeta adequado à vida. Se os humanos impedirem isto, seremos eliminados com tão pouca piedade quanto aquela exibida pelo microcérebro de um míssil intercontinental em pleno vôo para seu alvo.[19]

A declaração de Lovelock revela o conteúdo ético fundamental da perspectiva gaiana. Gaia não é uma substituição para as concepções teístas da providência, mas uma alternativa a elas.

---

19 Ver *The Ages of Gaia*, p.212, de Lovelock.

Como Gaia se preocupa com a renovação da vida na Terra, não pode ter uma preocupação especial com o homem.

É importante notar que a principal concepção da perspectiva gaiana, de que a biosfera pode ser entendida como um organismo planetário vivo e isolado, pode ser afirmada em termos rigorosamente reducionistas.[20] Gaia é, certamente, uma imagem mítica; contudo, isso não significa que seja reduzida ao mito – é também uma hipótese científica. A perspectiva gaiana é o antídoto mais potente na cultura moderna tardia para a arrogância do humanismo. Deriva o seu poder em parte de suas origens na ciência. Abre uma perspectiva na vida na Terra, totalmente compatível com a ciência e, na verdade, derivada da investigação científica, em que o antropocentrismo é superado. Se não marca um fim do humanismo, a perspectiva gaiana pelo menos estabelece uma alternativa ao pensamento humanista nas culturas modernas tardias. Entre nós, o humanismo sobrevive não como uma tradição viva, mas como um peso morto no novo pensamento. Se as esperanças penosas do humanismo forem finalmente abandonadas, o que será dos entendimentos modernos do progresso?

O pós-humanismo e a ilusão do Fim

> Não espere muito do fim do mundo.
> Antigo ditado polonês

O objetivo de minimizar o impacto ambiental dos homens na Terra, enquanto se esforça para tornar a vida humana mais tolerável para o próprio ser humano, é o único projeto que realmente supera o antropocentrismo. É um sucessor natural do humanismo em todas as suas manifestações, incluindo o pensamento verde padrão. Por antropocentrismo entendo a visão de

---

20 Ibidem, capítulos 2 e 3.

que somente o bem-estar dos seres humanos, e de outras entidades que possuem qualidades de personalidade ou consciência similares às humanas, tem valor fundamental ou intrínseco. O humanismo é o projeto ético e político que flui dessa visão. Se o antropocentrismo é afinal defensável, é apenas no contexto das visões de mundo religiosas de natureza específica. No teísmo cristão, as pessoas são centros de valor intrínseco porque partilham da natureza do divino, que é também uma pessoa e a fonte de tudo o que tem valor no mundo. Todas as religiões ocidentais, e algumas filosofias greco-romanas como o estoicismo, são antropocêntricas em sua concepção do valor. As religiões não-ocidentais partem do antropocentrismo em graus variados. O budismo afirma o valor de toda vida sensível, mas classifica as coisas vivas em uma hierarquia em que a libertação só pode ser conseguida pelos homens. O hinduísmo, o *bon* e o xintoísmo rejeitam grande parte dessa hierarquia. Só alguns tipos de taoísmo parecem evitar inteira e inequivocamente o antropocentrismo, embora haja muitas variedades de xamanismo que sejam difíceis de avaliar.[21]

Nas tradições ocidentais, o antropocentrismo tem um ponto de origem no logocentrismo grego. De Parmênides e (talvez) Heráclito em diante, embora não nos modos de pensar pré-filosóficos antigos refletidos em Homero, a corrente central da filosofia grega entendia o pensamento e o ser, a razão humana e a ordem das coisas no mundo, como reflexos um do outro. O antropocentrismo ocidental tem outra fonte nas tradições hebraicas, em que a Terra é entregue aos seres humanos para seu domínio ou administração. Nestas duas tradições, a Terra é desprovida de valor na ausência dos agentes humanos. Na filosofia moderna, a concepção kantiana das pessoas como membros de um rei-

---

21 Ver, sobre o taoísmo, *Disputers of the Tao: Philosophical Argument in Ancient China* (1989), de A. C. Graham; sobre o xamanismo, *Shamanism: Archaic Techniques of Ecstasy* (1972), de Mircea Eliade.

nado de objetivos e como fontes do que tem valor no mundo é muito pouco inteligível fora de seu contexto histórico no humanismo cristão. O subjetivismo na ética é mais bem entendido como o antropocentrismo em uma forma cética, moderna. Um exemplar excelente do antropocentrismo moderno é Hobbes, para quem o valor está apenas no desejo humano. Para Hobbes não é o que reagimos ao que tem valor no mundo, mas o que por desejo projetamos valor em um mundo sem valor.[22] Nessa perspectiva subjetivista, que é encontrada em Hume e Nietzsche, o valor é um produto da ação humana. É difícil imaginar como uma visão tão subjetivista poderia ter surgido, exceto em um contexto cultural como aquele do cristianismo tradicional, em que os agentes pessoais, divinos e humanos, eram privilegiados como fontes de valor.

A fonte metafísica final do humanismo em todas as suas variedades é a crença antropocêntrica de que os homens têm um valor único, e que só eles entre as espécies animais partilham da natureza do divino. Os humanistas seculares modernos, liberais ou pós-modernistas, marxistas ou nietzscheanos, são apenas longas sombras lançadas pela passagem do cristianismo. Na metafísica cristã, como em todas as formas de teísmo, só a personalidade, a ação ou a consciência conferem valor ao mundo sem valor. O mundo só tem significado porque é cheio de pessoas. Um mundo sem pessoas, humano ou divino, seria um mundo vazio. Portanto, inexoravelmente, tudo o que não seja pessoas só tem valor instrumental. A Terra com sua plenitude de formas de vida é um lugar de valor somente à medida que atende aos propósitos de agentes pessoais. A Terra atende ao empreendimento humano, mesmo quando o homem serve à divina providência. Essa visão de mundo religiosa e antropocêntrica invade todas as formas de humanismo, incluindo aquelas – como o marxismo e as

---

[22] Para uma avaliação extremamente favorável do pensamento de Hobbes, ver The *Human Province* (1986), p.115-7, de Elias Canetti.

ortodoxias contemporâneas do fundamentalismo científico – consideradas radicalmente seculares. Nas culturas modernas tardias somente a perspectiva gaiana – na qual a vida, mais que a ação ou a sensibilidade, é o critério de valor fundamental – se coloca fora dessa tradição antropocêntrica e subjetiva.

O pensamento verde é antropocêntrico em todas as suas variedades padrão. Ele impede a possibilidade de a emancipação humana e a conservação da Terra poderem entrar em conflito uma com a outra. Os efeitos perniciosos das atividades humanas em muitas outras coisas vivas, e sobre a biosfera como um todo, não podem ser facilmente negados; não obstante, na corrente humanista dominante do pensamento verde eles são atribuídos apenas a defeitos nas instituições humanas. Os remédios para tais falhas nas instituições sociais humanas removerão as causas do impacto destrutivo do homem na Terra. Uma vez removidos o capitalismo, a injustiça social, o colonialismo e a opressão das mulheres, as relações do ser humano com seu meio ambiente serão harmoniosas. Então, nada permanecerá no caminho de um relacionamento humano indefinidamente sustentável com a Terra. A libertação do homem desses antiqüíssimos males resolve a maior parte dos problemas ambientais e torna o restante altamente controlável. A libertação da espécie humana das restrições políticas e econômicas efetivamente garantirá o bem-estar das outras formas de vida com as quais compartilhamos a Terra. Em razão dessa sabedoria convencional na teoria verde, as esperanças de emancipação do Iluminismo e a conservação da Terra se encontram em uma feliz descoberta.

Tal coincidência é uma miragem do humanismo ocidental. Não é uma realidade de nenhum tipo duradouro. A verdade da questão está muito próxima do contrário. Um compromisso com a Terra envolve um grande esvaziamento das esperanças humanas. Aceitar os limites às atividades humanas implicadas por tal compromisso exige revisões radicais nas concepções modernas de progresso. Decerto, rever o entendimento moderno de progresso não precisa significar desistir da idéia do progresso em si. Mas, para completar as implicações de um compromisso com a Terra, muitas esperanças de progresso precisarão ser totalmente abandonadas.

Uma abordagem pós-humanista das questões ambientais não procurará planejar uma utopia, ou recuperar uma arcádia, para a espécie humana. A política pós-humanista inteligente terá como objetivo mitigar os efeitos destrutivos do homem sobre a vida da Terra, e fazê-lo, se possível, de maneiras tais que tornem a vida humana mais tolerável para o próprio ser humano. Se essa política estiver além de nossos recursos de pensamento e sabedoria prática, então o caso da Terra, e portanto o nosso caso, é na verdade sem esperança. É uma questão aberta se o esvaziamento das esperanças humanas é uma opção de vida para qualquer cultura ocidental moderna. O progresso é a única religião real em toda sociedade ocidental contemporânea.

Embora possa ser distintamente moderna, a crença no progresso não é uma aberração do período moderno sem raízes no passado. Ao contrário, o entendimento da história humana à luz da idéia do progresso tem raízes antigas nas tradições culturais cristãs que permeiam quase todo o pensamento contemporâneo. Para nós, rejeitar a idéia de progresso significa abandonar a fé reconfortante de que a história humana é significativa. Mas essa fé histórica é provavelmente a única forma pela qual uma idéia de salvação está acessível às culturas modernas tardias. Para essas culturas, em que as esperanças providencialistas cristãs da história humana têm sido reprimidas e reproduzidas em aspectos do Iluminismo, abandonar a idéia de progresso – a idéia de que a história da espécie humana pode ser contada como uma narrativa de progresso ou melhoramento – implica renunciar à convicção de que a própria vida humana é significativa. Envolve aceitar uma perspectiva da vida humana semelhante àquela expressa na *Ilíada*, quando o poeta nos fala que

> Muito semelhantes às folhas
> nesta terra são as gerações de homens –
> velhas folhas, colocadas no chão pelo vento, folhas jovens
> que a floresta verdejante exibe quando chega a primavera.
> Assim passam os mortais; uma geração floresce
> enquanto outra morre.[23]

Nessa visão homérica não há nada semelhante à salvação. Os homens nascem, procuram companheiros, víveres para se alimentar, e morrem. Isso é tudo. Nessa perspectiva antiga – e, talvez, autenticamente pós-moderna –, o destino humano não é diferente do dos outros animais. O que é a salvação para o tigre, ou o nirvana para a barata?

É incerto se essa visão desencantada pode ser tolerada por qualquer cultura que tenha sido inspirada pela arrogância humanista (cristã ou do Iluminismo). Mas essa arrogância agora atingiu os últimos cantos da Terra. O humanismo pretende transformar todas as sociedades humanas em uma monocultura moldada na modernidade ocidental. Como escreveu John Livingstone sobre a "ideologia exótica" do humanismo, "Sua atitude é humano-chauvinista; seu programa é uma conquista baconiana; seus meios são a racionalidade cartesiana; seus instrumentos são a ciência e a tecnologia. É o imperialismo humano em sua forma mais desenvolvida. Originalmente uma aberração nortista localizada, ele é agora dominante no mundo".[24] A conseqüência dessa dominância é que as culturas cujas tradições capacitaram-nas a sustentar um relacionamento equilibrado com a Terra estão sendo destruídas. Em nosso contexto histórico, a destruição dessas culturas tradicionais ocorre quase sempre por sua incorporação violenta à economia globalizada, em vez de pela disseminação de qualquer ideologia ocidentalizante.

---

23 *The Iliad*, tr. de Robert Fitzgerald (1974), p.146.
24 Ver *Rogue Primate: An Exploration of Human Domestication* (1994), p.57 e 140, de John A. Livingstone.

Se o pensamento verde fez qualquer contribuição distinta, deve ter sido uma crítica da arrogância humana.[25] Em vez disso, como outras formas do humanismo do Iluminismo, ele se viciou na esperança milenar de que o fracasso de seus projetos mais acalentados de emancipação humana resultará em um colapso cataclísmico da sociedade humana. As opções que enfrentamos – assim nos disseram – são a utopia ou o esquecimento. A verdadeira probabilidade é infinitamente mais prosaica. Uma falência nas instituições das sociedades modernas tardias, caso ocorresse, geraria um sofrimento humano indescritível. Em uma perspectiva histórica mais longa seria um retorno à normalidade. O destino do homem em toda parte tem sempre sido viver atormentado. A guerra, a anarquia e a tirania têm sido a condição da espécie em quase todas as sociedades de que a história tem registro. Não há razão por que essa condição humana normal não deva voltar a ocorrer em um contexto moderno tardio de armamentos de alta tecnologia e comunicações de massa. Isso

---

25 A escola da Ecologia Profunda está comprometida, em princípio, em rejeitar as concepções antropocêntricas de valor; mas raramente tem explorado os limites impostos às esperanças humanas e às ambições éticas de uma perspectiva ecocêntrica. A perspectiva moral e política da Ecologia Profunda é, em sua maior parte, aquela das formas mais convencionais do projeto liberal e socialista do Iluminismo. Sobre a Ecologia Profunda, ver "The Shallow and the Deep, Long-Range Ecology Movement" (1973), p.95-100, de Arne Naess. Para uma consideração útil dos aspectos filosóficos mais formais da tentativa de Naess em uma teoria ecocêntrica do valor, ver *In Sceptical Wonder: Inquiries into the Philosophy of Arne Naess on the occasion of his 70th Birthday* (1982), seção V, editado por I. Gullvag e J. Wetlesen. Uma interpretação ecológica-holística da ética de Spinoza foi apresentada por um filósofo bastante influenciado por Naess, Jon Wetlesen, em seu *The Sage and the Way: Spinoza's Ethics of Freedom* (1979). Uma corrente ambiental que tem uma orientação claramente ecocêntrica e parece rejeitar as ligações humanistas liberais da maioria dos movimentos ecológicos, emergiu nos Estados Unidos sob a forma de grupos vagamente vinculados, como o Earth First!; mas suas políticas e estratégias são frustradas pelo pensamento milenar.

já não foi feito no Líbano, em partes da Rússia e na ex-Iugoslávia? A crença de que o fracasso dos projetos de emancipação humana do Iluminismo anuncia o total colapso da sociedade é em si uma superstição do Iluminismo.

É provável, como declararam Leakey e outros, que a espécie humana já esteja no caminho da extinção em razão dos seus números atuais e da escala de seu impacto ambiental. No entanto, o período de tempo até esse resultado é provavelmente aquele da biologia evolucionária, não da história humana. Um colapso abrangente das instituições atuais, com suas concomitantes guerras, fomes e pragas, é sem dúvida uma possibilidade real; entretanto, uma falência desse tipo não envolve em si a extinção da espécie ou um dano ambiental irreparável. Mesmo uma guerra termonuclear pode infligir menos dano à biosfera do que o crescimento continuado no número de homens que mais avanços tecnológicos na produção de alimentos podem permitir. Apesar de todos os seus horrores, a guerra no nosso contexto histórico não teve um impacto importante ou duradouro no crescimento da população humana. Na verdade, ao contrário do satirista swiftiano que escreveu o anônimo *Report from Iron Mountain*,[26] a instituição da guerra não tem funções ecológicas reparadoras, pelo menos na era moderna tardia. Na verdade, se a Guerra do Golfo é algum sinal, parece provável que as guerras futuras abrangerão o terrorismo ecológico que possui alto poder destrutivo de outras espécies e de seus ambientes, sem ter nenhum efeito de médio e longo prazo importante sobre o número de homens. A verdade da questão é que um colapso dos Estados civilizados em decorrência da guerra, da tirania e da anarquia não seria apocalíptico; seria um retorno a um terreno histórico muito familiar.

---

26 *Report from Iron Mountain on the Possibility and Desirability of Peace* (1967). O autor era Leonard C. Lewin, que também escreveu a ficção distópica *Triage* (1972).

O pensamento recente tem sido cativado por imagens do Fim que nos iludem com relação aos perigos reais que enfrentamos.[27] Esses não são os perigos do Apocalipse, mas de uma reversão em que, recém-equipados com novas tecnologias capazes de devastar nosso ambiente sem torná-lo inteiramente inabitável, retornamos a uma espécie de normalidade histórica. O pensamento político que busca reagir inteligentemente a tais perigos atuais terá que estar pronto para extinguir algumas das esperanças de progresso e emancipação que foram inflamadas pelo Iluminismo. A tarefa que enfrentamos é a de moderar as esperanças que nos foram legadas pelo cristianismo e pelo Iluminismo. A real medida da nossa entrada em uma condição pós-moderna está no grau em que somos capazes de renunciar à idéia do progresso que inspirou a era moderna que agora é passado.

O pensamento político após a ilusão do Fim

> A certeza de que não há salvação é uma forma de salvação; na verdade, *é* a salvação. Partindo daí, podemos organizar a nossa própria vida e também construir uma filosofia da história: o insolúvel como a solução, como a única saída...
> E. M. Cioran,
> The Trouble with Being Born

A idéia de progresso que herdamos do cristianismo e do Iluminismo constitui nosso maior impedimento cultural para o consolo do destino humano. Pressupõe que a melhora da espécie consiste na aproximação de uma civilização comum a toda a humanidade. Nega que as rivalidades entre os benefícios e a dependência dos benefícios sobre os malefícios que abundam na

---

27 *The Illusion of the End* (1992), de J. Baudrillard, é uma crítica inteligente das tendências milenares no pensamento recente.

nossa experiência são características permanentes da condição humana. Resiste como inevitável às suas esperanças para a espécie a verdade de que não há medida comum de melhora para todas as sociedades. Certamente, a ligação das culturas modernas tardias com essa idéia de progresso não expressa nenhuma fé profunda nela. Testemunha o medo de que, se esse substituto da providência for abandonado, o significado da vida humana estará perdido. Entre nós, a concepção moderna de progresso não é uma fé viva, mas um antídoto fraco para o niilismo. Chegou a hora de se abandonar tal idéia de progresso.

Renunciar a essa idéia de progresso não significa abandonar todas as tentativas de melhorar o destino humano. Esse resultado só aconteceria se a melhora social fosse impossível e todos os problemas humanos fossem insolúveis. Sabemos pelas evidências da história e da experiência comum que qualquer visão desse tipo é absurda. A observação de Quincey de que um quarto de toda miséria humana é a dor de dente ajuda a nos lembrar de que a contribuição da anestesia odontológica para o bem-estar humano foi importante e não deve ser negligenciada. Qualquer redução do sofrimento evitável e sem sentido é um bem genuíno. Entre os problemas não resolvidos das sociedades modernas tardias, alguns – como a organização de um sistema disponível, conveniente e ambientalmente amigável de transporte – são por si mesmos totalmente solucionáveis. Nada que seja intrinsecamente importante ou valioso seria perdido se o automóvel particular fosse consignado a um espaço menor no esquema das coisas. Diferentemente do crescimento populacional, o transporte é, em princípio, um problema sujeito a um ajuste técnico.

Mas também sabemos – embora isto seja suprimido da consciência nas culturas modernas tardias – que esses melhoramentos genuínos raramente são possíveis. Bem mais comuns são os ganhos que envolvem perdas, benefícios que se baseiam nos malefícios, virtudes que expulsam outras virtudes e que apóiam vícios. Males que são em si absolutamente descartáveis podem na prática se tornar irremediáveis porque muito do que determinadas culturas passaram a acalentar baseiam-se neles. Não há, ou há muito poucos, ajustes técnicos reais. É a experiência humana da finitude, da escassez e da mortalidade em todas as coisas que valorizamos, expressa nesta verdade comum, que a idéia moderna do progresso – como um melhoramento ilimitado e geral na condição humana – procura exorcizar da nossa consciência.

Em nosso contexto histórico, as necessidades humanas são mal atendidas pela fé moderna no progresso. O espírito que inspira a fé no progresso resiste à concepção do homem como uma espécie terrena, só distinguida das outras das quais temos conhecimento por sua criatividade e por seu poder destrutivo. A implicação inevitável de uma perspectiva em que a nossa é apenas uma entre muitas espécies animais é o fato de a natureza humana ser, para todos os propósitos práticos, uma constante. Como ela estabelece um limite para as esperanças humanas, qualquer perspectiva que afirme a constância da nossa natureza comum subverte a idéia moderna de melhora infinita, e irreconciliável com o pensamento pós-modernista de que o mundo natural é uma construção cultural, moldável pela tecnologia e pelas mudanças em nossas crenças. Viver em uma cultura pós-moderna significa abandonar esses pensamentos.

Envolve também disseminar a noção moderna de uma civilização universal. A disposição de constituir para si culturas ou modos de vida diferentes parece ser universal e primordial no animal humano. Mas a idéia de uma civilização humana universal, como encontramos em Condorcet, J. S. Mill, Marx e Rorty, é impelida a tratar a diferença cultural como transitória ou epifenomenal, um estágio passageiro na história da espécie. Por isso, os pensadores modernos têm sido levados a interpretar mal o *telos* da vida política. O objetivo da política não é a construção de instituições que sejam universal e racionalmente dominantes. É a busca de um *modus vivendi* entre culturas e comunidades. Como os modos de vida estão sempre mudando, os termos da coexistência pacífica entre eles são permanentemente variáveis. Por essa razão, o objetivo da política é sempre inacabado.

A fé moderna no progresso é intolerante à realidade dos limites. Não pode aceitar limites na busca do que ela encara como a mais nobre ambição humana. Rejeita como misantropa a observação de que, em um mundo superpovoado, a tentativa de aliviar a pobreza conferindo a toda a humanidade os padrões de vida transitoriamente atingidos por muitos países industrializados corre o risco de causar danos a um ambiente frágil e às futuras gerações humanas. A busca desordenada de melhoramento humano significa também certa perda para muitas outras espécies. Nossa idéia herdada de progresso nos encoraja a encarar como impedimentos alteráveis às nossas esperanças os limites impostos por nossas naturezas, nossas histórias e diferenças culturais, e por nosso lugar na natureza. Ela apóia o projeto universalista moderno de subjugar a Terra às exigências de uma única civilização. Não dá apoio ao projeto pós-moderno autêntico de criar instituições em que podemos viver em um equilíbrio estável com outras culturas, com outras espécies e com a própria Terra. Nesses e em muitos outros aspectos, a idéia moderna de progresso pela qual ainda somos guiados reproduz uma cultura humanista de arrogância em uma época em que o que mais precisamos é de uma aceitação de limites.

Corrigir a herança moderna de modo que a torne mais receptiva aos limites do progresso envolverá reformar radicalmente algumas instituições modernas distintas. Uma dessas é o Estado-nação soberano. No pensamento moderno, a instituição do Estado soberano tem sido objeto de muita esperança e medo. Raramente tem sido permitida a possibilidade de o Estado poder ser impotente para controlar as forças sociais mais perigosas, embora a fraqueza do Estado seja uma realidade pungente nos tempos modernos tardios. Negligenciado ou negado por aqueles que permanecem paralisados pelos regimes totalitaristas que têm forjado essa destruição (tanto ambiental quanto humana) no nosso século, o poder reduzido das instituições do Estado é um fato palpável da época. Não me refiro aqui principalmente à redução do poder dos Estados soberanos sobre a vida econômica que tem sido imposta pela emergência de uma economia de mercado genuinamente global. Essa alteração tem sido muito observada, e às vezes exagerada, no pensamento recente.[28] É verdade – como comento a seguir – que a difusão das forças de mercado globais nas sociedades e nas comunidades em quase toda parte tem tido efeitos profundos e de modo algum claramente benéficos sobre o bem-estar humano. Mas não é neste aspecto que o aumento da marginalidade das instituições do Estado nos tempos modernos tardios é mais notável, mas no que até agora tem sido sua função mais fundamentalmente decisiva – o controle da violência.

Um aspecto definido do período posterior à Segunda Guerra Mundial foi uma metamorfose na natureza da guerra. A violência organizada saiu do controle dos Estados e passou para o de outras instituições. Organizações políticas como a Organização para a Libertação da Palestina e o Congresso Nacional Africano, milícias tribais, étnicas e de clãs em Ruanda, na Chechênia e na Bósnia, cartéis de drogas e máfias na Colômbia, na Rússia e na Irlanda – essas diferentes instituições privaram os Estados soberanos do seu monopólio efetivo da violência. Em um grau considerável, a guerra tornou-se uma atividade promovida por exércitos irregulares que não reconhecem nenhum poder soberano. Ao mesmo tempo, a maioria dos Estados modernos tardios abriga sociedades pós-militares. O uso da força como um instrumento da política tem reduzido a legitimidade nessas sociedades, e é difícil mobilizar a aquiescência popular para qualquer envolvimento que ameace ser longo ou dispendioso. As relações entre esses Estados não se baseiam principalmente na

---

28 Um guia criterioso para a controvérsia sobre a globalização pode ser encontrado em *Globalization in Question* (1996), de Paul Hirst e Grahame Thompson.

ameaça da força em um equilíbrio de poder, mas se apóiam na vigilância mútua e na abertura. Entretanto, é importante notar que Estados modernos tardios desse tipo devem sobreviver em um ambiente global que contenha muitos Estados que ainda encaram a guerra como um instrumento legítimo da política.

As evidentes fragilidades do Estado moderno tardio, mostradas na metamorfose da guerra, conferem urgência à busca de instituições do Estado que não incorporem a nacionalidade soberana. Em grande parte do mundo de hoje, é a fragilidade do Estado-nação na perda do controle da violência organizada, mais do que seu papel como autor da guerra clausewitziana, sua principal falha. Mas o projeto moderno de criação da nação carrega consigo um vigor que a fragilidade das instituições do Estado não diminuiu. Durante todo o século XX, o projeto da autodeterminação nacional atuou para derrubar impérios – mais recentemente o império soviético.[29] Ao mesmo tempo, atuou para separar as pessoas, nas guerras de limpeza étnica pós-clausewitzianas. Seguindo o mesmo caminho dos impérios, grande parte do mundo voltou a uma condição pré-moderna de anarquia, em que está virtualmente ausente qualquer tipo de instituições do Estado. Essa é a condição de grande parte da Federação Russa pós-comunista, de grande parte da África e provavelmente da China. Em apenas alguns casos – Eslovênia, Hungria, República Checa e Polônia – o colapso do império resultou na construção de Estados soberanos modernos com uma aparência de legitimidade e estabilidade. Na Europa ocidental – Espanha, Itália, Bélgica e até mesmo o Reino Unido – as culturas nacionais criadas nos séculos XVIII e XIX estão se fragmentando, com identidades regionais mais antigas se reafirmando.

---

29 Não pretendo sugerir, após a moda de tanto discurso ocidental superficial, que a União Soviética tenha sido um império como os impérios da Europa dos séculos XIX e XX. Estados europeus como a Grã-Bretanha e a França possuíam impérios; a União Soviética *era* um império. Na verdade, mesmo hoje, a Rússia continua sendo um Estado imperial, não um Estado-nação.

Por toda a Europa, o Estado-nação continua sendo um foco importante da vida política democrática e uma barreira ao impacto homogeneizante das forças do mercado global. Expressa as identidades culturais em uma extensão declinante, à medida que se tornam mais complexas e plurais e são devolvidas às localidades e regiões. Ao mesmo tempo, embora possa manter a centralidade nas políticas democráticas por um período considerável, o produto moderno das culturas nacionais está evidentemente próximo de seu esclarecimento. Na verdade, mesmo onde há uma construção recente, o Estado-nação soberano sobrevive como uma relíquia em extinção da modernidade, com pouco poder sobre as necessidades atuais. Acima de tudo, não tem respostas para a questão da época, que é como as comunidades que têm tradições culturais diferentes podem coexistir em instituições comuns.

Um observador reflexivo declarou que "o que chegou ao fim em 1989 não foi apenas a Guerra Fria e, nem mesmo em um sentido formal, a Segunda Guerra Mundial ... O que chegou ao fim na Europa (mas talvez apenas lá) foram os sistemas políticos de três séculos: o equilíbrio de poder e o anseio imperial ... o mundo não constitui mais um sistema político único".[30] O declínio da guerra clausewitziana, teorizada no estudo pioneiro de Van Creveld, *On Future War*, é apenas o sintoma mais visível da redundância do Estado europeu moderno que emergiu do Tratado de Westfália em 1648.[31] O poder declinante na Europa do Estado-nação moderno, como uma instituição que reivindica um monopólio da força e da jurisdição exclusiva sobre um território definido, pode de outra perspectiva prognosticar a emergência de um Estado pós-moderno. Pode não ser totalmente fantasioso discernir os primórdios de um Estado pós-moderno nas insti-

---

30 Ver *The Post-modern State and the World Order* (1996), p.16, de Robert Cooper.
31 A este respeito, ver o excelente estudo de David Held, *Democracy and Global Order* (1994).

tuições da União Européia. Um Estado desse tipo contém muitas tradições culturais e comunidades, não é unificado pelos produtos modernos de uma cultura nacional ou de uma ideologia comum, e nas fidelidades regionais e instituições supranacionais tem em uma escala significativa substituído as lealdades exclusivas do Estado-nação soberano. Um Estado pós-moderno será composto de sociedades pós-militares, mas, como qualquer outro Estado, deve existir em um mundo em que a ameaça da força militar permanece uma realidade constante. Na verdade, essa ameaça é mais difícil de controlar agora que a guerra clausewitziana está em declínio. Se um Estado pós-moderno vier a existir na Europa, terá que sobreviver em um mundo que contém Estados modernos e anarquias pré-modernas, ambos equipados com tecnologias bélicas modernas tardias.

O Estado pós-moderno que pode estar se desenvolvendo do interior das instituições européias é desconhecido. Nada garante sua emergência. As instituições européias só podem se desenvolver em um Estado pós-moderno se deixarem de ser instrumentos de homogeneização cultural sob a égide de uma ideologia neoliberal; porém, essa condição pode não ser satisfeita. Do mesmo modo, uma vez que o projeto europeu ainda – anacronicamente – consiste na construção de um Estado soberano moderno, embora um Estado transnacional e federal em sua estrutura e poderes, ele pode evocar um movimento contrário em que os interesses nacionais são reafirmados e em que reemerge uma política de equilíbrio de poder. O desconhecimento das instituições européias pós-modernas, que na verdade se assemelham mais àquelas formas pré-modernas de império do que a qualquer política moderna, pode intensificar as forças – tanto federalistas quanto nacionalistas – que procuram moldá-las segundo os modelos modernos da condição de Estado. Uma recaída na política da modernidade é uma possibilidade permanente na Europa.

Não obstante, se um Estado pós-moderno emergir na Europa, será como um produto das singularidades da história européia.

Por essa razão, não pode ser facilmente reproduzido em qualquer outro lugar do mundo. Os Estados Unidos permanecem encerrados na visão de mundo e nas instituições do mundo moderno inicial, em que a condição de Estado soberano era fundamental e as instituições liberais deveriam ser universalmente dominantes. É difícil vislumbrar qualquer cenário realista em que as instituições pós-modernas possam se desenvolver em uma cultura desse tipo, onde ainda reina a religião civil universalista dos primórdios da Europa moderna primitiva. O compromisso liberal fundamentalista com a autoridade universal das práticas de direitos locais americanas é, em si, um obstáculo insuperável ao *modus vivendi* entre diferentes culturas, que é a inspiração do projeto pós-moderno. Aqueles que imaginam que a pós-modernidade deve arrastar em sua esteira uma sociedade como a dos Estados Unidos foram iludidos pela idéia moderna de progresso.

Se as instituições pós-modernas podem fixar raízes em algum lugar é, em primeiro lugar, nas culturas européias onde a modernidade é mais antiga. Mas elas podem florescer também naquelas culturas do Leste Asiático – Cingapura, Japão, Taiwan – que conseguiram adotar as técnicas da modernidade sem absorver suas ilusões. Como a modernidade, da qual ela se desenvolve dialeticamente, a condição pós-moderna está longe de ser, mesmo em princípio, universal. Nada sugere que a pós-modernidade será com certeza o destino de toda a humanidade. Na verdade, as sociedades e os Estados pós-modernos podem não sobreviver muito em um mundo em que os Estados modernos predatórios e as anarquias pré-modernas têm fácil acesso às tecnologias modernas tardias de destruição. Uma precondição da sobrevivência dos Estados pós-modernos é que eles desenvolvam estratégias de resposta efetivas à metamorfose da guerra, que é uma das marcas mais significativas do fim do período moderno. Eles devem ser capazes de alimentar fontes de fidelidade às suas instituições, tão poderosas quanto aquelas pelas quais provavelmente serão ameaçados.

Corrigir a herança moderna para permitir que uma sociedade pós-moderna se renove também significa rever outra instituição distintamente moderna – o livre mercado. Como o Estado-nação, o livre mercado está longe de ser imemorial. O mercado de vários tipos pode ser universal e perene, mas o livre mercado como uma instituição social não tem muito mais do que um século e meio de existência. Como mostrou Karl Polanyi em seu clássico negligenciado, *The Great Transformation*, o livre mercado é um produto da diplomacia que foi criado na Inglaterra em meados do século XIX. É o capitalismo individualista desregulado da Inglaterra do século XIX – em vez de, por exemplo, o capitalismo mercantilista francês ou o capitalismo corporativista da Alemanha e da Áustria – que foi reinventado na década de 1980 e fundido com o universalismo americano para produzir a visão de um livre mercado global. Essa visão é apenas o projeto moderno do Iluminismo de uma civilização universal estruturada em termos econômicos.

O projeto de estender pelo mundo afora as instituições singulares do capitalismo de mercado anglo-saxônico é, na verdade, a tentativa de projetar valores individualistas em todas as outras sociedades. Podemos ter certeza de que fracassará. Envolve separar as instituições do livre mercado da matriz cultural do individualismo pela qual elas são reproduzidas e da qual permanecem totalmente dependentes. Assim como o projeto soviético, o projeto contínuo ocidental – ou, mais precisamente, norte-americano – de instalar instituições de mercado individualistas em todo o mundo esbarrará nas realidades da diferença cultural e em sua própria indiferença às necessidades humanas duradouras. Uma sociedade em que o livre mercado domina todas as outras instituições sociais não pode satisfazer as necessidades humanas de fazer parte e de ser membro, de segurança e de continuidade, que no passado eram satisfeitas pelas instituições sociais protegidas do mercado. A hegemonia do livre mercado deixa essas necessidades humanas insatisfeitas. Nas sociedades cujas tradições não são individualistas, a difusão do livre mercado significa uma ruptura importante na transmissão da cultura. Um livre mercado global, se pudesse ser construído, o seria apenas sobre as ruínas das diversas culturas do mundo. Significaria o triunfo universal dos valores individualistas ocidentais cuja compatibilidade com qualquer tipo de estabilidade, mesmo em suas culturas de origem, é mais do que duvidosa. A revolta social contra o livre mercado em sua forma global pode ser tão poderosa quanto aquela contra o *laissez-faire* na Inglaterra do século XIX. Há uma enorme probabilidade de que o projeto moderno tardio de um mercado global fracasse, como fracassaram outros projetos utópicos modernos.

Entretanto, muito antes de fracassar, esse projeto universalista moderno tardio pode infligir um dano incalculável e irreparável a todas as outras culturas. Em uma espécie de Lei de Gresham dos sistemas econômicos, a competição entre os capitalismos – a única forma de rivalidade econômica sistêmica na era pós-socialista – pode ainda resultar em uma vitória do tipo de capitalismo que é o mais socialmente destrutivo. O risco é que a forma de capitalismo que, na perspectiva mais longa da história, tem as piores chances de sobrevivência pode, nessas circunstâncias, ter sucesso em substituir e destruir outras formas de capitalismo com chances de sobrevivência de longo prazo bem melhores. Por isso, uma necessidade urgente da condição pós-moderna emergente é uma reforma do livre mercado que o reincorpore na vida da sociedade. A autonomia das forças de mercado deve ser moderada, os controles culturais e políticos sobre os mercados reafirmados, e seus vínculos com as necessidades humanas restabelecidos. Mas é difícil dimensionar as dificuldades que um projeto desse tipo enfrenta em um contexto histórico em que, em razão da globalização da atividade econômica em muitas esferas, os mercados são mais radicalmente desincorporados da vida social, mais removidos das restrições políticas e culturais, do que em qualquer outra época na história moderna.

Não faz parte de meu propósito aqui sugerir como essa reincorporação da atividade econômica na vida da sociedade pode ser realizada nas presentes circunstâncias. Preservar as variedades mais humanas do capitalismo da destruição pelo livre mercado pode requerer a imposição de limites políticos na globalização econômica. As restrições no livre comércio global, quer por políticas protecionistas clássicas, quer por outros meios, podem estar entre os limites políticos à globalização. Entretanto, ninguém deve imaginar que alguma dessas políticas possa por si só fazer mais do que atuar à margem para diminuir os piores efeitos sociais do livre mercado global. Impor limites políticos à globalização econômica, por mais necessário que isso possa ser, deixa incontrolada a autonomia destrutiva das forças de mercado – inerente nas sociedades ocidentais que lançaram o movimento em um mercado global. A própria globalização é, afinal, apenas uma forma perversa e atávica de modernidade – semelhante àquela do individualismo econômico inglês do século XIX e norte-americano do século XX – projetada para o mundo todo. Talvez seja nosso destino histórico suportar até as últimas conseqüências a experiência desse projeto da modernidade. Nesse caso, qualquer discussão sobre uma condição pós-moderna deve ser – na melhor das hipóteses – prematura.

Uma razão por que a reincorporação das forças de mercado na vida social pode ser inatingível por nós é a fraqueza das nossas próprias culturas. Não vivemos em comunidades fortes e seguras que as forças de mercado colocam em risco. Vivemos em sociedades superficiais, fragmentadas, em que todas as formas de vida em comum há muito têm sido corroídas pelo individualismo. A menos que as forças de mercado sejam sujeitadas aos imperativos das comunidades, as necessidades humanas duradouras não poderão ser satisfeitas. Mas não é possível prever se as formas de vida social que ainda existirão algum tempo entre nós poderiam subordinar o mercado às necessidades humanas. A fragmentação das comunidades e a disseminação de seus recursos culturais estão agora tão consolidadas na maioria das sociedades ocidentais que o projeto de subordinar a energia do livre mercado às necessidades permanentes de seus habitantes pode ter-se tornado apenas mais uma ilusão moderna tardia. Contudo, se não obtivermos uma medida do controle social sobre a vida do mercado, até mesmo as maiores realizações culturais da modernidade poderão ser dispersadas por sua energia anárquica. Uma instituição tão sutil, complexa e frágil como a cidade moderna pode facilmente explodir sob a tempestade das forças de mercado. Se a era moderna está realmente chegando a um fim, é fundamentalmente a força subversiva e destrutiva do livre mercado global que a está consumindo. No fenômeno moderno tardio do mercado onicompetente, a modernidade pode ter-se tornado autoconsumidora.

As dificuldades que enfrentamos em qualquer projeto de exercer controle social sobre as forças de mercado são apenas um aspecto de uma debilidade cultural muito maior. Um imperativo das sociedades modernas tardias, em toda parte, é obter o controle da tecnologia. Essas sociedades são laboratórios não-supervisionados para uma enorme experiência em andamento em inovação tecnológica.[32] Elas são, para todos os seus habitantes, locais de risco incalculável – na verdade, com freqüência irreconhecível. A prudência dita uma política de precaução para com as novas tecnologias, que está pronta para contê-las se implicarem qualquer risco, ainda que incalculavelmente pequeno, de efeitos colaterais catastróficos. Mas se deve questionar se as sociedades modernas tardias têm os recursos culturais para manter essa prudente aversão ao risco. Seu solo pode ter-se tornado frágil demais para a tecnologia ser enterrada com segurança em qualquer terra firme. Essa é uma limitação, talvez insuperável, de todas as medidas políticas para a conservação do meio

---

[32] Sobre este ponto, ver *Ecological Politics in an Age of Risk* (1995), de Ulrich Beck.

ambiente em nosso tempo. A ação política pode adiar, ou mitigar, os riscos mais imediatos das novas tecnologias às sociedades humanas e à Terra da qual elas dependem. Essa ação pode ser às vezes uma necessidade vital, se prometer razoavelmente postergar desastres capazes de infligir o dano mais irreversível à Terra. A ação para tornar seguro e depois desmontar o programa de energia nuclear civil esfacelado dos países pós-comunistas pode ser um exemplo importante e negligenciado desse tipo. Similarmente, a ajuda a esses poucos países que implementam políticas sérias de controle populacional, como a China e o Egito, é justificada de modo amplo, tendo em vista o bem-estar humano, bem como a integridade do meio ambiente. Em um contexto histórico em que até as políticas mais radicais podem alterar o impacto do homem sobre a Terra mesmo na extremidade, não é pouca coisa fazer o bem em minúsculos detalhes.

A ação política para proteger nosso ambiente comum enfrenta dilemas, alguns talvez insolúveis, que surgem da escala das ameaças que ela enfrenta, dos obstáculos práticos para enfrentá-los criados por interesses organizados e ideologias antropocêntricas, assim como da desordem e da fraqueza das culturas modernas tardias. É irrazoável ser esperançoso com relação ao crescimento populacional em um mundo em que uma fração sem precedentes da população humana é jovem e fértil. É tolo imaginar que mesmo restrições bem concebidas a novas tecnologias perigosas durante muito tempo inibirão sua disseminação, quando Estados soberanos puderem escapar da jurisdição das autoridades transnacionais e grande parte do mundo vive em sociedades anárquicas que carecem de instituições estatais efetivas de todo tipo. É auto-indulgente sonhar com uma conversão ecológica que faça desaparecer essas intratabilidades. Mesmo que, improvavelmente, essa conversão ocorresse, uma cultura que foi tão transformada ainda teria de sobreviver em um mundo não-regenerado e perigoso. Talvez seja verdade que somente uma virada em nossas relações com a Terra, em que ela deixe de ser um recurso para a satisfação de nossas necessidades e um campo para o jogo da vontade humana, possa alterar fundamentalmente nossas relações com a tecnologia. No entanto, há poucos sinais dessa virada. Precisamos fazer o pouco que pudermos sem esperar por ela.

É uma idéia prototípica do humanismo moderno imaginar que a tecnologia possa ser controlada simplesmente por um exercício da vontade. Na verdade, as relações dos seres humanos com a tecnologia nunca são apenas de fins com os meios. Nossas vidas estão profundamente condicionadas pelas tecnologias que desenvolvemos, quer ou não o desejemos. A noção de que um ato Luddite de recusa da tecnologia por qualquer comunidade poderia colocá-la sob o controle humano é uma tolice humanista característica. A crença de que poderíamos por tal ato de vontade captar a tecnologia para propósitos humanos exemplifica um entendimento dos seres humanos, e da tecnologia, que é em si tecnológico. A crença dos fundamentalistas religiosos de que um reencantamento do mundo pode ser realizado por um ato de compromisso com uma visão de mundo teísta expressa uma fé análoga na vontade humana. Essas expressões de revolta contra a modernidade incorporam, na verdade, o mesmo auto-entendimento moderno que está expresso na concepção instrumentalista e humanista de nossas relações com a Terra. Nenhuma mudança profunda em nossa maneira de viver pode prosseguir enquanto estes auto-entendimentos tiverem o controle. A ciência e a tecnologia só servirão às necessidades humanas enquanto nossas sociedades contiverem culturas e comunidades cujo auto-entendimento seja suficientemente rico e profundo para conter a ciência e a tecnologia – e às vezes para restringi-las. Em que sociedade moderna tardia isso é verdade?

"A doença de uma época é curada por uma mudança na vida dos seres humanos, e a doença de problemas filosóficos só pode ser curada por um modo de pensar e de viver modificado, e não por um remédio inventado por um indivíduo."[33] Uma das principais idéias do período moderno foi uma supervalorização do que a apreensão de uma idéia pode fazer pela vida humana. Nessa missão, as culturas modernas não são novas nem originais. Elas evocam um auto-entendimento intelectualista ou racionalista que é tão velho quanto a "filosofia". Estava expresso no projeto socrático de exame da vida, e incomparavelmente exemplificado na vida do próprio Sócrates. Corretamente chamado de o pensador mais puro do Ocidente, Sócrates incorporou, se não originou, o entendimento dos humanos como animais racionais. Atualmente não é nenhuma novidade que esse entendimento de nós mesmos seja uma das muitas coisas que chegam a um fim com a idade moderna. Mas a idéia dos humanos como seres pensantes permanece talvez como o principal obstáculo ao pensamento em nossa época. Incorpora o que deve antes de tudo ser abandonado se vamos começar a pensar, ou seja, a certeza de que já sabemos o que somos e como devemos viver. A presente investigação pretendeu ser apenas um prelúdio ao pensamento. O pensamento preparatório mais necessário em nossa época é o que está pronto para questionar nossa certeza.

---

33 Ver *Remarks on the Foundations of Mathematics* (1967), p.57, de L. Wittgenstein.

Índice remissivo

A
ação afirmativa, 100
ação direta, 223
administração de negócios, modelo para as instituições de governo, 179
Agência de Apoio à Criança, 180
Agência de Benefícios, 180
agências Next Steps, 180
agricultura, 53, 231-2, 251
Alemanha, 21, 44, 47
   corporativismo na, 3-4, 23, 182
   instituições de mercado na, 31-3, 67, 147
ambiente, natural, 115, 119, 202, 222-4, 230
   antropocentrismo e, 259, 261-3
   ver também conservação da natureza; terrorismo, ecológico
América Latina, 204
   ver também México
anarcocapitalismo, 62, 204, 206
animais, 74, 99, 150, 197, 202, 221
antropocentrismo, 254, 259, 261-3
arrogância, 231-3, 244, 261, 266-7, 272
Aspinall, John, 258-9
atenção médica, 71
   ver também Serviço Nacional de Saúde
ausência de autoconfiança, cultural, 97
Áustria, 21
   corporativismo, 47, 54, 170

instituições de mercado, 20
autoprovisionamento, 81, 228
autoridade, política, 144
autonomia, 37-42, 53, 83-87
automóvel, particular, 270
atividade política, tradições únicas ou diversas, 141
agências de emprego temporário, 192

B
Barrington, Jim, 222
Bélgica, 274
Berlin, Isaiah, 38, 93, 137-56
Beveridge, Lord, 50-1, 82-3, 165, 167, 228
biosfera, 248, 250, 254, 261
Blair, Tony, 159, 166, 198
Bookchin, Murray, 121
Bósnia, 175, 273
Bramwell, Anna, 116-20
Brecht, Bertold, 199
BSE ("doença da vaca louca"), 230
Bulgária, 119
burocracia, 169
Burke, Edmund, 23, 143
Butler, R. A., 20

C
caça à raposa, 197, 222
Callaghan, James, 21
Canadá, 209
Carlyle, Thomas, 23
Central Provident Fund (Cingapura), 228
centralismo, 167
Centre for Policy Studies, 22
ceticismo, 111, 188
político, 111
Chernobyl, 230, 233
Chicago Gangster Theory of Life, The (A. Ross), 121
China, 62, 110-1, 274, 282
Churchill, Sir Winston, 24
ciberespaço, 52, 187-9, 215
ciência
  como instituição cultural, 166-8
  filosofia da, 116-7
Cingapura, 101, 228
civilização transatlântica, fantasia da, 25
Clarke, Kenneth, 208
classe gerencial, 181
classe social, 105
classe trabalhadora, Partido Conservador e, 160, 164, 172, 192, 197
classe, social, 105
Clinton, Bill, 175, 178
companhias, 134, 186
  direitos de propriedade das, 105, 107
comprovação de carência de recursos, 67, 78
computadores, laptop, 86
comunidade, discurso da, 126
comunidades, 101
  ameaça às, 185
  ver também comunidades virtuais
comunidades repressivas, 86
comunidades virtuais, 30, 215
comunismo, 33, 108
  comunismo reformado, 66, 110
  desintegração do, 29, 241

expansionismo do, 174
oposição ao, 24, 33
comunitarismo
   perspectiva liberal do, 37, 41, 85, 95
   Velho Tory, 13, 226
   ver também pluralismo, e comunitarismo
Condorcet, marquês de, 137, 271
confiança no governo, cultura de, 135, 170, 174
   ver também desconfiança, cultura da
conflito, 7
   entre benefícios, 41, 49, 146, 148
consenso, democrático social, 34-37
consentimento sexual dos homossexuais, era do, 211
conservação da natureza, 145, 162
consumidor, o, 27, 38, 115-6, 118
   ver também escolha, do consumidor
Constituição, 23, 45, 174
contingência, 75, 100-1, 245
continuidade das instituições, 182, 195
Convenção Européia dos Direitos Humanos, 168
corporativismo de mercado, 181, 183
Correios, 171, 211
Countryside Movement, 222-3
crescimento, econômico, 47, 76-7, 115-6, 119

ambientalismo e, 118
criação social, 40
crime
   e a crença cristã, 258
   e a legalização das drogas, 203-7
   e o neoliberalismo, 180
   Estados Unidos e o, 175-8, 185, 192
crise da carne, 229
cristianismo, 97, 101, 147, 243
   e cultura política, 63, 142, 178, 195, 197, 209
cultura comum, 43, 73, 202
cultura dos jovens, 213-4
cultura empresarial, 171
cultura política, 63, 142, 178, 195, 197, 209
cultura social "compacta" e "sem profundidade", 43

D
Darwin, Charles, 99, 120, 177, 253-8
Dawkins, Richard, 121, 256
decadência urbana, 184
declínio do Partido Conservador, 194
   composição social, 223
   corporativismo de mercado, 181
   disputa da liderança, 207
   e a Nova Direita, 207-9, 220, 226-9, 231, 246
   e neoliberalismo, 20, 35, 37, 40, 44
   e normas de eqüidade, 80
   faccionalismo, 235
   ver também "Wets"

deferência, social (tradição Tory), 222
Democracia Cristã, 59, 212, 236
democracia social, 30
  contradição da, 68, 135
  e igualitarismo, 87, 228
  identificação da, 110, 112
  ver também educação, democracia social
De-moralization of Society, The (G. Himmelfarb), 200
dependência, culturas de, 66-7, 227
derrotismo como tática da Direita Conservadora, 170, 235
Descartes, René, 139
"falso critério de certeza" (Oakeshott), 149
desconfiança, cultura da, 182, 214
desemprego
  e crescimento, 77, 119
  e o emprego, 194
  medo do, 164
  moeda européia única e, 63
  no Japão, 61
  reintegração do desempregado, 228
  tolerância neoliberal do, 35, 59, 63, 110
  ver também Estado do Bem-Estar, desemprego
desenvolvimento, econômico, modelo ocidental, 119
deskilling, 79, 81
  ver também reskilling
deslegitimação, 18
desregulação, 19, 26, 55, 64, 77, 230

devolução, 168-9
direitos, 93, 98, 100, 105, 107, 128, 140, 145-7, 148, 168
  ver também companhias, direitos de propriedade
Direitos Humanos, Convenção Européia dos, 168
Disraeli, Benjamin, 23
distribuição de renda, 80
  redistribuição, 55
divórcio, 185, 201, 236
Doença de Creutzfeldt-Jakob (CJD), 230
doenças, reaparecimento de, 232
drogas, legalização das, 203-7
Dworkin, Ronald, 107, 141

E
"ecologismo" (A. Bramwell), 116
economia de Chicago, 22
educação
  alegações conservadoras do liberalismo, 72
  democracia social e, 55
  doutrinário na, 199
  e autoprovisionamento, 79
  eqüidade e, 39-40, 44, 51, 65-87, 128
  igualitarismo e, 72
  limitação das forças de mercado na, 29
eficiência econômica, e coesão social, 130
Egito, 282
elites, 109
  ver também nomenclatura
emprego
  pleno, 21, 35, 44, 47, 55, 76-80, 119, 228

e democracia social, 46
segurança e insegurança no
  emprego, 120, 184, 196
subsidiado, 61
ver também desemprego
emprego contratado, 191
encarceramento, *ver* prisões
End of Work, The (J. Rifkin), 78
engenharia genética, 233
Enlightenment's Wake (J. Gray), 21
entendimentos compartilhados, 73-4
entendimentos locais, 40, 70
ver também justiça local
eqüidade, complexa, 89
eqüidade, normas de
  e merecimento, 80
  entendimentos compartilhados, 43, 73
  mercados e, 68, 103, 108
  neoliberalismo e, 85
  Nova Direita e, 106
equilíbrio de forças sociais, 158
equilíbrio de poder, 168
escassez, 188, 232
Escócia, 27, 45, 168
Escola de Manchester, 200
escolha, 35, 37-9
  I. Berlin sobre, 152
  do consumidor, 27, 131, 173
Eslovênia, 179
Espanha, 141
esportes sangrentos, 222-3
Estado, o, 87, 93, 110-3, 123
  instituições, 135
Estado do Bem-Estar
  Renda Básica, 81, 165, 203
  devolução, 168
  futuro, 228
  globalização e, 159
  neoliberalismo e, 120, 125, 128, 132, 180
  obrigações, 84
  e One Nation Toryism, 162
  prioridades nos gastos, 50, 67
  reforma do, 35
  sociobiologia e, 120
  e desemprego, 77
  democracia social e, 33-5
  acordo de Beveridge, 82-4
Estado-Nação, 48, 52, 208, 236, 240, 246, 274-76
Estados Unidos
  ala direitista nos, 53, 117, 204, 234, 236
  atenção médica nos, 182
  classe baixa, 121
  colapso da confiança no governo, 177
  diferenças da Europa na tradição cultural/
  e democracia eletrônica, 213
  encarceramento como instrumento político nos, 177, 217
  excepcionalismo, 176
  falta de cultura comum nos, 177
  famílias e neoliberalismo econômico, 180
  individualismo econômico, 25, 33-6, 37, 54, 68, 80-8, 129, 132, 138, 164-5, 178, 185, 206
  influência da ala direitista na Nova Direita na Grã-Bretanha, 25-7, 36

isolacionismo nos, 176, 179
legalismo nos, 46, 176
legalização das drogas nos, 203
liberalismo acadêmico, 92
mão-de-obra eventual nos, 185-6, 191
mobilidade da mão-de-obra nos, 78, 185
níveis de criminalidade nos, 201, 203
política externa dos, 175
política, 22-3, 25-6, 32-4, 57-60, 62-3, 175-6, 179-80, 200, 214-5, 226-7
políticas dos, 22-3, 25-6, 32-4, 57-60, 62-3, 175-6, 179-80, 200, 214-5, 226-7
sociobiologia, 121
tentativas para transplantar idéias e
universalismo, 25, 100
ethos profissional, 181
ex-Iugoslávia, 175
experiência comum, 148

F
famílias
  ameaça das forças de mercado, 29, 37, 166, 180, 279-81
  e a mão-de-obra eventual, 191
  e a população, 181
  Estados Unidos, 64
federalismo, 25, 63-4, 161
Field, Frank, 78
filosofia grega, antiga, 262
financiamento do déficit, 55
França, 47, 62, 141, 226, 274
  instituições de mercado, 51

forças de mercado, 23, 61, 114, 121
  limitações das, 17-18, 36, 47, 148, 179, 183-4
  destrutividade social das, 9, 15, 18-9, 26, 82, 100, 102-3, 143, 154
  ver também livre mercado; mercados internos
forças sociais, equilíbrio das, 158
Freud, Sigmund, 100
Fukuyama, Francis, IX, 85, 90
Fundo Monetário Internacional, 21
Future for Socialism, A (Roemer), 103, 106

G
Gaia, 250-1, 255, 258, 260-1, 264
Galbraith, J. K., 120
GATT, 112, 122
Geras, Norman, 98-100
Gingrich, Newt, 126, 177, 208-9, 213, 219
glasnost, 109, 230
globalização
  e a teoria verde, 73-5
  e crime, 133
  e emprego, 123
  efeitos econômicos da, 28-9
  efeitos sociais da, 117-9
  futuro da, 154, 183
  Internet e, 139
  neoliberalismo e, 9
  universalismo, 182
Goldsmith, James, 234
governo local, 18, 53

governos regionais, 169
Great Transformation, The (K. Polanyi), 278
Green Delusions (M. Lewis), 122
Guerra do Golfo, 123, 189, 268
Guerra Fria, 24, 33, 59
guerra termonuclear, 25
guerra, 123, 204
  ver também guerra termonuclear

H
Hayek, F. A., 22-4, 68, 72, 105-6, 157, 240, 254
Heath, Edward, 21, 208
Hegel, G. W. F., 129, 138, 149, 154
Heidegger, Martin, 97, 139-40, 149, 155
Heseltine, Michael, 171, 195, 208, 210-2
historicismo, 23
Hobbes, Thomas, 91-3, 138, 144, 263
  Leviatã, 91, 167, 171, 175
Homero, 262
homicídio, 200
Howard, Michael, 217
Hungria, 141, 274
humanismo, 90-100, 122, 202, 222, 243-4, 246, 248, 252, 255-67, 283
  ver também Iluminismo, humanismo
Hume, David, 137, 149, 151-2, 263
Hurd, Douglas, 208

I
"Inglaterra Tory", 18, 20, 30, 142, 198

Idealismo, 152, 154
identidades regionais, 150
ideologia, Oakeshott e, 137-56
igualitarismo
  antielitismo, 228
  comunitarismo contrastado com, 129
  e educação, 72
  e eqüidade, 65
  Roemer sobre, 102-13
  democracia social e, 68, 87, 112, 135, 225
Iluminismo
  antropocentrismo, 254, 259, 261-3
  Berlin (I.) e, 137-8
  e a questão populacional, 221
  Estados Unidos, 24
  fé no progresso, 271
  Geras e, 98-100
  humanismo do, 100, 222, 267
  Mill e, 90
  Oakeshott e, 137-56
  pensamento verde e, 159
  universalismo, 100, 278
imoralidade, 171, 172, 173, 175, 202
Índia, 118
individualismo, econômico
  acomodação com o, 47-50
  ameaça à vida em comum, 18-9, 47-9, 116, 184
  inadequação do, 79
  universalismo do, 182
  ver também Estados Unidos, individualismo econômico
indivíduo, 38
industrialismo, ambientalismo e, 116

Inglaterra, natureza da experiência política, 142
Iniciativa da Defesa Estratégica, 25
instituições comuns, 42-3, 86, 126, 134, 275
instituições de mercado
  "modelo europeu", 31, 33, 83
  adaptação, 81, 107
  base cultural, 18
  e as relações de propriedade, 61-3
  e centralismo, 104
  e o individualismo global, 115
  potencial construtivo, 115
  potencial destrutivo, 9, 73, 75, 83
  ver também mercados de ações; mercado único
Instituto de Assuntos Econômicos, 22
Internet, 30, 187-90, 213-6
Irlanda do Norte, 169
ironia, 95-101
Itália, 59, 141, 274
  ver também tecnologia da informação

J
Japão, 44, 58, 60-1, 112, 177, 242, 277
Joseph, Sir Keith, 22
justiça criminal, instituições de, 177
  ver também tribunais; prisões
justiça local, 40, 65, 73, 84, 87
justiça social, 66, 68, 75, 80, 128, 264

K
Kalecki, Michal, 48
Kant, Immanuel, 90, 101, 138, 141, 144-7, 151-5, 262
Keynes, J.M., 47-51

L
Leakey, Richard, 249
legalismo, 21, 42, 64
lei e ordem, 177, 207
lei natural, conteúdo mínimo da, 150
Leviatã (Hobbes), 91, 167, 171, 175
liberalismo, 5-6, 51-60, 85, 159
  "do medo" (Hobbes), 53
  "Novo Liberalismo", 25
  agonístico (I. Berlin), 91
  comunitarista, 15-9
  ver também neoliberalismo, econômico
Líbano, 268
Liga Contra os Esportes Cruéis, 221-2
livre mercado
  aplicação doutrinária do, 113, 164
  conseqüências sociais do, 35-7, 126, 133, 141-3, 161
  e escolha, 16
  futuro do, 182-4
  legitimação do, 4, 14, 15, 127
  natureza do, 29, 79
  ver também GATT; neoliberalismo,
Livingstone, John, 166
lobbies, agricultura e alimentos, 231
Lovelock, James, 250, 260

lucros do petróleo, 112

M
Macleod, Iain, 208
Macmillan, Harold, 208
máfias, 204-6, 273
Major, John
  campanha "de volta ao básico", 8, 82
  complacência do governo, 125
  desafiado por Redwood, 133, 135
  e a disputa da liderança conservadora, 136-7
  e a moeda européia única, 152
  e o declínio do thatcherismo, 14, 107, 108
  e os "valores tradicionais", 143
  estratégia de, 153
  thatcherismo continuado de, 7, 12, 99-100
Malthus, Thomas, 206, 255
mão-de-obra
  divisão da, 83, 122
  eventualidade da, 122
  organizada, 22, 28
  poder de barganha da, 118
mão-de-obra eventual, 191
Martin, Angus, 255
Marx, Karl, 32, 107, 150, 240, 254, 271
Mecanismo da Taxa de Câmbio, 55
mercado, 16, 77-9
  como modelo social, 1, 15, 102, 148
  mercado de trabalho, 26, 77, 82, 120, 219

mercado único, 122
mercados de ações, 48, 50
mercado de trabalho, 118
  ver também teoria verde
mercado social, 36, 57-60
  socialismo de mercado, 105
método científico, 140
México, 112, 118
mídia, 175
Mitterand, François, 48, 226
mobilidade
  do capital, 13, 23, 25, 28, 38, 117-8, 147, 154
  da mão-de-obra, 13, 34, 43, 48, 82, 117
  social, 12, 19, 142
modelo de Rhine do capitalismo, 58, 60, 61, 64, 226
moeda européia única, 64, 234
moeda internacional, 48
Monod, Jacques, 256
moralidade
  pública, 48, 88, 128-30, 145
  e racionalismo, 85
  teoria da, 92-5
  ver também Thatcher, Margaret, mudanças nas 82, 236
  governo conservador e, 172
  fratura das, 85, 88
mudanças nas, 82, 236
  Nova Direita e, 22, 183
  Partido Trabalhista e, 159
  políticas sobre, 46, 74, 134
  valores familiares, 28, 208, 221
mulheres: oportunidades econômicas, 82, 201
Murray, Charles, 26, 121, 185

N
nacionalismo, 177, 208
Nacional-socialismo, 47
natureza humana, 90
  Berlin e Oakeshott sobre, 92-4
  Rorty sobre, 57-8
negligência, política da, 190
negociações salariais, coletivas, 59-60, 186
neoliberalismo, econômico
  apogeu do, 9, 109
  conseqüências não intencionais do, 1-5, 8, 12, 40, 48, 98, 107-10, 125-6
  contradições no, 26-8, 108
  corporativismo de mercado, 114
  credibilidade destruída no, 76
  cultura da dependência, 148
  destruição da própria legitimidade, 108
  e a BSE, 150
  e as companhias, 82
  e as instituições de mercado, 35-9, 61, 63
  e Beveridge, 45-6
  e o emprego, 43, 123-4
  e o funcionalismo conservador, 135, 154-5
  e o Partido Trabalhista, 104
  e pobreza, 24
  evasões da responsabilidade social no, 9
  fracasso dos objetivos do, 13-4, 66, 67-8, 127
  ilusões ideológicas do, 77-8, 126
  irresponsabilidade das políticas do, 102
  legalismo do, 41
  na Europa, 22, 31-2, 35, 180
  neonacionalização do, 27
  no México, 72
  pós-Thatcher, 97, 101, 124
  ver também desregulação; livre mercado; individualismo, econômico;
neonacionalismo da Nova Direita, 27
Nietzsche, Friedrich, 101, 257, 263
Nolan, Lord, 172-4
nomenclatura
  gerencial, 115
  do partido, 3, 8, 28, 104, 125, 131
Noruega, 112
Nova Direita
  "derrotismo revolucionário" da, 153-4
  anacronismo da, 11, 13, 161
  base, 5-6
  capacidade de sobrevivência da, 76
  comunitarismo e, 77, 80, 83
  declínio na Grã-Bretanha, 9, 102
  e a legalização das drogas, 130
  e a pobreza, 14-9
  e a possibilidade de transplante das instituições de mercado, 31
  e a Previdência, 36, 100
  e as famílias, 142-3
  e as instituições sociais, 116, 142-3
  e centralização, 104
  e desigualdade, 77

e o "modelo de Rhine" do capitalismo, 147
e o Estado-Nação, 26-7
e o *poll tax*, 99
e os "valores tradicionais", 15, 48
e os Estados Unidos, 112
e Renda Básica, 44
efeito sobre o conservadorismo, 1, 11-2, 97-8, 133-5, 137
hegemonia na Grã-Bretanha da, 63, 101-3
prioridades reveladas pela crise da BSE, 150
suposição por trás das políticas, 147
ver também Escola de Manchester; *indivíduos fundamentais da Nova Direita*, por exemplo, Hayek, F. A.; Redwood, John; Thatcher, Margaret
Nova Zelândia, 67, 70

O
Oakeshott, Michael, 137-156
obrigação recíproca, 79
On Future War (M. van Creveld), 275
On Liberty (J. S. Mill), 88
opção pelo sistema do Estado, 72
oportunidade igual, 73
oportunidade, igualdade de, 73
OTAN, 175

P
"pós-escassez", 122
mercados e, 68, 103, 108

Paine, Tom, 188
País de Gales, 45, 168
países do Leste Asiático, 62, 65, 130, 201, 277
ver também Japão
pais solteiros, 84
países nórdicos, *ver* Escandinávia; Noruega
países pós-comunistas, 8, 31-2, 33, 66, 131, 132, 156, 179, 184
movimentos ambientalistas nos, 72
ver também nomes dos países individuais
Parental Deficit, The (A. Etzioni), 185
Parmênides, 139, 262
Partido Conservador e, 157
e merecimento, 80
Partido Trabalhista e, 126
neoliberalismo e, 85
Nova Direita, 106
Partido Trabalhista
base eleitoral tradicional enfraquecida, 108
e a Internet, 138
e as normas de eqüidade, 105
e comunidade, 127
e o futuro governo, 76
e o Serviço Nacional de Saúde, 114, 116
e União Européia, 155
inelegibilidade na década de 1980, 9, 154
modernização do, 3, 14-5, 25, 98, 102-7, 124, 126-7, 146-9
socialismo clássico, 15
partidos, base política, 54

ver também nomes dos partidos individuais
perspectivismo, 242
planejamento central, 8, 36
planejamento, central, 36, 203
Platão, 139, 147, 258
pluralismo e entendimentos comuns, 41
  comunitarismo e, 16, 18-22
  Partido Trabalhista e, 104
  filosófico, 85, 90, 95
  Rawls e, 52, 54
pobreza, 34, 49, 66-7, 81, 84, 119, 131, 219, 227-8
poder, equilíbrio de, 63
política de "One Nation", 32, 50, 162, 207, 209, 212, 226, 236
Political Liberalism (Rawls), 90, 92
poll tax, 29, 68, 160
Polônia, 141, 274
população, 61, 79, 83, 122, 135, 184, 181, 191, 218, 231
Portillo, Michael, 162
positivismo, 138, 146
pós-modernismo, 240, 242, 244, 245, 247, 251
Poujade, Pierre, 208
Powell, Enoch, 208
prédios da prefeitura, venda de, 211
Príncipe de Gales, 223
prisões, 217-21
  da formulação de políticas, 12
  nos Estados Unidos, 217
privatização 160, 171, 204, 211, 217
processos de mercado, e culturas sociais, 30, 113

produção, deficiente, 134
progresso, 181, 233
  ver também Iluminismo, fé no progresso

Q
quangos, 163
  responsabilidade dos, 168
  Quango State, 12, 18, 19, 27, 45, 53, 167, 172, 174, 196

R
"republicanismo social", 104
racionalismo, 139-41
Raz, Joseph, 38, 69
Reagan, Ronald, 25, 162, 177
rebelião de Chiapas, 112
Redwood, John, 36, 207-9, 236
reforma eleitoral, 46, 229
relações de propriedade, 104
relativismo, 23, 98, 100, 151, 200
Rawls, John, 75, 83, 89-93, 107, 131, 141
  A Theory of Justice, 247
  Political Liberalism, 93
religiões
  não-ocidentais, 171
  ver também cristianismo
Renda Básica, 78-81, 203
representação proporcional, 229
República Tcheca, 111, 274
reskilling, 76-7, 82, 135, 194
  ver também deskilling
responsabilidade social, retirada do governo da, 122
responsabilidade, 19, 30
responsabilidade, pessoal, 184
retórica, filosofia e,153

revista *Wired*, 189, 214-5
risco, econômico, 27, 53, 66, 86, 134, 219
   ver também segurança, econômica
Rorty, Richard, 95-101, 156
Ruskin, John, 23
Rússia, 62, 109, 130, 143, 204
   ver também Chernobyl

S
Saturn's Children (A. Duncan & D. Hobson), 203
segurança, econômica, 32, 37, 43, 61, 110, 126, 133, 161, 165
   ameaça à, 27, 76, 120, 134, 164, 173, 184

seguro compulsório contra o risco do emprego, 78
Seguro Nacional, 78
ser humano, 38-9, 261-4
Serviço Civil, 17, 183, 195
Serviço Nacional de Saúde
   comercialização do 1, 37, 39, 40, 113-6, 125, 148
   e normas de eqüidade, 20, 39
   popularidade do, 134
   prioridade nos gastos da previdência, 25
sindicatos, 19, 47, 181
sistemas visados, Previdência, 67
Smith, Adam, 23
soberania nacional, 54, 236
Socialism for a Sceptical Age (R. Miliband), 37
socialismo, 36, 46, 47, 104
   Roemer sobre, 103-13

socialismo de mercado, 105-11
sociobiologia, 120-1
Sócrates, 149
soviético, *ver* comunismo
subjetivismo, 171-2
Suécia, 47, 59, 62, 111, 226
Suíça, 53
Swindon, 220
   ver também mercado social

T
taxação, 55, 72, 168
   cortes de impostos, 208
taxas de juros e cambiais, 55
tecnologia
   arrogância e, 190
   comunidades virtuais e, 187-9
   cultura moral comum e, 202
   e a comunidade do local de trabalho, 192
   e a guerra, 123
   e emprego, 135, 186
   riscos da, 202, 214, 216
   thatcherismo e, 230
tecnologia da informação, 193
Teoria da Escolha Pública na Virginia, 22
teoria verde, 115, 247, 264
teoria, 163, 174, 224
Terceiro Mundo, 204
terrorismo, ecológico, 123
Thatcher, Margaret
   captação da opinião pública, 160
   contexto das políticas, 18-20
   declínio da influência, 36, 222
   desdém pela continuidade cultural, 197, 213-4

e a moralidade, 199-200
efeito das políticas, 17-8, 31-4, 158-9, 163-4, 226-7, 150-1
eliminação das alternativas políticas, 49
em defesa dos fatores políticos locais, 64
Heseltine e, 211-2
inicia a hegemonia da Nova Direita na Grã-Bretanha, 161-2, 207-8, 227-8
ironia da política, 171-3, 180-1
marca pessoal na operação das instituições britânicas, 25-6, 161-2, 179-80, 225-6, 227-8
orientação inicial anticorporativista, 21, 34, 180
percepção do eleitorado econômico neoliberal, 18-9, 172-3
preferência cultural pelos Estados Unidos, 24-5, 57-9
privatização da formulação de políticas, 20-3
projetos como primeira-ministra, 171-2
remoção do cargo, 30, 35, 157-9, 160-1, 153
temas políticos mais desenvolvidos por sucessores intelectuais, 208-9
think tanks, 22
tradição hebraica, 262
transporte, ambientalmente conveniente, 197, 223
tribunais, 46, 76
TUC, 213

U
Uma teoria da justiça (Rawls), 89
underclass, 19, 67, 80-1, 120, 121, 162, 220
União Européia
desemprego, 59
devolução ascendente para, 169
e neoliberalismo, 20, 35, 37
Estados Unidos e, 64
modelo do capitalismo de Rhine, 58, 60, 226
Partido Conservador e, 18, 20, 26, 157-9, 170-3
primórdios do Estado pós-moderno, 275-6
União Monetária Européia, 273
unilateralismo, Heseltine e, 211
universalismo, 25, 100
ver também Iluminismo, universalismo; globalização, universalismo; individualismo, universalismo; universalismo
utopias, 147, 188, 190, 216, 221, 233

V
"valores tradicionais", 36, 168
ver também Nova Direita, "valores tradicionais"' Major, John, "valores tradicionais"
"valores vitorianos", 199-201
valores, horizonte comum dos, 168, 176
Velha Esquerda, 134, 136
Velha Direita, 126
vida selvagem, 166, 169

violência, 201, 205

W
"Wets" (Partido Conservador), 19, 208
Whitelaw, William, 208
Wilson, E.O., 168-9
Wilson, Woodrow, 176
Wittgenstein, Ludwig, 96-7, 100, 139-40, 151-6
workfare, 80

Compilado por Timothy Penton

Referências

ASPINALL, John. *Random Thoughts on the Human Animal,* Edição particular, 1967.

_____. *The Best of Friends.* New York & San Francisco: Harper & Row, 1976.

BARNETT, Anthony. *The Defining Moment: Prospects for a New Britain under Labour.* London: Charter 88, 1995.

BAUDRILLARD, Jean. *The Illusion of the End.* Cambridge: Polity Press, 1992.

BECK, Ultich. *Ecological Politics in an Age of Risk.* Cambridge: Polity Press, 1995.

BERLIN, Isaiah. *Four Essays on Liberty.* Oxford & New York: Oxford University Press, 1969.

_____. *Vico and Herder: Two Studies in the History of Ideas.* London: Hogarth Press, 1976.

_____. *Concepts and Categories.* London: Hogarth Press, 1978.

BOWLES, Paul e DONG, Xiao-yun. "China's Reform Assessed". *New Left Review,* 208 (Nov./Dec. 1994), p.49-77.

BRAMWELL, Anna. *Ecology in the Twentieth Century: A History.* Oxford: Oxford University Press, 1989.

_____. *The Fading of the Greens: The Decline of Environmental Politics in the West*. New Haven & London: Yale University Press, 1994.

CANETTI, Elias. *The Human Province*. London: Picador, 1986.

CIORAN, E. M. *The Trouble with Being Born*. London: Quartet Books, 1993.

COOPER, Robert. *The Post-modern State and the World Order*. London: Demos, 1996.

CROUCH, Colin e Marquand, David (Eds.). *Reinventing Collective Action*. Oxford: Blackwell, 1995.

D'ANCONA, Matthew. *The Ties that Bind Us*. London: Social Market Foundation, 1996.

DAWKINS, Richard. *The Selfish Gene*. Oxford: Oxford University Press, 1976.

DENNIS, Norman e ERDOS, George. *Families without Fatherhood*. London: Institute for Economic Affairs, Health and Welfare Unit, Choice in Welfare Series, n.12, 1993.

_____. e HALSEY, A.H. *English Ethical Socialism*. Oxford: Oxford University Press, 1988.

DUNCAN, Alan e HOBSON, Dominic. Saturn's *Children: How the State Devours Liberty, Prosperity and Virtue*. London: Macmillan, 1995.

ELIADE, Mircea. *Shamanism: Archaic Techniques of Ecstasy*. Princeton: Bollingen, 1972.

ELSTER, Jon. *Local Justice*. Cambridge: Cambridge University Press, 1992.

FESBACH, Murray e FRIENDLY, Jr., Alfred. *Ecocide in the USSR: Health and Nature under Siege*. London: Aurum Press, 1992.

FIELD, Frank. *Making Welfare Work: Reconstructing Welfare for the Millennium*. London: Institute of Community Studies, 1995.

FUKUYAMA, Francis. *The End of History and the Last Man*. New York: Free Press, 1992.

_____. *Trust: The Social Virtues and the Creation of Prosperity*. London: Hamish Hamilton, 1995.

GERAS, Norman. *Solidarity in the Conversation of Mankind: The Ungroundable Liberalism of Richard Rorty*. London: Verso, 1995.

GIDDENS, Anthony. *The Consequences of Modernity*. Cambridge: Polity Press, 1990.

_____. *Beyond Left and Right: The Future of Radical Politics*. Cambridge: Polity Press, 1994.

GOLDSMITH, James. *The Trap*. London: Macmillan, 1994.

_____. *The Response*. London: Macmillan, 1995.

_____. *Counter-culture*. v. 6, ed. part., 1996.

GOODHART, David. *The Reshaping of the German Social Market*. London: Institute for Policy Research, 1994.

GRAHAM, A. C. *Disputers of the Tao: Philosophical Argument in Ancient China*. La Salle, Ill.: Open Court, 1989.

GRAY, John. *Liberalisms: Essays in Political Philosophy*. London: Routledge, 1989.

_____. *Beyond the New Right: Markets, Governments and the Common Environment*. London: Routledge, 1993.

_____. *Post-Liberalism: Studies in Political Thought*. London: Routledge, 1993.

_____. *Berlin*. London: HarperCollins, 1995.

_____. *Enlightenment's Wake: Politics and Culture at the Close of the Modern Age*. London: Routledge, 1995.

_____. *Liberalism*. 2nd edn. Milton Keynes. Open University Press, 1995.

_____. *Mill on Liberty: A Defence*. 2nd edn. London & New York: Routledge, 1996.

GULLVAG, I. e WETLESEN, J. (Eds.). *In Sceptical Wonder: Inquiries into the Philosophy of Arne Naess on the Occasion of His 70th Birthday*. Oslo: Bergen & Tromso, Universitetsforlaget, 1982.

HARDIN, Garrett. *Nature and Man's Fate*. New York: Mentor, 1961.

_____. *Stalking the Wild Taboo*. 2nd edn. Los Altos, Calif.: William Kaufman, 1978.

_____. *Promethean Ethics: Living with Death, Competition and Triage*. Seattle & London: University of Washington Press, 1980.

_____. *Living within Limits: Ecology, Economics and Population Taboos*. New York: Oxford University Press, 1993.

HARRIS, Robin. *The Conservative Community*. London: Centre for Policy Studies, 1992.

HELD, David. *Democracy and Global Order.* Cambridge: Polity Press, 1994.

HIMMELFARB, Gertrude. *The De-moralization of Society.* London: Institute for Economic Affairs, 1995.

HIRST, Paul e THOMPSON, Grahame. *Globalization in Question.* Cambridge: Polity Press, 1996.

HOMER, *Iliad*, tr. Robert Fitzgerald. New York: Anchor Books, Doubleday, 1974.

HUTTON, Will. *The State We're In.* London: Jonathan Cape, 1995.

KRAUS, Karl. *Half-truths and One-and-a-half-truths.* Harry Zohn (Ed.). Montreal: Engendra Press, 1976.

LATOUCHE, Serge. *The Westernization of the World: The Significance, Scope and Limmits of the Drive towards Global Uniformity.* Cambridge: Polity Press, 1996.

LEAKEY, Richard. *The Sixth Extinction.* London: Macmillan, 1996.

LEWIN, Leonard C. *Report from the Iron Mountain on the Possibility and Desirability of Peace.* Harmondsworth: Penguin Books, 1967.

_____. *Triage.* New York: Dial Press, 1972.

LEWIS, Martin W. *Green Delusions: An Environmental Critique of Radical Environmentalism.* Durham, NC & London: Duke University Press, 1994.

LILLEY, Peter. *Winning the Welfare Debate, London, Social Market Foundation.* Occasional Paper 11, 1995.

LIVINGSTONE, John A. *Rogue Primate: An Exploration of Human Domestication.* Toronto: Key Porter Books, 1994.

LOVELOCK, James. *Gaia: A New Look at Life on Earth.* Oxford: Oxford University Press, 1979.

_____. *The Ages of Gaia: A Biography of Our Living Earth.* Oxford: Oxford University Press, 1989.

MCGUINESS, Brian. (Ed.). *Wittgenstein and His Times.* Oxford: Blackwell, 1982.

MACINTYRE, Alasdair. *After Virtue.* London: Duckworth, 1980.

MARTIN, Angus. *The Last Generation: The End of Survival?* London: Fontana/Collins, 1975.

MILIBAND, Ralph. *Socialism for a Sceptical Age.* Cambridge: Polity Press, 1995.

MONOD, Jacques. *Chance and Necessity*. London: Fontana, 1974.

MURRAY, Charles. *Losing Ground: American Social Policy, 1950-1980*. New York: Basic Books, 1984.

_____. e HERNSTEIN, Richard. *The Bell Curve*. New York: Free Press, 1994.

NAESS, Arne. "The Shallow and the Deep, Long-Range Ecology Movement". *Inquiry*, 16 (1973).

NIETZSCHE, F. *Joyful Wisdom*. New York: Frederik Ungar, 1960.

OAKESHOTT, Michael. *Experience and Its Modes*. Cambridge: Cambridge University Press, 1933 e 1986.

_____. *On Human Conduct*. Oxford: Clarendon Press, 1975.

_____. *Rationalism in Politics*. London: Methuen, 1977.

_____. *On History and Other Essays*. Oxford: Blackwell, 1983.

PAREKH, Bhikhu. "Superior People: The Narrowness of Liberalism from Mill to Rawls". *Times Literary Supplement*, 25 Feb. 1994.

POLANYI, Karl. *The Great Transformation*. Boston: Beacon Press, 1957.

POLLARD, Stephen. *Schools, Selection and the Left*. London: Social Market Foundation, 1995.

RAWLS, John. *A Theory of Justice*. Oxford: Oxford University Press, 1972.

_____. *Political Liberalism*. New York: Columbia University Press, 1993.

RAZ, Joseph. *The Morality of Freedom*. Oxford: Clarendon Press, 1986.

_____. *Ethics in the Public Domain*. Oxford: Clarendon Press, 1994.

RIFKIN, Jeremy. *The End of Work: The Decline of the Global Labour Force and the Dawn of the Post-market Era*. New York: G.P. Putnam's Sons, 1995.

ROEMER, John. *A Future for Socialism*. London: Verso, 1994.

RORTY, Richard. *Philosophy and the Mirror of Nature*. Oxford: Blackwell, 1980.

_____. *Contingency, Irony and Solidarity*. Cambridge: Cambridge University Press, 1989.

ROSS, Andrew. *The Chicago Gangster Theory of Life: Nature's Debt to Society*. London & New York: Verso, 1994.

SANDEL, Michael. *Liberalism and the Limits of Justice*. Cambridge: Cambridge University Press, 1981.

VAN CREVELD, Martin. *On Future War.* London: Brassey's (UK), 1991.

WALZER, Michael. *Spheres of Justice.* New York: Basic Books, 1983.

WETLESEN, Jon. *The Sage and the Way: Spinoza's Ethics of Freedom.* Assen: Van Gorcum, 1979.

WILLETS, David. *Civic Conservatism.* London: Social Market Foundation, 1993.

WILSON, E. O. *On Human Nature.* New York: Bantam Books, 1979.

_____. *Biophilia.* Cambridge, Mass.: Harvard University Press, 1984.

_____. *The Diversity of Life.* New York & London: W. W. Norton, 1992.

WITTGENSTEIN, Ludwig. *Remarks on the Foundations of Mathematics.* Oxford: Blackwell, 1967.

WOOLDRIDGE, Adrian. *Meritocracy and the Classless Society.* London: Social Market Foundation, 1995.

SOBRE O LIVRO

Formato: 14 x 21 cm
Mancha: 23 x 39 paicas
Tipologia: Iowan Old Style 10/14
Papel: Offset 75 g/m² (miolo)
Cartão Supremo 250 g/m² (capa)
1ª edição: 2008

EQUIPE DE REALIZAÇÃO

Edição de Texto
Regina Machado e Maurício Baptista (Preparação de original)
Priscila Salomão e Juliana Queiroz (Revisão)

Editoração Eletrônica
DuSeki (Diagramação)

Impressão e Acabamento